인터넷 기반 인지행동치료

Gerhard Andersson 저 | 김환 · 최혜라 · 한수미 공역

The Internet and CBT:
A Clinical Guide

학지사

이 논문 또는 저서는 2019년 대한민국 교육부와 한국연구재단의
지원을 받아 수행된 연구임 (NRF-2019S1A5A2A03054103)

역자 서문

 인지행동치료(Cognitive Behavioural Therapy: CBT)는 잘 짜인 이론적 기반과 기법을 갖춘 효과적인 치료이다. CBT의 내용은 구조화 수준이 높아서 웹이나 모바일 기반의 프로그램으로 재구성하기 쉽다. 이미 유럽에서는 인터넷 기반 인지행동치료(Internet-based Cognitive Behavioural Therapy: ICBT)의 효과를 확인하고 정신보건 장면에 보급하고 있다.

 그런데 소위 인터넷 강국이라 불리는 우리나라에서는 ICBT가 활성화되지 않은 것이 현실이다. 그 이유가 무엇일까? 이런 의문을 갖고 있던 차에 우리는 스웨덴의 저명한 연구자와 만날 수 있는 행운을 얻었다. 그는 바로 이 책의 저자가 서문에서 언급한 Per Carlbring이다. 우리는 Carlbring 교수와 공동연구를 진행하고 있으며, 앞으로 ICBT의 국내 보급 및 확산에 기여하고자 한다.

 국내에서 ICBT를 활성화시키려는 시도는 이제 막 걸음마를 떼었다고 생각한다. 그러나 이미 기술적 측면의 개발은 완성 단계이기 때문에 기반이 다져진다면 ICBT는 급속히 확산될 수 있다. 기반을 다지기 위해서는 먼저 국내 연구자들의 관심과 효과검증 연구가 필요할 것이다. 그리고 ICBT를 대중에게 널리 홍보하는 것도 필요할 것이다. 연구진과 정신건강 정책 의사결정자들의 협력도 필요할 것이다. 우리가 이 책을 번역한 것은 ICBT 활용 기반을 다지는 데 있어 한 줌의 노력을 보태기 위해서이다. ICBT가 널리 보급되어 보다 많은 사람에게 혜택이 돌아가기를 바란다.

 마지막으로 우리의 노력을 항상 지지하며 기회를 주시는 학지사 김진환 사장

님께 감사를 드린다. 이 책이 나오기까지 수고를 아끼지 않은 학지사 선생님들께도 감사드린다.

2020년 2월, 서울
역자 일동

저자 서문

이 책은 인지행동치료(CBT) 분야에서 인터넷을 활용할 수 있는 방법을 개발하고자 수년간 노력해 온 결과의 산물이다. 그 시작은 스웨덴의 웁살라 대학교에서 심리학을 전공하는 두 명의 학생이 찾아와서 심리학 석사논문 주제에 대한 지도를 요청하였을 때부터였다. 그들이 제시한 아이디어는 엉뚱하게 들렸고 나는 한참을 머뭇거렸다. 그 이후 우리는 아마도 세계 최초로 두통을 경감시키는 인터넷 전달 CBT 연구를 고안하였다. 지금 나는 그들이 내 방문을 열고 찾아와 준 것에 감사하며, 이후 그들 중 한 명과 다른 심리학 전공 학생들은 인터넷 기반 인지행동치료(ICBT)를 주제로 논문을 썼고 박사학위도 취득하였다. 그들 중 한 명은 이제는 가까운 동료가 된 Per Carlbring 교수인데, 그가 없었다면 이 작업의 대부분은 결코 완성될 수 없었을 것이다. 그리고 다른 재능 있는 학생들, 대학원생들, 임상가들이 모두 이 분야의 발전에 공헌하였다. 지면의 한계로 그들의 이름을 모두 나열할 수는 없지만, 독자들은 이 책에서 참조하는 연구논문을 통해 그들이 누구인지 알 수 있을 것이다. 어떤 사람들은 나와 함께 일하면서 시스템과 프로그래밍을 개발하는 데 많은 공을 들였다. 그중에는 역량 있는 임상가, 치료 개발자, 방법론 학자 등도 있으며, 놀랍게도 이 모든 역량을 함께 갖춘 사람도 있었다.

또 다른 분야의 동료들 역시 스웨덴의 ICBT 연구 물결에 동참하였다. 여기서 의학 분야의 동료들에 대해 언급하고 싶다. 여러 동료 중 한 사람을 언급하자면 Nils Lindefors를 들 수 있는데, 그가 생물정신의학 분야를 전공했기에 ICBT에는 별 흥미가 없을 거라 생각하기 쉽지만, 그러한 배경에도 불구하고 스톡홀름의 정규 진료 장면에서 ICBT를 시행하는 데 엄청난 공을 들인 인물이다. 그리고 그 전에 ICBT는 웁살라의 청력 클리닉에서 이명 환자들을 대상으로 먼저 시행되었다. 이 클리닉은 내가 여전히 이명 환자들과 함께 매주 작업하고 있는 본거지이기도 하다.

웁살라 대학병원에서 우리가 ICBT를 시행했던 것이 아마도 정규 진료 장면에서의 시행으로서는 최초였을 것이고, 이를 가능하게 한 모든 사람에게 감사하다. 지금도 클리닉은 활발히 운영된다. 나는 또 웁살라 대학교, 린셰핑 대학교 및 카롤린스카 의과대학교에 감사를 전하고 싶다. 모두가 매우 지지적이었고 연구에 필요한 자원을 제공해 주었다. 기금 담당 부서는 수년 동안 연구를 넉넉하게 지원해 주었다. 스웨덴의 다른 대학 및 국외 유수 대학의 동료들 역시 매우 지지적이었다. ICBT는 조직이 필요했으며, 나는 2004년 당시 활동 중인 연구자들에게 비공식적으로라도 모임을 갖자는 제안을 하였다. 스웨덴의 동료들은 국제인터넷치료연구협회(International Society for Research on Internet Interventions: ISRII)의 첫 모임을 성사시키도록 도와주었다. 이제 일곱 번째 정기모임을 갖게 되어 ISRII의 동료들과 친구들에게 정말 감사한다. 그리고 우리는 마침내 2014년에 학술지『인터넷 치료(Internet Interventions)』를 발간하게 되었다.

ICBT의 급속한 성장으로 인해 국제 협회뿐 아니라 유럽 협회도 필요하게 되어 우리는 유럽인터넷치료연구협회(European Society for Research on Internet Interventions: ESRII) 역시 출범시켰다. 유럽의 동료들, 특히 암스테르담 연구자들과의 만남은 정말 감사할 일이며, 이들과는 유럽연합 집행위원회의 기금 지원을 받는 프로젝트에서 여전히 활발하게 협력 중이다.

ICBT 및 이 책에서 기술된 작업들에서 가장 놀라운 점이라면 심리적 어려움으로 도움을 청하는 사람들이 ICBT에 엄청난 관심을 가지고 있다는 것이다. 스웨덴에서만도 수천 명이 연구 및 임상치료에 참여하였으며, 전 세계적으로는 훨씬 더 많을 것이다. ICBT의 주요 장점은 많은 사람에게 적용할 수 있다는 것이며,

여기서 나는 연구 참여자들이 투자한 모든 시간에 대해서도 감사를 표하고 싶다.

편집자인 Caroline Makepeace, Naomi Wilkinson과 Julia Molloy가 이 책에 대해 신뢰를 보여 준 점에 대해 감사를 전하고 싶다. 마지막으로 이 책을 마감할 때까지 지지해 준 가족에게 감사를 전한다. 저술에 시간이 걸린 만큼 이제 연구실 밖의 삶을 즐기려 한다.

2014년 2월, 린셰핑

Gerhard Andersson

차례

1장

도입

이 책의 배경

이 책에서는 인터넷이 인지행동치료(Cognitive Behavioural Therapy: CBT)의 입지를 어떻게 바꿔 놓았는가를 넘어 치료 효과를 전혀 저하시키지 않고 CBT를 전달하는 데에 있어 인터넷이 어떻게 활용되고 있는가 하는 부분까지 다루고자 한다.

저자는 '사용자의 관점'에서 책을 써 나가려 하며, 아마도 독자들은 인터넷이나 가이드 자가치료의 활용과 관련하여 각자가 서로 다른 배경 지식과 경험을 갖고 있을 것이다. 이 책의 주요 목표는 치료에서 어떻게 인터넷을 활용할 수 있는가를 소개하고 설명하는 것이지만, 그 외에도 CBT를 시행하는 임상가들이 당면한 중요한 주제들이 존재한다. 이러한 점에 따라 2장 '인터넷상의 자원'은 대부분의 건강 서비스 이용자가 의학 전문가를 찾아 상담을 하기 전후로 인터넷에서 정보를 검색한다는 사실에 착안하여 구성되었다. 그런데 온라인상의 정보는 과연 믿을 만한 것일까? 이 주제와 함께 문제적 인터넷 사용(소위 인터넷 중독) 등의 주제에 대해서도 다룰 것이다. 범세계적으로 온라인 지지 집단이 활성화되어 있고 내담자들이 면대면 인지치료를 받는 동시에 지지 집단에 참여할 수 있다는 사실은 문헌을 통해서도 알 수 있다. 온라인 지지 집단에 대한 찬반 의견에 대해서는 고찰해 볼 가치가 있으므로 이런 현상에 대해서 다루는 장도 포함할 것이다. 누군가의 질문에 답하기 위해서라도 어떤 포럼(온라인 토론 집단)이 추천할 만하고 어떤 포럼은 피해야 할지를 알아 두는 것이 도움이 될 것이다. 효과가 거의 확실하지 않은 포럼이라 할지라도 내담자들은 이를 찾아내고 이용하곤 한다.

인터넷 사용은 매일의 임상적 일상에 점점 스며들고 있으며 어떤 클리닉들은 이미 온라인 의료 기록 방식을 이용하고 있다. 지필검사가 점점 구식이 되고 컴퓨터 이용이 불가한 사람만 사용하는 것처럼 되었기 때문에, 면대면 CBT를 여전히 고집하는 치료자들조차(이에 유감이 있는 것은 아니며 우리 모두 내담자가 부족한 상황은 아님) 치료 성과를 조사할 시에는 온라인 설문을 이용하게 된다. 하지만 온라인 방식이 지필검사와 동일할까? 또한 진단적 면담 절차는 어떻게 할 것인가? 이런 질문은 4장에서 인터넷을 활용한 평가에 대해 다루면서 답을 하게 될 것이다. 온라인 평가가 꽤 짧은 시간 내에 표준으로 자리 잡게 될 것이 분명한 사실이기는 하지만, 온라인 평가에서 역시 인터넷상의 다른 모든 활동과 마찬가지로 개인정보 보호와 보안이 중요하다. 이 책에서는 이 부분에 대해 필요할 때마다 계속 언급할 것이다. 좋은 소식은 보안 솔루션을 확보할 수 있다는 것이지만, 우리가 정보에 접근할 때 이용하는 인터넷과 플랫폼이 그러한 것처럼(아마 바로 이 순간에도 스마트폰을 통해 이메일을 확인하려 한 독자들도 있을 것이다!) 보안 역시 계속 움직이는 표적이라는 점은 명심해야 한다.

이 주제에 대해 다룬 후에는 이 책의 주요 주제라 할 수 있는 CBT를 중심으로 한 인터넷 치료에 대해 살펴볼 것이다. 인터넷을 통해 전달되는 CBT 개입을 일컫는 다양한 정의와 용어가 존재한다. 연구에서 다룬 내용을 언급할 시에 연구에서 사용한 용어를 똑같이 사용할 수밖에 없었으므로 이러한 점이 이 책에도 반영될 수밖에 없었다. Barak과 동료들(2009)은 인터넷을 활용한 CBT 제공에 있어서도 유용한 정의를 다음과 같이 정리하였다.

웹 기반 개입이란 일차적으로 자가가이드 개입 프로그램이며, 웹사이트상에서 작동되는 규범화된 온라인 프로그램 방식으로 시행되고, 건강이나 정신건강 관련 지원을 필요로 하는 소비자들이 이용하는 것이다. 개입 프로그램은 건강 관련 자료의 제공과 양방향적 웹 기반 요소 이용을 통해 긍정적인 변화나 지식, 자각, 이해의 증진을 목적으로 한다(Barak et al., 2009, p. 5).

이러한 정의를 이용해서 저자들은 웹 기반 개입의 하위유형을 크게 세 가지로 구분하였다. 첫째, 웹 기반 교육 개입, 둘째, 자가가이드 웹 기반 치료적 개입,[1] 셋째, 지원인력이 있는 웹 기반 치료적 개입이 그것이다. 주로 2장에서 다루는 첫 번째 범주는 CBT 개입과는 구별된다. 이 책에서는 두 번째 그리고 세 번째 범

---

1) 역자 주: 자가가이드 웹 기반 치료적 개입(self-guided web-based therapeutic intervention)은 웹 기반으로 접근할 수 있으나 지원인력은 없는 자가치료적(self-help) 개입을 의미한다.

주에 대해 자세하게 다룰 것이다. 자가가이드 개입은 가이드가 없고, 그로 인해 자동적인 요소가 다수 포함된다는 것이 주요 특징이다. 또한 임상적 의뢰 절차를 거칠 필요 없이 일반 대중에게 개방되어 있는 경우가 많다. 그러한 프로그램에 대해서는 5장에서 이야기할 것이다.

6장부터 9장까지는 e-치료(Abbot et al., 2008), 가이드 인터넷 전달 자가치료(Andersson et al., 2008), 가이드가 있는 인터넷 전달 CBT 또는 그 외 다수의 이름으로 불려 혼란스러운 감이 있는, 지원인력이 있는 웹 기반 치료적 개입에 대해 다룰 것이다. 이 책은 CBT에 대한 책이기에 점차 많은 문헌에서 사용되는 중이기도 한 가이드 인터넷 기반 CBT(guided Internet-based CBT: 가이드 ICBT)라는 용어를 사용할 것이다. 자가가이드와 지원이 있는 개입의 주요 차이는 반드시 실제 치료 프로그램에 있지는 않으며 사실상 프로그램 자체는 아예 동일할 수도 있다. 차이는 지원에 달려 있다. Marks 등(2007)은 자가치료 도서와 구분해서 전산화된 개입이라 부르려면 최소한 몇 가지 치료적 결정은 컴퓨터를 통해 이뤄져야 한다고 보았다. 그러나 자가치료 도서를 활용하면서도 인터넷을 통해 내담자를 지원하는 것이 전적으로 가능한 일이기 때문에 이는 다소 불분명한 구분이라 할 수 있다. 저자가 생각하기에 가이드 ICBT는 자동화된 알림과 온라인 양방향 프로그램 등 고도의 기술적 세련성을 갖춘 수준에서부터 넷 독서치료(net-biblio; Marks et al., 2007)라고 불리는, 아주 단순하게 다운로드나 인쇄가 가능한 문서파일을 제공하는 수준까지 다양하게 존재한다. 가이드 ICBT를 통해 제공되는 지원 역시 변동의 폭이 아주 커서, 기본적으로 면대면 CBT만큼 시간을 들여야 하는 프로그램에서부터 내담자별 가이드당 매주 몇 분 정도밖에 소요되지 않는 프로그램까지 존재한다.

가이드 ICBT에 대해 6장부터 9장까지 다룬 후, 준비된 자가치료 관련 자료가 전혀 없고 실시간으로 인터넷을 통해 전달되는 치료인 부가적 접근 방식에 대해 기술하도록 할 것이다. 이러한 접근은 인터넷 심리치료, e-상담, 온라인 치료, 이메일 치료 등의 다양한 명칭으로 불린다(Barak et al., 2009; Rochlen et al., 2004). 이 중 이메일 치료는 실시간으로 전달되는 치료가 아니라는 점에서 특이점이 있다. 이 접근에 대해서는 10장에서 간단하게 다룰 것이다. CBT를 지향하는 임상가, 교사 그리고 학생들은 훈련과 수련을 용이하게 해 주는 방편으로 점차 더 인터넷을 활용하고 있다. 이 분야에 대한 문헌은 아직 부족하지만 중요하고 새로운 발전 중 하나이므로 10장에서 다룰 것이다.

마지막으로, 아직은 우리가 많은 것을 아는 분야는 아니지만 몇몇 최근의 발전 상황으로, 스마트폰의 사용과 면대면 회기 내에서의 태블릿(아이패드 등) 사용에 대해 이야기할 것이다. 마지막 장에서 그 외 측면들과 미래의 전망에 대해 언급하도록 하겠다. 이 장의 남은 부분에서는 인터넷에 대해 간단하게 소개하고, 자가치료의 활용을 확대하기 위해서라도 인터넷 시행 CBT를 고려해야 하는 시점이 도래한 이유에 대해 다룰 것이다.

인터넷의 정의

인터넷은 그 시초부터 세상을 변화시켰다. 변화는 빠르고 극적이었다. 전 세계의 많은 사람이 정보와 소통을 위해 정기적으로 인터넷을 사용했을 뿐 아니라 화폐, 사업, 데이트를 포함한 다양한 다른 인적 활동을 다루는 다른 서비스까지 점차 이용의 폭이 넓어졌다. 이러한 것은 어떻게 시작되었을까? 이러한 의문이 이 책의 주제는 아니라 하더라도, 인터넷 혁명이 우리 현대 역사의 일부이므로 이에 대해 몇 마디 말을 더할 수는 있을 것이다. 이 모든 것은 우리가 컴퓨터를 이용하는 방식으로부터 비롯되었고, 우리는 이미 임상심리학 및 CBT와도 연관이 있었다. 이 분야의 선구자 중 한 명인 영국 모슬리 정신의학연구소(Institute of Psychiatry)의 Isaac Marks를 비롯하여 CBT 연구자들은 일찍이 작업의 일부를 컴퓨터에 일임하는 것에서 가능성을 보았다(Marks et al., 1998). 전산화된 개입과 평가 분야를 인터넷이 극적으로 변모시켰다고 단언하는 것은 전혀 과장이 아니다.

인터넷은 공용 컴퓨터 언어(인터넷 프로토콜 슈트)를 통해 '소통'하는 서버를 거쳐 서로 연결된 컴퓨터망의 글로벌 시스템이라고 정의할 수 있다. 독자들이 가장 흔히 들어 보았을 것으로 생각되는 TCP/IP는 전송제어 프로토콜 (Transmission Control Protocol)과 인터넷 프로토콜(Internet Protocol)을 의미한다. 현재 이용되는 IP망은 1980년대(또는 그 이전부터)의 근거리 통신망(LANs)으로 시작하여, 마침내 1990년대 초반에 시작된 월드와이드웹(WWW)에 이르기까지 발전을 거듭해 온 결과이다. 쉽게 표현해서, 인터넷은 네 개의 층으로 구성되고 각각은 고유의 프로토콜이 필요하다. 첫 번째는 연결 층으로 지역망 통신에 필요한 기술을 포함한다. 두 번째는 인터넷 층으로 지역망들을 서로 연결한다(이는 인터넷의 근간이 되는 아이디어라 할 수 있음). 세 번째는 전송 층으로 이를 통해 웹 호스트 간 통신이 이뤄진다(서버). 마지막으로, 최상위 단계는 응용 층으로 다양한 목적의 통신에 이용되는 좀 더 특정한 프로토콜을 다룬다.

사회 내 인터넷 확산

우리 사회에서 다양하게 응용되고 있는 인터넷은 그것에 연결된 이용자층을 급격히 증가시켰다. 세계 많은 지역에서 대부분의 성인이 인터넷에 접속한다. 예를 들어, 유럽의 경우 2011년에는 2000년 대비 376%로 접속이 늘었고, 61.3%의 사람이 정기적으로 인터넷을 사용한다. 북미의 수치는 더 높아서 78.6%가 접속하지만, 아프리카는 훨씬 낮은 수치로 13.5%만이 접속한다(www. Internetworldstats.com). 그러나 유럽 내에서도 지역 간 편차가 있어서 영국에서는 84.1%가 인터넷을 이용하고 스웨덴에서는 93%가 인터넷을 이용하는데, 이 수치는 결국 여러 가지 이유로 컴퓨터나 휴대전화를 이용할 수 없는 사람들을 제외한 수치라고 보면 된다. 노르웨이는 97%로 대단한 수치를 나타내고 있다. 하지만 루마니아에서는 39%만이 인터넷을 사용한다. 전반적으로 볼 때 서구 세계에서는 대부분의 사람이 인터넷을 사용하고 접근할 수 있지만, 제3세계 국가나 아시아에서는 그보다 적은 비율이 인터넷에 연결되어 있다는 정도를 이야기할 수 있을 것 같다.

인터넷에는 다양한 방법으로 접근할 수 있다. 여러 직장에서 직원들이 인터넷을 통해 연결되어 있고 집에서 인터넷 접속을 하는 사람도 있으며, 이들에는 물론 CBT가 필요한 사람들도 포함된다. 또한 식당이나 대학과 같은 많은 공공장소에서도 인터넷 접근을 제공한다. 초기에는 많은 사람이 다이얼 업(전화선을 통한 접속) 방식을 사용했지만 지금은 와이파이나 모바일 네트워크인 3G/4G 휴대전화를 통한 접속을 포함하여 브로드밴드 접속이 일상화되었다. 다양한 비용이 적용되고, 호텔과 같은 예외가 있기는 하지만 대개는 저비용으로 인터넷 접속이 가능하다.

인터넷은 다양하게 활용된다. 1990년대 중반으로 거슬러 올라가면, 당시 우리는 다양한 주제에 대해 웹페이지가 폭주하는 것을 목격했다. 인터넷은 흔히 건강정보를 검색하기 위해서도 사용되는데, 여기에는 건강문제의 특징에 대한 정보만 포함되는 것이 아니라 치료 방법과 환자 조직을 위한 온라인 커뮤니티(이 주제에 대해서는 2장과 3장에서 더 다룰 것임)에 대한 정보도 포함된다. 건강에 이상이 있는 사람들은(그리고 그 외 사람들도 마찬가지로) 자신에 대한 정보를 올리기 위해 인터넷을 사용할 수도 있다. 블로그는 그 예이다. 이 주제에 대해 여러 문헌이 존재하지만, 우리 환자들이 인터넷에서 CBT에 대한 정보를 어느 정도로 찾아보는지와 자신의 CBT 경험에 대해 인터넷상에 어느 정도 글을 올리는지 등에 대해서는 아직까지 정보가 부족하다.

또 다른 인터넷 활용 방식은 통신과 이메일 또는 등가 통신회로망이다. 임상서비스를 할 때 많은 CBT 임상가가 이메일을 이용하기 때문에 이런 대량의 정보교환 방식 역시 CBT에 적합하다(이 주제는 6장에서 다룸). 웹 회의 역시 전문가들 사이에서 흔히 이용되며, 때로는 클리닉에서 사용되기도 한다. 그 외 사용처는 사업과 쇼핑이다. 이 책의 독자 중 많은 사람도 책을 온라인으로 주문해 봤을 것이다. 이 외에도 CBT의 시행 방법에 대한 교육 비디오와 같은 임상 자료에 대한 시장도 있다.

엔터테인먼트 역시 관련 분야로 음악 외에 영상 스트리밍과 온라인 텔레비전 분야도 성장하고 있다. 인터넷을 통해 제공되는 서비스의 양이 증가하고 있으며 구직, 엔터테인먼트와 여행을 위한 티켓 구매, 호텔 예약, 비용 지불 등이 포함된 다. 오프라인으로는 이러한 서비스 이용이 점차 불가능해지고 있으며 전화로 진 행하는 경우 비용을 더 지불해야 한다.

사회 분야 역시 인터넷 확산의 영향을 받고 있다. 데이트 사이트와 동호회 집 단이 존재하지만 더욱 극적인 부분은 페이스북을 필두로 한 소셜 네트워킹 분야 의 빠른 성장이다. 여기에서 우리는 1990년대 월드와이드웹의 특징이 개방성이 었던 것과는 달리 좀 더 폐쇄적인 커뮤니티로 유행이 흐르고 있음을 알 수 있다.

많은 CBT 임상가와 연구자는 매일의 직업 생활에서 자료 전송(동료에게 문서 를 첨부해 보내기), 교육(교수자로서 또는 스스로 온라인 수강자로서), 조언이나 슈퍼 비전, 가장 최신 연구 논문 읽기(대부분의 과학 논문은 온라인 이용이 가능하고 *Plos One, Internet Interventions, BMC Psychiatry* 등 일부는 무료 이용이 가능) 등을 위해 인터넷을 이용할 것이다.

CBT와 면대면 CBT에 대한 대안의 필요성

임상가들이 알고 있듯이 CBT는 다양한 기법과 양상을 아우르는 광범위한 심 리치료적 지향이라 할 수 있다. 다른 대부분의 심리치료적 입장에 대비하여 CBT는 개별 면대면 치료뿐 아니라 집단치료나 가이드 자가치료로서도 효과가 있는 것으로 밝혀졌다. 우울증과 같은 기분장애, 기본적으로 모든 불안장애(공황 장애 등), 관계문제 그리고 만성 통증, 암, 심혈관계 문제, 이명 등의 다양한 신체 건강 문제에 대해 CBT가 적용 및 응용되고 있다(Butler et al., 2006).

영국 국립보건임상연구원(National Institutes for Health and Clinical Excellence, http://www.nice.org.uk) 등에서는 흔히 CBT를 치료적 지침으로 권고한다. 그 러한 이유 중 한 가지는 CBT에 대한 대조연구가 활발하게 이루어졌기 때문이고, 다른 이유는 치료 성과가 우수하거나 적어도 유망했기 때문이다. 사실상 어떤 문제에 대한 심리학적 치료 검증 연구가 시행될 때는 그 대부분이 CBT 연구이다.

CBT에 대한 치료반응률은 흔히 50%를 넘고, 때로는 이를 훨씬 상회해서 사회불안장애나 공황장애 CBT의 경우에는 최소 70% 이상이 주요한 개선을 나타낸다. 약물치료에서처럼 많은 조사와 연구가 이뤄지지는 않았지만, CBT의 경우 약물치료와 달리 부작용이 매우 적다. 다시 말해서, CBT는 효과적이면서 안전하다. 그러나 이는 CBT가 다른 심리치료나 그 외 치료 기법에 비해 우월하다는 증거는 아니다. 우울증에 대한 대인관계 심리치료와 같은 다른 치료 방식(Cuijpers et al., 2011)도 최소한 CBT만큼 효과적이었고 정신역동적 치료 역시 몇몇 사례에서 효과가 있는 것으로 나타났다. 하지만 불안장애나 건강문제 등을 포함한 여러 종류의 문제에 있어서는 다른 심리치료적 지향이 검증된 바도 거의 없을뿐더러, CBT가 독보적인 우위를 점하고 있다. 더구나 가이드 자가치료, 전화를 통한 치료, 집단치료 등의 다양한 양식으로 전환이 가능한 치료는, 적어도 연구를 통해 드러난 것으로 보자면 CBT가 거의 유일하다고 할 수 있다.

면대면 치료에 대한 대안을 개발하는 것이 왜 중요할까? 최소 세 가지 이유를 들 수 있다. 첫 번째는 근거기반 치료를 통해 이득을 볼 수 있는 모든 이를 위해 CBT를 시행해 줄 수 있는 훈련된 임상가가 충분하지 않다는 것이다. 자원이 제한되어 있는 세상에서는 치료의 비용 또한 고려해야만 한다. 두 번째 이유는 CBT가 제공되는 특수 클리닉이나 일반 진료소까지의 거리와 관계가 있다. Lovell과 Richards(2000)가 이러한 부분을 지적하면서 치료 매뉴얼에 따라 대개 12회에서 20회의 1시간짜리 회기가 요구되는 면대면 치료에 비해 효과적이면서도 비용은 싼 대안에 대해 임상가들이 고민해 볼 것을 권했다. 이와 관련하여 어떤 내담자들의 경우, 치료자의 사무실로 이동하려면 직장에서 시간을 빼거나 아이를 돌보아 줄 사람을 찾아야 하는 등 약속을 위해 시간을 할애할 때 겪기 마련인 문제도 있다. 면대면 치료에 대한 대안이 개발되어야 하는 세 번째 이유는 내담자의 선호 문제이다. 면대면 치료보다 온라인 치료를 선호하는 내담자들이 있고, 어떤 경우에는 원격으로 제공되는 치료가 '정신과 환자'라고 지목되는 오명을 감소시켜 준다.

대안으로 돌아와 보면 연구와 임상 장면에서 CBT 자가치료의 역사는 유구하다. 이 책에 나오는 치료 방법들은 가이드 자가치료에 대한 과거 연구에 기반을 두며 CBT 분야에서 자가치료는 오랜 기간 동안 일익을 담당해 왔다. 이는 CBT가 치료에서 치료자 역할의 중요도를 줄이고 내담자의 독립성을 증진시키려 한다는 의미이다. CBT가 내담자 자신의 환경에서의 변화와 과제를 중요시하기 때문에 자가치료 자료를 활용하는 것은 CBT 임상가가 시행하는 내용과 크게 다르지 않다. Keeley 등(2002)은 영국의 치료자 265명을 조사하여 임상치료 시 88.7%의 치료자가 개별치료에 대한 보조로서 자가치료 자료를 활용하고 있음을 밝혔다(자가치료 도서에 대한 설명은 [글상자 1-1] 참조). 가장 흔히 사용되는 자가치료는 자가치료 도서 방식으로서, Whitfield와 Williams(2004)가 329명의 치료자 중 2.4%만이 전산화된 자가치료 문서를 사용한다고 저서에 밝힌 데에 반해 그보다 훨씬 많은 수가 자가치료 도서 방식을 사용했다. 하지만 그들은 미래에 이 치료 양식(전산화 방식)을 이용할 가능성을 배제할 수는 없다고 하였고(90%), 증거에 기반을 두고 쉽게 접근 가능한 인터넷 치료의 급속한 확산이 이런 낮은 이용률을 변화시킬 가능성이 있다고 보았다. 좀 더 긍정적인 연구들을 보자면 가이드 자가치료가 면대면 치료만큼 효과적이라는 증거가 보고되었고(Andersson et al., 2014; Cuijpers et al., 2010), 이 책의 후반부에서도 가이드 인터넷 치료가 동등한 치료 효과가 있다는 증거에 대해 다룰 것이다. 이러한 점들을 바탕으로 이제 인터넷이 어떻게 클리닉에까지 이르게 되었는가 하는 다음 주제로 넘어가도록 하겠다.

글상자 1-1　좋은 CBT 자가치료 도서는 어떤 것인가

도서 시장에는 다양한 자가치료 도서가 나와 있고 대부분은 CBT와 관련된 것이다. CBT에 기반을 두고 CBT 기법을 기술하는 도서들조차 연구를 통해 검증된 것은 드물다. 어떤 자가치료 도서는 해당 치료가 면대면 치료만큼 효과가 있을 것이라는 가정하에 팔린다는 점이 문제이다. 시중의 도서 몇몇을 개관한 결과는 복합적이다. 전체 CBT 치료에서 다루는 내용의 극히 일부만을 담은 간단한 책도 있다. 반면, 학술적인 측면에 주력하고 주제와 관련된 다양한 정보와 연구를 담고 있는 책도 있다. 읽기 능력과 문장 이해력에 대한 연구는 진행되었으나 읽기 수준에 따라 성과가 어떻게 달라지는지에 대한 연구는 빈약하다. 인터넷 기반 치료를 포함하여 가이드 자가치료와 관련된 대부분의 연구는 잘 교육받은 참여자를 대상으로 하며 저학력이나 언어장벽이 있는 집단은 자가치료를 받아들이지 않을 가능성이 크다.

좋은 자가치료 도서의 요소는 무엇인가? 몇몇 의견은 다음과 같다.

- 치료가 목표로 하는 문제가 무엇인지 소개하고 독자가 자가진단을 할 수 있도록 도움을 주는 부분이 있어야 한다. 여기에는 체크리스트와 자가보고 측정을 완료한 후 자신에게 해당할 수 있는 진단의 절단점이 몇 점인지를 알려 주는 정보가 포함된다.
- 자가치료 진행을 중단하고 후속적인 도움(의학적 조언 등)을 구해야만 하는 때가 언제인지에 대해 이해하기 쉬운 조언이 포함되어야만 한다. 이는 자가치료에 부적합한 심각한 문제를 배제하기 위해 병원 진료를 마친 후 자가치료를 따르도록 하는 조언의 형태가 될 수도 있다.
- 치료가 어떻게 작동하고 왜 효과가 있는지에 대한 원리를 포함해야 한다. 치료 원리에 대한 소개는 CBT에 언제나 포함되는 사항이며 자가치료 CBT에서도 마찬가지이다.
- 치료에 대한 각 장은 정규 CBT 치료에서 일어나는 일들을 반영해야 한다. 예를 들어, 우울증에 대한 자가치료 도서에 행동활성화가 포함된다면 그 장(또는 장들)에는 치료 원리, 내용의 개요, 자세하게 기술된 훈련과 요약까지 담을 수 있도록 한다. 균형 잡힌 언어를 통해 이해와 공감을 전달할 수 있어야 한다 (Richardson et al., 2010 참조). 독자들이 인종이나 종교적 지향, 성적 지향 등에 있어서 서로 다른 배경을 가진다는 점도 감안해야만 한다. 모든 사례 내용이 백인 중산층의 이성 커플을 대상으로 한다면 많은 이용자를 배제하는 결과를 낳을 것이다. 사례를 비롯한 예시들은 치료의 적용에 어려움을 겪는 순간마다 흥미를 유발하고 연습에 참여하도록 하는 열의를 증진시킬 것이다.

- 책을 읽으며 작업할 수 있는 스케줄에 대한 제안도 제공해야만 한다. 보통 이것은 일주일에 한 장씩 작업한다는 의미이지만, 언제 이전으로 돌아가서 그 장을 반복해야 하는지에 대한 단서도 여기 포함된다.
- 숙제는 CBT의 불가결한 특징이고 자가치료 도서에도 포함되어야만 한다. 자가치료 도서에서는 '이제 실생활에서 시도해 보십시오.', 즉 나가서 연습하고 기록한 후, 어땠는지를 책에 정리해 보는 것과 같은 형태로 이뤄진다. 책에 연습 기록(예: 사회불안의 경우, 사회적 상황에 대한 두려움에 대한 노출)을 격려할 수 있는 기록지를 제공할 수도 있다. 때로 책의 출판자 사이트에서 다운로드가 가능한 경우도 있다.
- 끝으로, 좋은 자가치료 도서의 마지막에는 재발방지와 치료를 통해 배운 기술을 이후에 어떻게 적용할 수 있는지에 대한 조언을 포함한 마무리를 제공해야 한다. 자가평가와 치료적으로 진전된 부분에 대한 요약도 포함할 수 있다.

인터넷의 클리닉 도래

　정보기술은 오늘날 현대 보건 체계 안에 점차 통합되어 가고 있다. 스웨덴의 전산화된 의료정보 구축 시스템(병원의 폐쇄망 내에서)이 한 예이다. 온라인 예약 시스템 이용도 증가하는 추세이고, 스톡홀름주를 포함한 스웨덴 각지에서 환자들은 인터넷을 통해 담당 '보건기관 연락처'에 접근할 수 있고 전화 연락을 거칠 필요 없이 바로 예약까지 가능하다([그림 1-1] 참조). 이 책에서는 온라인 질문지와 치료 시스템에 대해 기술할 것인데, 이러한 시스템 역시 스웨덴의 전문 클리닉들 안에 통합되어 있고 그중 카롤린스카 의과대학교 사이트(www.internetpsykiatri.se)가 가장 잘 알려져 있다. 호주 역시 http://thiswayup.org.au/clinic 등의 클리닉이 시드니에 있다.

　얼마나 다양한 형태의 보건 분야에 인터넷이 통합되어 있는가에 대한 정확한

[그림 1-1] '나의 건강 관리' 첫 페이지
스톡홀름주 지역 내에서 보건 관련 연락처를 찾으려는 환자들에게 제공되는 접속 화면

수치는 알 수 없지만 점차 늘어나고 있는 추세이다. 그러나 발전을 더디게 하는 한 가지 이유는 보안문제이다. 인터넷을 통해 은행 업무를 처리하는 모든 사람은 보안이 중요하다는 점을 잘 알고 있는데, 이는 인증 요청자가 거짓 신분을 제시할 가능성을 방지하기 위해 2단계 인증을 거치도록 함으로써 보안문제에 대처하는 시스템이 필수적이라는 부분에서 알 수 있다.

시스템의 사용자 친화성이 제한되는 것을 감수하고라도 보안을 중요시하는 이 시점에, 특히 보건 분야에서 이는 움직이는 표적이라 할 수 있다. 그래도 독자들은 이 책을 읽는 내내 보안이라는 것을 마음에 새길 필요가 있다. 이런 문제에 대한 솔루션이 있기는 하지만 그것들은 비용이 많이 들고 특히 개업 임상가에게는 어려운 점이 있다. 상업적인 시스템에 보안 대응책이 마련되어 있기는 하지만, 시스템이 해킹당할 수 있는 위험은 최소한이라도 있게 마련이다. 임상가들은 환자의 이름이 적힌 작성된 설문지를 책상 위에 방치하는 것과 같은 문제에서 볼 수 있듯이 종이 서류를 사용했던 과거 방식 역시 그리 안전하지 않다는 것을 기억할 필요가 있다.

최신 휴대전화(스마트폰)와 함께 보안에 대해 새로이 생각해 볼 부분과 해결할 문제가 드러났다. 이 주제는 책의 후반에서 다룰 것이며 이러한 보안문제에 대한 해결책 역시 존재하므로 독자들이 겁을 먹고 달아나지 않기를 바란다.

실천적 함의 및 요점

- 인터넷이 우리와 함께한 지 거의 20년이 되었고 계속 함께하게 될 것이다. 이는 CBT 시행에 대해 이미 시사하는 바가 있다.
- 인터넷은 사용자가 꾸준히 늘고 있고 다양한 용도로 이용되고 있다. 도움을 구하는 내담자는 건강정보와 CBT에 관한 정보를 검색해 보았을 것이다. 이는 그들이 기대하는 바에도 영향을 준다. 이제 과학적 정보를 더 쉽게 접할 수 있고 내담자들이 최신 연구에 직접 접근하는 것도 가능하며, 이러한 점 역시 그들이 CBT에 대해 가지는 기대에 영향을 줄 것이다.
- CBT는 다양한 문제에 대해 충분한 경험적 지지가 확보된, 잘 알려지고 인정받고 있는 심리치료 양식이다. 그러나 임상가가 충분히 많지 않기에 대안적이고 저강도(low-intensity)의 개입(임상가 입장에서 저강도이지만 내담자가 갖는 부담의 정도는 동등한)에 대한 요구는 계속된다. 자가치료 자료는 CBT에서 중요한 부분이며 가이드 자가치료는 내담자와 면대면으로 만나는 것만큼 효과적인 것으로 밝혀졌다. 그러나 자가치료 도서의 내용이 중요한 부분이므로 그에 대해 전문적 권고가 주어지는 것이다.
- 인터넷은 여러 클리닉에서 다양한 방식으로 활용되기에 이르렀다. 몇몇 국가에서 온라인 의료 파일을 사용하고 환자들은 집에서 인터넷을 통해 보건 서비스를 직접 찾는다. 인터넷을 통해 민감한 정보를 다루자면 그 사람의 은행 업무를 온라인으로 다룰 때와 마찬가지로 안전한 보안 해결책이 보장되어야

한다. 이 부분은 발전해 나가는 단계에 있으며 클리닉에 대한 보안 요구는 사용자 친화성과 균형을 맞춰야 할 부분이다. 예를 들어, 고연령의 내담자들이 로그인을 할 때 계속해서 비밀번호를 바꾸라는 요구를 받는다면 혼란을 느낄 것이다. 모든 정보가 민감한 내용은 아니지만, 보안은 절대 간과해서는 안 될 부분이다.

참고문헌

Abbot J-AN, Klein B, Ciechomski L. (2008). Best practices in online therapy. *Journal of Technology in Human Services, 26*, 360-375.

Andersson G, Bergström J, Buhrman M, Carlbring P, Holländare F, Kaldo V, Nilsson-Ihrfelt E, Paxling B, Ström L, Waara J. (2008). Development of a new approach to guided self-help via the Internet. The Swedish experience. *Journal of Technology in Human Services, 26*, 161-181.

Andersson G, Cuijpers P, Carlbring P, Riper H, Hedman, E. (2014). Internet-based vs. face-to-face cognitive behaviour therapy for psychiatric and somatic disorders: a systematic review and meta-analysis. *World Psychiatry.*

Barak A, Klein B, Proudfoot JG. (2009). Defining Internet-supported therapeutic interventions. *Annals of Behavioral Medicine, 38,* 4-17.

Butler AC, Chapman JE, Forman EM, Beck AT. (2006). The empirical status of cognitive-behavioral therapy: a review of meta-analyses. *Clinical Psychology Review, 26,* 17-31.

Cuijpers P, Donker T, van Straten A, Andersson G. (2010). Is guided self-help as effective as face-to-face psychotherapy for depression and anxiety disorders? A meta-analysis of comparative outcome studies. *Psychological Medicine, 40,* 1943-1957.

Cuijpers P, Geraedts AS, van Oppen P, Andersson G, Markowitz JC, van Straten, A. (2011). Interpersonal psychotherapy of depression: A meta-analysis. *American Journal of Psychiatry, 168,* 581-592.

Keeley H, Williams C, Shapiro DA. (2002). A United Kingdom survey of accredited cognitive behaviour therapists' attitudes towards and use of structured self-help materials. *Behavioural and Cognitive Psychotherapy, 30,* 193–203.

Lovell K, Richards D. (2000). Multiple access points and level of entry (MAPLE): ensuring choice, accessibility and equity for CBT services. *Behavioural and Cognitive Psychotherapy, 28,* 379–391.

Marks I, Shaw S, Parkin R. (1998). Computer-assisted treatments of mental health problems. *Clinical Psychology: Science and Practice, 5,* 51–170.

Marks IM, Cavanagh K, Gega L. (2007). *Hands-on help. Maudsley monograph no. 49.* Hove: Psychology Press.

Richardson R, Richards DA, Barkham M. (2010). Self-help books for people with depression: the role of the therapeutic relationship. *Behavioural and Cognitive Psychotherapy, 38,* 67–81.

Rochlen AB, Zack JS, Speyer C. (2004). Online therapy: review of relevant definitions, debates, and current empirical support. *Journal of Clinical Psychology, 60,* 269–283.

Whitfield G, Williams C. (2004). If the evidence is so good–why doesn't anyone use them? A national survey of the use of computerized cognitive behaviour therapy. *Behavioural and Cognitive Psychotherapy, 32,* 57–65.

더 읽을거리

Norcross JC, Santrock JW, Campbell LF, Smith TP, Sommer R, Zuckerman EL. (2000). *Authoritative guide to self-help resources in mental health.* New York: Guilford Press.

Watkins PL, Clum GA. (Eds.). (2008). *Handbook of self-help therapies.* New York: Routledge.

인터넷상의 자원

사례 및 도입

앞 장에서 밝혔듯이 내담자는 온라인 검색을 해 보는 경우가 많다. CBT 임상가를 만나기 전과 만난 후에 모두 마찬가지이다.

예를 들어, 클레어라는 여성이 지난달 기분이 가라앉고 피로를 느껴 정보를 찾아보고 있다. 클레어는 자신의 담당 의사에게 진료 예약을 했지만, 그 전에 인터넷을 통해 '만성피로증후군'을 검색해 내고 위키피디아에서 그 내용을 잠시 살펴본다. 자신의 증상과는 잘 맞지 않는 것 같아서 더 읽어 보지 않는다(만약 더 보았더라면 증상과 좀 더 일치하는 우울증 관련 정보에 대해 더 알 수 있었을 것임). 그녀의 남편 롭 역시 걱정이 되어 인터넷을 검색해 본다. 롭에게는 청소년기에 우울증을 경험한 누이가 있었기 때문에 우울증에 걸린다는 것이 어떤 것인지 다시 떠올려 보고자 그에 대해 바로 검색해 본다. 흥미로운 점은 그가 아내에게 인터넷을 검색해 보았다는 사실을 이야기하지 않는다는 것이다. 이제 담당 의사와 만날 때가 되었다. 담당의는 문제가 무엇인지 아주 빠르게 감을 잡고, 클레어와 함께 우울의 진단 규준에 대해 이야기해 보며, 우울은 약물이나 심리학적 치료를 통해 효과적인 치료가 가능한 의학적 문제라는 메시지를 전달한다. 다른 많은 이와 마찬가지로 클레어 역시 약물치료에 대해서는 주저하는 입장(van Schaik et al., 2004)이어서 심리학적 치료가 무엇인지에 대해 의사에게 물어본다. 담당의는 그녀에게 CBT를 받는 것이 가능하다고 설명해 주고 그것이 도움이 될 것이라는 점과 CBT가 연구를 통해 입증된 치료라는 점도 이야기해 준다. 시간이 되어 진료를 마치고 새 예약을 잡는다. 클레어는 CBT에 대해 고려해 보도록 격려를 받는 동시에 원한다면 약물치료를 시도해 볼 수도 있다는 말도 듣는다.

담당의는 클레어가 진료 전에 온라인이나 다른 방법을 통해 알아본 것에 대해 물어보지 않았고 만성피로증후군에 대해서는 아예 언급도 하지 않았던 반면, 클레어는 의사와의 만남에 대해 아주 흡족해했고 도움을 받는 것이 가능할 것이란 이야기를 통해 용기가 났다. 그녀는 상태가 나아지려면 어떻게 해야 하는지 바로 이야기해 주기보다는 스스로 결정할 수 있다고 말해 주는 것에 약간 혼란을 느끼기도 했다. 집에 돌아와서는 진료를 받은 것에 대해 남편과 논의했다. 클레어나 남편 모두 CBT에 대해 잘 알지 못했지만 롭의 직장 동료 중 몇 년 전 스트레스 문제로 CBT를 받은 사람이 있었다. 클레어와 롭은 컴퓨터 앞에 함께 앉아서 CBT와 우울증에 대해 찾아본다.

온라인 자원에는 어떤 유형이 있는가

해를 거듭하면서 인터넷은 변화해 왔고 미래에도 계속 변화할 것이다. 2014년 기준으로 여러 검색 엔진을 이용할 수 있지만 구글 검색이 가장 우위를 점하고 있다. 구글은 다양한 인터넷 기반 서비스와 상품을 호스팅 및 개발하고 애드워즈(AdWords) 프로그램을 통한 광고로 주요 수익을 창출하는 대형 회사이다. 구글은 1998년에 웹 검색 엔진을 출범시켰고 다른 웹 검색 엔진과 마찬가지로 다량의 웹페이지 정보를 저장하는 방식으로 작동한다. 2013년 11월 시점에 구글이 데스크톱용 검색 엔진 시장의 71%를 점유하고 있고(Net Marketshare, 2014), 야후(6%), 바이두(16.5%) 그리고 빙(5.5%) 등은 모두 시장의 작은 몫만을 차지하고 있다(구글은 모바일과 태블릿 검색에서는 더욱 강력함). 구글이 검색뿐 아니라 광고에서 더 발전된 알고리즘을 사용한다는 점으로 볼 때, 사용된 컴퓨터가 무엇인지 또는 어떤 국가에서 검색을 했는지 등을 포함한 여러 측면에 따라 검색의 결과는 달라질 수 있다. 또한 사람들은 다양한 방식으로 검색을 하며 검색의 결과가 어떠한가에 따라 검색의 적절성도 달라진다. 많은 검색 엔진은 최적의 결과라 생각되는 내용을 우선 제공하기 위해 결과들에 순위를 매기는 방법을 사용한다. 어떻게 이런 것이 진행되는가는 이 책의 범위를 넘어서는 것이지만 웹페이지의 순위를 매기는 방법은 시간이 지나면서 변화해 왔고, 자국어로 된 결과만을 표시하는 것과 같은 제한에 의해서도 영향을 받는다. 최근에는 휴대전화와 태블릿을 이용한 검색이 점차 많아지고 있지만 데스크톱 브라우저의 85.8%에 비하면 13.42%로 상대적으로 적은 규모이다(Net Marketshare, 2014).

　최근 대부분의 검색에서는 목록의 가장 상단에 위키피디아 페이지가 뜨는 경우가 많다. 저자가 바로 지금 구글에 공황장애, 주요우울증, 사회불안장애(CBT가 추천되는 세 가지 흔한 장애)를 검색했을 때 세 경우 모두 목록 최상위를 위키피디아가 차지했다. 인지행동치료를 검색해 보았을 때도 마찬가지였다. 스폰서 링크가 맨 위에 나오는 경우도 있으나 전체적으로는 위키피디아가 웹 검색 분야를 획기적으로 변화시켰다고 할 수 있다.

　그렇다면 위키피디아는 무엇인가? 위키피디아는 공개된 무료 백과사전으로, 자료를 올리는 자원자들이 별도 보상 없이 협동적으로 채워 가게 되어 있다. 등록한 사람은 누구든지 자료를 편집할 수 있어서 사전의 업데이트는 쉽지만 잠정적이라는 측면에서 취약성이 있다. 예를 들어, 스웨덴 위키피디아에는 CBT에 관한 잘못된 내용이 추가되었고(2011년 가을) 지워지기까지 시간이 좀 걸렸다. 하지만 위키피디아는 편집이 쉽기 때문에 오류 내용은 금방 사라지는 편이다.

　위키피디아뿐만 아니라 구글 검색을 통해 여러 다른 유형의 정보를 찾을 수 있다. 예를 들면, 상품에 대한 정보와 광고를 제공하지만 그것이 꼭 증거에 기반을 둔 것은 아닐 수도 있는 스폰서 사이트이다. 어떤 문제에 대해 검색하면 무료로 제공되는 의학적 접근 관련 내용이 나오기도 한다. 스폰서 사이트는 개인 임상가나 병원에 대한 광고의 형태를 띠기도 한다. 여러 대학병원은 웹사이트를 보유하고 환자를 위한 자료나 일반 대중을 위한 정보를 제공한다. 특히 특정 약물에 대한 검색 등이 이루어지는 경우 제약회사의 링크가 노출되기도 한다. 온라인 서점이 검색되는 경우가 있는가 하면 출판된 문서가 저작권 문제에 대한 감안 없이 검색되기도 한다. 환자나 전문가 양측 모두를 위한 특정 이익집단도 존재한다. 또한 다운로드와 읽기가 무료인 공개된 논문을 포함한 연구 관련 정보를 제공하는 사이트도 다양하게 있다.

인터넷은 임상가와 환자들에게 무엇을 제공하는가

건강정보 얻기는 인터넷 활동 중 세 번째 순위를 차지하고 있고, 주요 주변 인물의 건강문제에 대한 인터넷 검색도 흔히 이루어진다(Fox, 2011). 건강 관련 결정에 직면한 사람들에게는 인터넷이 임상가 조언에 이어서 가장 영향력 있는 정보원 역할을 한다(Couper et al., 2010). 이는 CBT에 참여하는 환자와 임상가 모두 인터넷을 빈번하게 이용한다는 의미인데, 이를 지지하는 연구는 많지 않으나 이런 주제와 관련된 이야기는 지난 10년 이상 지속되어 왔다(Riley & Veale, 1999).

인터넷에서 당신은 어떤 정보를 찾을 수 있을까? 분명히 이는 당신이 검색을 어떻게 하는가와 당신이 추천받은 웹페이지를 바로 찾아보는가에 달려 있다. 예를 들어, 스웨덴행동치료협회(Swedish Behaviour Therapy Association)는 활동 중인 CBT 치료자의 명단을 인터넷상에 제공하고 있고 몇몇 개업가는 마케팅과 자신의 서비스에 대해 내담자에게 알리려는 목적으로 웹페이지를 운영하고 있다. 하지만 고통을 겪는 많은 이가 막상 검색을 하기 전에는 CBT에 대해 잘 알지 못하기 때문에, '공황장애'와 같은 주제에 대한 정보를 검색하고자 할 때 인터넷상에 어떤 정보들이 있는가를 미리 아는 것이 중요하다. 당신은 치료 방편 중 하나로서 CBT를 아예 언급도 하지 않는 페이지를 맞닥뜨릴 수도 있다.

인터넷 이용 방법 중 한 가지는 '의사에게 물어보세요(Ask the doctor)' 서비스를 통해 직접 조언을 받는 것으로(Umefjord et al., 2003), 여기에서는 보통 의사와 질문자 간에 사전 교류가 없어도 된다. 다양한 이유에서 사람들은 이 서비스를 이용한다. Umefjord와 동료들은 편의성(52%), 익명성(36%), 의사가 너무 바쁨(21%), 의사를 방문할 시간을 내기 어려움(16%), 예약하기가 어려움(13%), 의사를 만나는 게 불편하다고 느낌(9%), 진료비를 감당할 수 없음(3%) 등이 '의사에게 물어보세요' 서비스를 이용하는 이유라고 밝혔다. 이들은 다른 의사의 의견을 들어 보고자 함, 이전 의사에게 불만족함, 의학적 문제에 대해 일차적 평가를 받아 보기를 원함, 당황스럽거나 민감한 질문에 대해 묻고자 함, 가족 대신 정보를 구함, 서면으로 소통하는 것이 편함 등도 이러한 서비스가 필요한 주요 이유라고 밝혀냈다. 분명히 온라인으로 조언을 제공하는 것에는 책임이 개입되고 많은 임상가는 질문에 답하지 않는 것을 선호하거나 아예 그것이 허락되지 않는다. 그러나 조언이나 정보를 구하는 사람들은 정보, 조언 그리고 때로는 지지 집단을 만들기도 하는 온라인 환자 조직을 찾을 수도 있다(이 부분은 다음 장에서 더 다룰 것임).

의학적 이슈에 대해 필터가 적용된 검색 엔진을 통해 질문할 수 있는 공식 웹 사이트도 있다. 예를 들면, 영국의 www.nhs.uk, 호주의 www.healthinsite. gov.au, 미국의 www.nlm.nih.gov/medlineplus 등이다. 온라인 치료를 특정적으로 추천해 주는 www.beacon.edu.anu와 같은 소비자 지향의 사이트도 있는데 이것이 과학적 연구를 대체할 수 있는 것은 아니다.

환자와 임상가 모두를 위해 웹을 이용하여 CBT(그 외의 다른 치료도 마찬가지임)를 권고하는 치료적 지침을 제공할 수도 있다. 영국에서는 국립보건임상연구원(NICE)의 지침이 온라인(www.nice.org)상에 제공되고, 세제로 운용되거나(정부기관) 자치 기구에서 운영하는 공개 웹사이트도 있다. 미국정신의학회(American Psychiatric Association, www.psych.org)와 미국심리학회(American Psychological Association, www.apa.org) 같은 조직의 치료 가이드라인이 두 가지 사례이지만 국가 단위의 사례(스웨덴 국립보건복지위원회에서 발행된 불안과 우울 치료에 대한 치료 가이드라인과 같은)도 있다. 영국 행동및인지심리치료자협회(British Association for Behavioural and Cognitive Psychotherapists, www.babcp.org)와 같은 CBT 조직은 주로 회원을 대상으로 하지만 환자들도 이용이 가능하다.

전체적으로 볼 때, 임상가로서 우리는 내담자들이 웹을 검색하면서 몇몇 전문가를 대상으로 하는 사이트를 방문할 수 있다는 점을 알고 있어야 한다. 그러므로 공적인 사이트에는 공정하고 정중한 언어를 사용하는 것이 중요하고, 회원만 이용 가능한 포럼이라 할지라도 온라인 토론 포럼에서도 마찬가지 사항을 주의해야 한다. 조직이 운영하는 사이트 외에 개인이 사이트를 가지고 있는 사례도 있는데, 일반 검색에서는 드러나지 않는 경우가 많다. 또 다른 범주의 웹페이지는 제약회사가 제공하는 것으로 자신들의 상품에 대한 정보, '자가진단'을 위한 도움 그리고 범불안장애와 같은 특정한 문제에 대한 정보 등을 소개한다.

마지막으로, 구글 검색을 해 보면 연구에 관련된 정보가 나온다. 누구나 다운로드와 읽기가 가능한 공개 과학 논문(예: *BMC Psychiatry*와 *Plos One*의 논문들) 외에 연구자가 자신의 웹페이지에 연구논문을 올리는 경우도 있다. 도서관 시설이 이용 가능한 연구자는 특권을 누리는 것이며, 일반 임상가들은 그들처럼 쉽게 가장 최신의 연구를 접하기 어렵다. 이러한 점은 이제 많은 과학기금 주체가 연구자들에게 그들의 연구를 공적으로 이용 가능하게 할 것을 강권 내지는 요구하고 있기 때문에 변화하는 추세이며, 이로 인해 연구 결과의 보급도 촉진되고 있다.

구글을 이용해서 연구를 검색하는 방법 외에 많은 내담자는 메들라인(Medline, http://www.ncbi.nlm.nih.gov/pubmed)에 대해 익숙하고 정보도 가지고 있어서 연구정보를 직접 찾아보기도 한다. 이것은 임상 실제에서 어떤 내담자들의 경우에는 최신의 연구에 대해 잘 읽어 보고 알고 있는 상태이며, 임상가인 당신은 아예 들어 보지도 못한 최신 연구에 대해 그들이 먼저 알고 있다는 사실을 모르고 넘어가는 실수를 범할 수도 있다는 의미이다.

웹사이트의 품질은 어떻게 평가할 수 있을까

건강 관련 정보가 넘쳐나던 1990년대 말에는 웹사이트의 품질 간에 큰 격차가 있었으므로 연구자들이 이에 대해 평가할 필요성을 느꼈다(Eysenbach & Diepgen, 1998). 인터넷상 정신건강 정보의 품질에 관련된 연구들이 몇몇 이뤄졌다. 그중 한 예는 Griffiths와 Christensen(2000)의 연구로, 이들은 우울과 관련된 웹사이트들의 품질을 평가했고 이후 정신장애 정보를 제공하는 웹사이트들의 품질에 관한 여러 연구가 출간되었다(개관은 Reavley & Jorm, 2011 참조).

웹사이트를 평가하는 데는 최소 네 가지 방법이 있다. 첫 번째, 인터넷은 공개되어 있으므로 내담자 스스로 판단하도록 맡겨 두는 방법이다. 이 방법이 인터넷상의 자유를 보장하기는 하나 반드시 최선의 근거기반 정보를 구하게 되리라는 보장은 없다. 내담자들은 웹브라우저가 우선시하는 내용이나 스폰서 링크에 의해 호도되기 쉽다. 두 번째, 웹사이트의 개발자가 주의를 기울여 우수한 임상치료에 발맞춰서 윤리적 가이드라인을 준수하는 방법이다. 윤리를 무시하거나 웹사이트를 검증할 여력이 부족한 사이트들이 존재하기 때문에, 이런 방식을 통해 의문시되는 인터넷 활동 전부는 아니라도 상당 부분을 방지하는 것이 가능하다. 세 번째, 전문가들(연구자와 임상가 모두)과 환자 조직이 체계적인 접근을 통해 이용 가능한 웹사이트들을 평가하고 등급을 매기는 방법이다. 이렇게 하면 권장 사이트와 기피 사이트의 목록을 제공하고 이용을 삼가도록 경고하는 것도 가능하다. 네 번째 방법은 가독성을 기준으로 웹사이트를 평가하는 것이다.

HON

사이트를 평가하는 두 번째 방법의 한 가지 예는, 사이트를 책임지는 조직이나 개인에게 달려 있겠지만 인증을 거쳐 평가를 받는 것이다. HON(Health On the Net) 재단에서는 여러 자발적 웹사이트 인증 계획 중 하나를 제공한다(Boyer et al., 1998). HON은 스위스의 비영리 단체이며 내담자와 임상가를 우수한 인터넷 건강정보로 인도하고자 하는 목적을 가지고 있다(http://www.hon.ch). HON은 1996년에 인터넷 건강정보에 대한 첫 행동규범을 발표하였다. 최근 판은 35개국의 언어로 제공되고 있으며 웹 개발자가 준수해야만 하는 원칙이라 믿는 부분을 강조하고 있다(〈표 2-1〉 참조).

〈표 2-1〉 HON 재단 행동규범 관련 원칙

원칙	내용
권위	저자의 자격이 제시되어야 한다.
상보성	정보는 임상가와 내담자 관계를 대체하는 것이 아니라 지원하는 것이어야 한다.

개인정보	방문자의 개인정보에 대한 보호와 기밀이 보장되어야 한다.
근거	출간된 정보의 출처는 출간일과 함께 제시해야 한다.
정당성	이점과 성과에 대한 주장은 증거에 기반을 두어야 한다.
투명성	접근 가능한 방식으로 정보를 제시하고 정확한 연락정보를 제공해야 한다.
재정의 공개	기금의 출처를 밝혀야 한다.
광고 정책	광고는 본 편집 내용과 확실하게 구분되어야 한다.

출처: Boyer et al. (1998).

DISCERN

웹사이트를 평가하는 세 번째 방식은 스스로 평정하는 것이다. 임상가와 내담자는 16항목의 DISCERN 품질 규준(Charnock et al., 1999)을 적용하여 인터넷상 건강정보의 품질을 결정할 수 있다(www.discern.org.uk). DISCERN 프로젝트는 영국 국립도서관과 영국 국립보건원(National Health Service)의 경영연구개발 프로그램(Executive Research and Development Program)의 자금으로 수립되었다. DISCERN은 16문항의 간단한 질문지이다(〈표 2-2〉 참조). 각 DISCERN 문항은 1~5점까지 채점되며 높은 점수가 좋은 품질을 가리킨다. DISCERN은 다음과 같이 채점한다.

- 1점: 전혀 아님. 품질 규준에 전혀 맞지 않음
- 2~4점: 부분적으로 해당됨. 품질 규준에 어느 정도 맞음
- 5점: 완전히 일치함. 품질 규준에 완벽하게 맞음

각 문항에서 규준에 대한 명확한 정의와 채점의 예는 DISCERN 핸드북에 제시되어 있다. DISCERN은 높은 내적 합치도와 평정자간 일치도를 보였다(Ademiluyi et al., 2003). 6문항짜리 단축형 DISCERN도 나와 있다(Khazaal et al., 2009).

〈표 2-2〉 치료 관련 소비자 건강정보에 대한 DISCERN 품질 규준

---

1. 목표가 명확한가?
2. 목표를 성취하고 있는가?
3. 목표가 적합한가?
4. 작성된 내용에 이용된 정보의 출처가 명확한가(저자나 제작자 명시 이상의 출처를 밝히고 있는가)?
5. 내용에 이용되거나 제시된 정보가 언제 보고되었는지가 명확한가?
6. 그 정보가 균형 있고 치우치지 않았는가?
7. 추가적인 지원과 정보를 구할 수 있는 출처에 대해 상세히 알려 주는가?
8. 불확실한 영역에 대해 언급하고 있는가?
9. 각 치료가 어떻게 작동하는지에 대해 기술하고 있는가?
10. 각 치료의 이점에 대해 기술하고 있는가?
11. 각 치료의 위험성에 대해 기술하고 있는가?
12. 치료를 하지 않았을 때 일어날 수 있는 일에 대해 기술하고 있는가?
13. 치료의 선택이 전반적인 삶의 질에 어떻게 영향을 끼치는지에 대해 기술하고 있는가?
14. 하나 이상의 가능한 치료적 선택지가 존재한다는 점이 명확한가?
15. 공유된 의사결정 지원을 제공하는가?
16. 앞의 모든 질문에 대한 답에 기초하여, 치료적 선택에 대한 정보의 출처로서 사이트의 전반적인 품질을 채점한다.

출처: Charnock et al. (1999).

가독성

가독성이란 문서화된 정보를 읽고 이해하는 게 어느 정도 쉬운지를 의미하는데, 이는 웹사이트 대부분이 문서 정보에 의지하기 때문에 명백히 중요한 문제이다. 문서를 읽으려면 글자를 또렷하게 볼 수 있어야 한다는 분명한 사실을 넘어 많은 것이 가독성을 저해하는 요인으로 작용한다. 문서의 가독성을 떨어뜨리는 것은 전문용어(예: 다음절 단어 형태)와 복잡한 언어적 구조(예: 긴 문장 형태) 등이다. 웹사이트의 가독성을 평가하는 몇몇 검사가 있다. 플레쉬 독해 용이성 점수(Flesch Reading Ease Score), 플레쉬-킨케이드 학년 수준 공식(Flesch-Kincaid

Grade Level Formula), 고블디구크 간편 측정(Simple Measure of Gobbledygook) 등이 인터넷 건강정보의 가독성을 평가하는 데 사용된다(예: Walsh & Volsko, 2008). 세 가독성 검사 모두 온라인 도구로 시행 가능하고 사용자는 웹사이트 주소(www.online-utility.org/english/readability_test_and_improve.jsp)를 입력하면 된다. 플레쉬 독해 용이성 점수(Flesch, 1948)는 100단어당 평균 문장과 음절의 수에 따라 읽기 수준 등급을 평가한다. 높은 점수는 높은 가독성을 의미한다. 플레쉬–킨케이드 학년 수준 공식은 0에서 100점까지의 Flesch 독해 용이성 점수를 미국 학년 수준으로 전환해 주는 공식으로 문서를 이해하는 데 필요한 교육 연한을 추정해 낸다. 낮은 점수는 높은 가독성을 의미한다. 고블디구크 간편 측정(Mclaughlin, 1969)은 다음절 단어(최소 3음절 단어)의 수를 이용해서 학년 독해 수준 추정치를 계산해 낸다. 플레쉬–킨케이드 학년 수준 공식에서와 마찬가지로 낮은 점수가 높은 가독성을 의미한다. 미 보건사회복지부에서는 9학년 교육 이상의 가독성 문서는 이해하기 어려워하는 사람이 많이 있다고 밝혔다(Walsh & Volsko, 2008).

　요컨대, 임상가나 환자가 웹사이트의 품질에 대해 알아볼 수 있는 여러 가지 방법이 존재한다. 이와 더불어 임상가가 가장 좋은 사이트를 추천하는 데에 도움을 줄 수 있는 인터넷상의 정보 품질에 대한 과학적 논문도 존재한다. 그러나 인터넷이 빠르게 변화하기 때문에 오늘의 추천 사이트가 두 달 이후까지도 유효하리라는 보장은 없다.

글상자 **2-1**　　**인터넷 검색**

사회불안장애의 예

　사회불안장애(Social Anxiety Disorder: SAD)는 과거 사회공포증으로 불렸으며 세계적으로 흔한 문제로 유병률이 10%를 상회한다(Furmark, 2002).

　사회불안장애는 위협적이라 인식되는 사회적 상황의 회피와 당혹감을 느낄 수 있는 하나 이상의 사회적 수행 상황에 대한 지속적인 두려움이 특징이다. 고통을 경험하는 사람 중 많은 수가 도움을 구하지 않으며, 사회불안장애가 있는 사람 수와 도움을 구하는 사람 수 사이에는 격차가 존재한다. 사회불안장애가 있는 사람들은 인터넷에서 정보를 찾는 경우가 많다. 실제로 Erwin 등(2004)은 인터넷 기반 조사(불안장애 클리닉 웹사이트에 게시된)에 응답한 434명의 표본을 조사하였다. 그들은 응답자 중 92%가 사회불안장애 규준에 해당되었다고 밝혔다. 이 집단의 경우 인터넷 사용의 부정적인 결과가 몇몇 나타났다. 예를 들어, 참여자들은 인터넷으로 인해 더 수동적이 되고 사회적 활동성은 낮아졌다고 보고했다. 그들은 또한 면대면 상호작용보다 인터넷상의 상호작용이 더 편안하다고 느끼기 때문에 인터넷을 사용한다고 했다. 긍정적인 측면을 보자면, 응답자들은 인터넷을 통해 사회불안장애에 대한 새로운 정보를 얻을 수 있었고 심리치료나 약물치료에 대해 알게 되었다고 했다.

이런 결과들로 볼 때 사회불안장애에 대해 어떤 정보들이 존재하고 있는가를 알아보는 것은 흥미로운 부분이다. Khazaal 등(2008)은 '사회공포증'과 '사회불안장애'를 두 주요 용어로 설정하여 체계적인 검색과 웹 기반 정보의 품질의 등급을 매겨 보면서 관련 조사를 하였다. 그들은 HON 표식과 DISCERN 척도를 품질 지표로 이용하고 독해 수준에 대해서도 조사했다. 200개의 링크 중 58개를 대상으로 포함시킬 수 있었다. 사이트들의 전반적인 품질은 좋지 않았다. 11개(19%)만이 HON 표식이 있었다. 평균 Flesch-Kincaid 독해 학년은 7.34로 8(추천된 표준 수준)보다 낮았다. 평균 DISCERN 점수는 36으로 낮은 점수라 할 수 있다(Reavley & Jorm, 2011). HON 표식이 있는 사이트와 없는 사이트에는 차이가 있었고, HON 표식이 있는 사이트의 DISCERN 점수가 유의미하게 높았다. 이 연구는 2006년에 이뤄진 것으로 상황이 변화하여 사회불안장애에 대한 더 좋은 사이트들이 새로이 등장했을 것이다.

임상적인 측면에서 보자면, 사회불안장애가 있는 환자는 클리닉에 오기 전에 인터넷 검색을 할 가능성이 높다. 또한 면대면 상호작용보다는 인터넷을 택할 가능성이 높다. 그러나 이 책의 후반에 소개하듯이 사회불안장애를 가진 사람들은 인터넷 기반의 치료를 통해 혜택을 받을 수 있으며 인터넷은 그들에게 저주라기보다는 축복이라 할 수 있다.

문제적 인터넷 사용

이 책을 통해 인터넷이 CBT 임상가들에게 얼마나 유용한 존재인가를 설명하고 있지만 인터넷 사용이 부정적으로 변질될 수 있다는 사실을 덮어 둘 수는 없다. 문제적 인터넷 사용의 세 가지 측면에 관해 논하려 한다. 첫 번째로 인터넷 중독이라는 개념에 대해 다룬다. 두 번째로는 문제적 인터넷 사용의 형태에 대해 다루고, 세 번째로는 인터넷상에서 부정적이고 유해한 정보를 찾게 될 위험과 내담자로서 자신에 대해 민감한 자료를 게시하는 것에 대해 다루려 한다. 과식, 과음을 하거나 지나치게 도박이나 운동을 하고, 그 외의 여러 행동을 과도하게 했을 때 문제가 되고 해로운 것처럼 인터넷 사용 역시 과도해질 수 있다. 1990년대 후반 문제적 인터넷 사용에 대한 논의가 있었고 '인터넷 중독'이라는 개념이 소개되었다(Griffiths, 1998). 이제 10년 이상이 경과한 시점에서 문제적 인터넷 사용에 대한 논의는 진행 중으로, 인터넷 중독을 『정신질환의 진단 및 통계 편람 제5판(Diagnostic and Statistical Manual of Mental Disorders, 5th edition: DSM-5)』에 새로운 진단 개체로 포함시켜야만 하는가에 대해 토론이 지속되었다(Weinstein & Lejoyeux, 2010). 하지만 결국 포함되지 않았다.

인터넷 중독의 진단을 위해서는 다음 네 가지 요소가 필수적이라는 제안이 있었다.

첫째, 시간 감각의 상실과 기본 욕구(식사와 수면과 같은)에 소홀해지는 행동을 함께 보이는 과도한 인터넷 사용

둘째, 컴퓨터(이제는 스마트폰과 태블릿도 포함)를 이용할 수 없을 때 분노, 긴장, 불안과 우울을 포함한 금단 증상

셋째, 더 좋은 컴퓨터 장비, 더 여러 가지 소프트웨어, 무한대의 접속, 더 많은 시간 사용 등에 대한 요구와 같은 내성의 증진

넷째, 논쟁, 거짓말, 학교와 직장에서의 성취도 저하, 사회적 고립, 피로를 포함한 부정적 결과

이 인터넷 중독이라는 개념은 잠정적인 것으로 보아야 하고 타당화가 잘 이루어진 진단도구도 아직은 존재하지 않는다(몇몇 자기보고 검사가 있기는 함). CBT 임상가들은 상기 목록을 알아 두고 어떤 내담자들이 중독이나 강박에 해당할 정도로 인터넷을 과용하고 있지는 않은가를 따져 볼 수 있을 것이다. 인터넷 중독과 관련이 있는 건강문제는 주로 수면 부족과 스트레스 관련 문제라고 할 수 있다. 임상적인 시각에서 보자면 양방향의 작용이 가능하다. 정신의학적 장애가 있는 내담자들이 문제가 되는 방식으로 인터넷을 사용할 수 있고, 인터넷의 과다사용이 심리적인 문제를 초래할 수도 있다(Ko et al., 2012). 시간적 관련성에 대한 연구들은 아직 명확하지 않으나 인터넷상에서 자주 발생하는 병적 도박을 포함하여 문제적 인터넷 사용의 치료를 개발하려는 시도들은 몇몇 성공적인 예가 있다(Carlbring & Smit, 2008).

문제적 인터넷 사용이 나타나는 한 가지 형태는 병적 도박이다. 다른 예로는 성적인 집착(사이버섹스), 쇼핑과 판매, 소셜 네트워크의 과다사용, 불법 약물 구매, 고립의 심화 등이 있다. 고립에 대해서는 일찍이 Kraut 등(1998)이 연구에서 참여자들에게 인터넷 접속을 허용했을 때 고립이 심화된다는 점을 밝혔다. 그러나 이후의 연구 결과들은 인터넷 사용이 고립으로 이어진다는 사실과 부합하지 않으며, 인터넷 사용 결과 역시 좋을 수도 있고 나쁠 수도 있으며 때로는 양쪽 모두일 수도 있는 것으로 보인다.

CBT 관점에서 보자면 문제적 인터넷 사용은 때로 '안전행동',[1] 즉 불안을 조절하려는 목적의 행동이지만 도움이 되기보다는 불안을 지속시키는 결과를 초래하는 행동으로 나타난다(예: Salkovskis et al., 1996). 불안을 완화하고 조절하기 위해 인터넷에 의지하는 행동은 안전행동의 기능을 충실하게 이행하게 되며, 이는 CBT에서 표적으로 삼아야 할 대상이다. 비효율적인 불안 관리에 이용될 가능성이 있는 또 하나의 물품인 휴대전화(스마트폰)의 문제적 사용도 최근에는 문

---

1) 역자 주: 안전행동(safety behaviour)은 안전추구행동(safety-seeking behaviour)이라고도 불리며, 예를 들어 공황장애 환자들이 사람 만나는 것을 피한다든지, 강박증 환자들이 타인과 악수한 후에 손을 수십 회 씻는다든지 하는 것들이 있다.

제가 되고 있다. 그러나 스마트폰은 치료를 촉진하는 데에도 이용이 가능하다 (10장 참조).

인터넷 사용의 세 번째 위험성은 인터넷상에서 발견 가능한 것들과 관련된다. 예를 들어, 자해하는 방법, 거식증인 사람을 위한 체중 감소 방법을 포함한 다양한 잠재적 위험성이 있는 정보처럼 위험스러운 정보가 존재한다. 좀 덜 심각하지만, 증거에 기반을 두지 않은 치료나 지지하는 연구가 전혀 없는데도 효과는 대단하다고 주장하는 치료에 관한 정보처럼 부정적 영향을 주는 정보도 있을 것이다.

아직 다루지 못한 문제가 많기는 하지만 마지막으로 언급할 잠재적인 부정적 결과는 내담자(치료자에게도 마찬가지일 수 있음)가 블로그나 자신의 페이스북에 자신과 관련된 민감한 정보를 올리는 것이다. 예를 들어, 치료 회기가 끝나자마자 내담자가 그 내용을 블로그에 올린 경험을 한 임상가들이 내 주변에도 있다. 그런 행동 모두를 부정적이고 해로운 것이라 치부하려는 것은 아니다. 페이스북을 통해 친구와 연락을 지속하고 치료에서 진전이 있을 때 바로 피드백을 주고받는 긍정적인 영향의 사례도 있다. 치료자로서 알아 두어야 할 점은 우리가 모르는 사이에 내담자가 소셜 미디어를 사용할 수도 있다는 것이다.

인터넷을 검색한 내담자들: 해도 되는 것과 하지 않아야 할 것

여기서는 해도 되는 것과 하지 않아야 하는 것들에 대해 당신이 할 수 있는 질문과 그에 대한 조언들을 이야기하려 한다.

첫째, 내담자가 인터넷과 스마트폰 또는 휴대전화를 정기적으로 사용하는지 묻는다. 만약 사용한다면 얼마나 사용하는지 질문한다. 온라인 행동에 대해 묻는 이유에 대해서는 분명하게 밝힌다. "인터넷 사용에 대해 몇 가지 질문을 하겠습니다. 그 내용을 아는 것이 도움이 되고 최근 인터넷은 사람들의 생활에서 중요한 부분을 차지하기 때문입니다. 예를 들어, 제 내담자 중 몇 분은 CBT에 관해 인터넷을 찾아보셨더군요. 인터넷상에는 수많은 정보가 있고 그 모든 것이 진실은 아닙니다. 제가 인터넷 사용에 대해 질문해도 되겠습니까?"

둘째, 인터넷을 사용한다고 하면 건강정보를 검색해 보았는지, 특히 인터넷에서 CBT에 대해 본 내용이 있는지 질문한다. 개방적인 태도를 유지하며 내담자를 판단하지 않는다.

셋째, 소셜 네트워크나 지지 집단과 같은 온라인 집단에서 활동하고 있는지 묻는다. 인터넷상에서 지지를 구했을 수 있지만, 페이스북과 같은 소셜 네트워크에서는 소외된 느낌을 받을 수도 있다는 점을 명심해야 한다. 자신에 대한 정보를 게시했는지(블로그나 페이스북 등에)와 그 결과에 대해 만족하는지도 물어볼 수 있다. 여기에 치료실 안에서만 간직해야 하는 내용에 대한 동의도 포함할 수 있다.

넷째, 이메일 확인과 페이스북 업데이트 등으로 인터넷 때문에 스트레스를 느끼는지 묻는다. 어떤 내담자에게는 인터넷 사용이 거의 중독과 같을 수 있고, 어떤 내담자에게는 안전행동일 수 있다. 그로 인해 스트레스를 느끼거나 기분이 안 좋아질 수도 있다. 그러므로 인터넷 사용의 부정적인 측면에 대한 질문을 하는 것이 중요하다. 긍정적인 결과에 대해서도 잊지 않고 물어보아야 한다. 부정적인 결과와 긍정적인 결과가 모두 존재할 수도 있다.

다섯째, 당혹감에 대해서도 탐색한다. 내담자는 정신건강에 대한 정보를 검색하는 것이나 온라인 토론 포럼에 참여하는 것 등을 주변 사람들에게 비밀로 하는 데 더해서 자신의 온라인 행동에 대해 창피하다고 느낄 수 있다. 이쯤에서 도박이나 사이버섹스와 같은 다른 부정적인 측면에 대해 질문할 수도 있다.

실천적 함의 및 요점

- 인터넷상에서 많은 정보가 이용 가능하고 접근 방법도 다양하다. 위키피디아는 정신병리나 심리치료에 대해 방대한 정보를 담고 있는 대표적인 웹사이트

중 하나이다.

- 내담자와 임상가는 인터넷을 통해 특정한 문제(우울과 같이)와 치료적 선택지에 관한 정보를 얻을 수 있다. 인터넷에는 내담자와 전문가가 접근할 수 있는 전문적인 출처와 과학적 정보도 존재한다.
- 웹사이트의 품질은 다양하고 이를 평가할 수 있는 방법들이 존재한다. 인터넷은 항상 변화하기 때문에 검색도 지속적으로 업데이트되어야 한다. 일관성, 신뢰성, 가독성에 관하여 웹페이지 품질을 점수 매기는 연구들이 존재하기는 하지만, 임상가 입장에서 어떤 웹사이트가 추천할 만한지 아닌지를 알고 있다면 큰 도움이 될 것이다.
- 문제적 인터넷 사용도 내담자 문제의 일부일 수 있다. 내담자가 인터넷을 과용하거나 인터넷 사용을 통해 부정적인 결과를 경험하고(스트레스와 같이), 인터넷을 안전행동으로 사용할 소지도 있다. CBT의 계획과 실행에 중요한 영향을 주는 부분이므로 임상가는 치료 초반에 온라인 행동에 대해 물어보는 것이 좋다.

참고문헌

Ademiluyi G, Rees CE, Sheard CE. (2003). Evaluating the reliability and validity of three tools to assess the quality of health information on the Internet. *Patient Education and Counselling, 50,* 151-155.

Boyer C, Selby M, Scherrer JR, Appel RD. (1998). The Health On the Net code of conduct for medical and health Websites. *Computers in Biology and Medicine, 28,* 603-610.

Carlbring P, Smit F. (2008). Randomized trial of Internet-delivered self-help with telephone support for pathological gamblers. *Journal of Consulting and Clinical Psychology, 76,* 1090-1094.

Charnock D, Shepperd S, Needham G, Gann R. (1999). DISCERN: An instrument for judging the quality of written consumer health information on treatment choices. *Journal of Epidemiology and Community Health, 53,* 105-111.

Couper MP, Singer E, Levin CA, Fowler FJ Jr, Fagerlin A, Zikmund-Erwin BA, Turk CL, Heimberg RG, Frescoa DM, Hantula DA. (2004). The Internet: Home to a severe population of individuals with social anxiety disorder? *Journal of Anxiety Disorders, 18,* 629-646.

Eysenbach G, Diepgen TL. (1998). Towards quality management of medical information on the Internet: evaluation, labelling, and filtering of information. *British Medical Journal, 317,* 1496-1502.

Flesch R. (1948). A new readability yardstick. *Journal of Applied Psychology, 32,* 221-233.

Fox S. (2011). *Health topics: 80% of Internet users look for health information online* (Pew Internet & American Life Project, February 1). Retrieved September 9, 2011, from http://www.106S114S.pewInternet.org/~/media/Files/Reports/2011/PIP_HealthTopics.pdf

Furmark T. (2002). Social phobia: Overview of community surveys. *Acta Psychiatrica Scandinavica, 105,* 84-93.

Griffiths KM, Christensen H. (2000). Quality of web based information on treatment of depression: Cross sectional survey. *British Medical Journal, 321,* 1511-1515.

Griffiths M. (1998). Internet addiction: does it really exist? In J Gackenbach, editor. *Psychology and the Internet. Intrapersonal, interpersonal and transpersonal implications* (pp. 61-75). San Diego: Academic Press.

Khazaal Y, Chatton A, Cochand S, Coquard O, Fernandez S, Khan R, et al. (2009). Brief DISCERN, six questions for the evaluation of evidence-based content of health-related websites. *Patient Education and Counselling, 77,* 33-37.

Khazaal Y, Fernandez S, Cochand S, Reboh I, Zullino D. (2008). Quality of web-based information on social phobia: A cross-sectional study. *Depression and Anxiety, 25,* 461-465.

Ko CH, Yen JY, Yen CF, Chen CS, Chen CC. (2012). The association between Internet addiction and psychiatric disorder: A review of the literature. *European Psychiatry, 27,* 1-8.

Kraut R, Patterson M, Lundmark V Kiesler S, Mukopadhyay T, Scherlis W. (1998). Internet paradox. A social technology that reduces social involvement and psychological well-being? *American Psychologist, 53,* 1017-1031.

McLaughlin GH. (1969). SMOG grading: A new readability formula. *Journal of Reading, 12,* 639–646.

Net Marketshare. (2014). Search Engine Market Share (February 2014). Retrieved February 15, 2014, from http://marketshare.hitslink.com

Reavley NJ, Jorm AF. (2011). The quality of mental disorder information websites: A review. *Patient Education and Counselling, 85,* e16–25.

Riley S, Veale D. (1999). The Internet and its relevance to cognitive behavioural psychotherapists. *Behavioural and Cognitive Psychotherapy, 27,* 37–46.

Salkovskis PM, Clark DM. Gelder MG. (1996). Cognition-behaviour links in the persistence of panic. *Behaviour Research and Therapy, 34,* 453–458.

Umefjord G, Petersson G, Hamberg K. (2003). Reasons for consulting a doctor on the Internet: Web survey of users of an Ask the Doctor service. *Journal of Medical Internet Research, 5,* e26.

van Schaik D, Klijn A, van Hout H, van Marwijk H, Beekman A, de Haan M, van Dyck R. (2004). Patients' preferences in the treatment of depressive disorder in primary care. *General Hospital Psychiatry, 26,* 184–189.

Walsh TM, Volsko TA. (2008). Readability assessment of Internet-based consumer health information. *Respiratory Care, 53,* 1310–1315.

Weinstein A, Lejoyeux M. (2010). Internet addiction or excessive Internet use. *American Journal of Drug and Alcohol Abuse, 36,* 277–283.

더 읽을거리

Joinson AN. (2003). *Understanding the psychology of Internet behaviour. Virtual worlds, real lives.* Basingstoke: Palgrave MacMillan.

Reavley NJ, Jorm AF. (2011). The quality of mental disorder information websites: a review. *Patient Education and Counselling, 85*(2), e16–25.

Weinstein A, Lejoyeux M. (2010). Internet addiction or excessive Internet use. *American Journal of Drug and Alcohol Abuse, 36,* 277–283.

3장

온라인 지지 집단

사례 및 도입

재발성 우울증을 경험하는 많은 이와 마찬가지로 조앤은 종종 주변 사람들이 자신의 문제를 완전히 이해하지 못한다고 느꼈다. CBT를 통해 그녀는 여러 가지 유용한 것을 배웠고, 이제 우울할 때 움츠러들기보다 활동적으로 생활하려 해서 다시 자신의 컨디션을 찾는 데 도움을 받기도 했다. 그러나 그럴 때마다 혼자라고 느꼈다. 가족들은 물론 그녀 자신의 기분이 가라앉는 것을 알아차렸지만 그녀가 기분 변화에 워낙 잘 적응하고 있었기에 자신의 상태에 대해 언급하지 않았고, 그로 인해 그녀는 더 외로움을 느꼈다. 이러한 상황은 우울에 대한 온라인 지지 집단에 대해 알게 되면서 바뀌었다. 그곳에서 그녀는 자신의 기분과 고통에 대해 자신이 느끼는 바를 그대로 이해해 주는 것 같은 사람들과 이야기를 나눌 수 있었다. 사실 그녀는 포럼을 벗어나서 그중 한 명과 연락했고, 그 친구는 조앤이 사는 곳에서 멀지 않은 도시에 살고 있었기에 만남에 대한 이야기도 나눴다. 해당 온라인 집단에서는 조앤이 관심을 가질 만한 토론들도 진행되었다.

비록 CBT에 대한 논의도 오갔으나 집단 성원들 간에 투약과 보건 시스템에 대한 서로의 경험차가 아주 컸기 때문에 투약에 대한 논의가 더 자주 이뤄졌다. 조앤은 가장 활동적인 사람들은 몇 명 되지 않는다는 것을 일찌감치 알아차렸는데, 그녀 역시 몇 개의 댓글과 하나의 질문만 올렸을 뿐이었다. 그녀의 새 친구에게 직접 이메일을 보낸 것도 그중 한 댓글과 관련이 있었다.

온라인 지지 집단은 무엇인가

인터넷 사용의 한 가지 특징은 또래 간(peer-to-peer: P2P) 지지 기회를 쉽게 가질 수 있도록 해 준다는 것이다. 온라인 지지 집단(인터넷 또래 지원이라고도 함)은 유사한 문제를 가진 사람들이 함께 모여 서로 도움을 줄 수 있을 것이라는 가정에 근거하는 자가치료의 한 형태이다. 이는 이메일 리스트, 대화방, 포럼(온라인 게시판)과 같은 다양한 인터넷 플랫폼을 통해 이용 가능하다. 가장 흔한 것은 포럼(온라인 게시판)으로, 비동기화 방식이 실시간 대화 포럼에 비해 이점이 있기 때문이다. 최근에는 페이스북이 그림과 사진 요소도 쉽게 접할 수 있는 온라인 게시판 양식을 사용하여 포럼을 대체하는 중이다. 온라인 지지 집단은 상호지지 방식을 취하며, 인터넷을 통해 사람들은 다양한 기회를 빌려 자신의 건강문제에 대해 토론하고 질문하고 답변할 수 있다. 다른 집단들과 마찬가지로 온라인 지지 집단도 매우 다양하다.

첫 번째로, 집단이 촉진자를 둔 자가가이드 형태인가, 아니면 토론을 모니터링하는 전문가가 개입하고 있는가에 따른 구분이 가능하다. 다시 말해서, 온라인 지지 집단은 전문가의 개입이 전혀 없이 생성될 수도 있지만 전문가가 조직할 수도 있다. 후자의 예로는 우울증 입원치료가 완료된 후 조직된 독일의 인터넷 대화 집단이 있다(Bauer et al., 2011). 온라인 지지 집단에서 전문가는 다른 집단 성원에 대한 공격이나 자해에 대한 위험한 조언과 같은 부적절한 활동이 발생했을 때에 한해 중재하는 식으로 아주 제한적으로만 관여하는 것이 가능하다. 그러나 완전한 성원으로서 토론에 참여하거나 토론할 점에 대해 게시하는 식의 더 활동적인 참여도 가능하다.

두 번째 구분은 집단의 기능과 관련이 있다. 지지는 그 주된 형식이 정서적, 정보 제공적, 도구적인 것일 수 있으나 이 세 가지가 결합되는 경우도 흔하다. 좀 더 상세하게 보자면, 지지 집단은 고립을 줄이고, 스트레스원의 영향을 줄이고, 건강과 자기관리 정보 공유를 증진하고, 롤모델 역할을 할 수도 있다(Pfeiffer et al., 2011). Barak 등(2008)은 온라인 지지 집단의 몇 가지 가능한 기능을 강조했다. 그들은 한 예로 개인 역량 강화를 들었고 온라인 지지 집단을 통해 이것이 가능하다고 주장했다.

세 번째 구분은 집단의 구조적 특징 및 성원의 행동과 관련이 있다. 지지 집단은 최소 몇 명부터 몇 천 명에 이르기까지 그 크기가 다를 수 있다. 사실 다수의 사람이 인터넷을 사용한다는 점을 감안한다면 온라인 지지 집단의 수가 최소 면대면 집단의 수 정도는 될 것이라는 연구자들의 결론은 당연한 것이다(Kaplan et al., 2011). 2013년에 간단히 검색한 바에 따르면 우울증에 관련된 야후 지지 집단만 4,110개로, 대단히 많은 수의 집단이 존재한다는 것을 알 수 있다.

온라인 지지 집단은 초대받아야만 참여할 수 있는 폐쇄된 형태이거나 참여 규준이나 의무사항 없이 관심 있는 모든 이에게 개방된 형태일 수 있다. 성원들은 참여했다가 나가 버릴 수도 있고, 많은(대개는 대다수) 성원이 활동하지 않고 온라인 포럼 토론의 수동적 관찰자로 남아 있기도 한다(McKenna & Bargh, 1998).

네 번째 구분은 자가치료 집단에서 작동하는 기제와 관련이 있다. 그러한 기제 중 하나는 온라인 탈억제 효과(Joinson, 1988)로, 사람들이 실제 누군가를 대면했을 때는 일반적으로 하지 못할 말이나 행동도 인터넷상에서는 표현하는 현상을 일컫는다. 지지 집단이라는 맥락 안에서는 최소 일부 성원이라도 자신의 삶에 대한 정보를 노출해야만 한다는 사실은 명백하다. 예를 들어, 건강문제가 있는 온라인 지지 집단의 경우 건강에 대한 부분에서 자신의 경험을 노출해야 하는 식이다. 자가치료 집단에서 정직과 자기개방은 중요한 요소이며, Barak 등 (2008)에 의하면 인터넷에서 때때로 나타나는 탈억제는 지지 집단의 치료적 기능을 가속화하는 역할을 하게 된다. 그러나 탈억제와 사적 비밀의 노출에는 대가가 따를 수 있고(Kelly & McKillop, 1996), 온라인 지지 집단이 개방된 경우(성원이 들고 날 수 있음)가 흔하기 때문에 누가 정보를 획득하게 될지에 대한 통제가 쉽지 않다.

한편, 정규 지지 집단에서 어느 정도 익명성 보존이 가능하다고 할 때, 정체성을 숨기는 것이 가능한 온라인 지지 집단에서는 익명성 보존이 더욱 쉽다. 발신자에 관련된 시각적 정보가 부재하다는 점이 부적절한 반응을 유발하여 문자에만 기초한 지지 집단에서 근본적인 부분에 대한 오해를 불러일으킬 위험성을 불러올 수 있기에, 익명성이 항상 긍정적인 요인으로 작용하는 것은 아니다. 예를 들어, 온라인 지지 집단의 성원은 이름, 나이, 성별, 인종을 포함하여 자신이 다른 사람인 것처럼 모든 정보를 바꿀 수 있다. 그런데 페이스북과 같이 익명성이 환영받지 않는 소셜 네트워크의 이용이 증가하면서 이러한 점들이 분명히 변화하고 있기는 하다.

요약하자면, 온라인 지지 집단이 존재한 지 거의 20년이 되었고 계속 그 수가 늘어나고 있다(예는 [그림 3-1] 참조). 소셜 네트워크가 발전하면서 지지 집단도 약간 다른 형태를 띠게 되었으나 여러 가지 건강문제에 대하여 다양한 언어의 온라인 지지 집단이 존재한다. 이쯤에서 온라인 지지 집단의 참여를 통해 건강이 개선될 수 있는가 하는 뻔한 의문으로 넘어가려 한다.

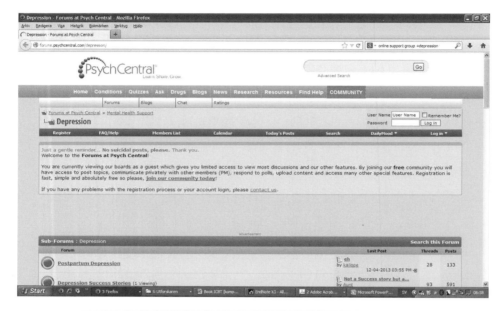

[그림 3-1] 사이크센트럴(PsychCentral) 우울증 포럼
(http://forums.psychcentral.com/depression/)

온라인 커뮤니티의 효과에 관한 연구

온라인 지지 집단에 대해 여러 연구가 진행되었고 일부는 단독 개입의 형태로 진행되었지만, 여러 개입 중 일부로, 즉 저자의 연구집단이 진행한 몇몇 연구의 예와 같이 CBT 연구의 통제집단으로 포함된 경우도 있다.

일반적인 정신건강 문제에 대한 온라인 지지 집단의 효과부터 보자면,

Griffiths와 동료들(2009a, 2009b)은 우울 증상에 대한 온라인 지지 집단의 효과를 알아보고자 한 연구들을 체계적으로 개관하였다. Griffiths의 개관에도 포함된 Houston 등(2002)의 초반 연구에서는 온라인 지지 집단 참여 후 우울 증상이 유의하게 감소하는 것으로 나타났다. 그러나 Griffiths가 요약한 문헌의 질은 훌륭하다고 할 수는 없고, 저자들도 우울 증상에 관한 온라인 지지 집단의 효과를 조사하는 고품질의 연구는 빈약하다고 결론지었다. 좀 더 최근에는 Kaplan 등(2011)이 300명의 참여자를 대상으로 무작위 대조연구를 시행하였다. 참여자들은 조현병 스펙트럼이나 정동장애로 진단받은 사람들이었다. 참여자들은 리스트서브[1]를 통한 인터넷 또래 지지 집단이나 게시판을 통한 인터넷 또래 지지 집단 또는 대조조건으로 무선 할당되었다. 연구 결과, 온라인 지지 집단(중재자가 없고 구조화도 되지 않은 집단) 참여가 안녕감을 증진시키는 효과를 찾아볼 수 없었다. 오히려 또래 지지 집단에 더 활동적으로 참여했던 사람들이 소극적이었거나 전혀 참여가 없었던 사람에 비해 더 큰 고충을 보고했다. 이 지점에서 온라인 토론 집단에 대해 기대할 수 있는 것이 무엇일까에 대해 잠깐 생각해 볼 가치가 있다. Barak 등(2008)은 온라인 지지 집단이 고통 감소 측면의 효과를 목표로 해서는 안 된다고 주장하였다. 그보다는 역량 강화 요소라 할 수 있는 정서적 안도와 통제감 증진이 목표라고 보았다(Barak et al., 2008). 이러한 주장이 그럴듯하기는 하지만 일반적인 지지 집단들이 치료나 전통적인 조치에 대한 대안으로 소개되고 있는 것 역시 현실이며, 건강 관련 성과의 측면에서 온라인 토론 포럼의 효과에 대해 알아보려는 연구들도 있다.

　연구 활동이 활발한 영역 중 하나는 온라인 암 포럼이다. 전반적으로 볼 때, 온라인 암 집단에 참여함으로써 얻는 이득에 대한 문헌들은 각양각색이라 할 수 있다(Hoey et al., 2008). 좀 더 최신 연구로는 Salzer 등(2010)이 최근 유방암 진단을 받은 78명의 여성이 참여한 인터넷 기반 또래 상호작용의 이득에 대해 조사한 것이 있다. 참여자들은 인터넷 또래 지지 집단 또는 인터넷 기반 교육 대조

---

[1] 역자 주: 리스트서브(listserv)는 특정 주제에 대한 내용을 다수에게 메일링하도록 도와주는 전자 이메일링 리스트 응용 소프트웨어를 말한다.

조건으로 무선 할당되었다. 4개월과 12개월 후에는 추수평가를 하였다. 연구 결과, 지각된 사회적 지지, 자기효능감, 희망 등의 측정치에 있어 또래 지지의 이점은 나타나지 않았다. 더구나 증상이나 기능에 관련된 일차적 성과 측정치에서 또래 지지 집단은 대조집단에 비해 저조한 성과를 나타냈다. 하지만 저자들은 많은 여성이 인터넷 또래 지지 집단에 적극적으로 참여했고 지지받은 것에 대해서도 만족해했다고 보고했다. 인터넷 또래 지지에 대한 두 번째 연구는 다양한 종류의 암 생존자 921명을 포함한 인터넷 또래 집단을 대상으로 이뤄졌다 (Hoybye et al., 2010). 이 연구에서는 일반적 치료(재활 프로그램)를 지속하는 조건과 재활 프로그램에 이어 웹 기반 강좌와 인터넷 지지 집단의 참여가 추가된 조건을 비교하였다. 즉, 인터넷 기반 지지가 일반적 재활에 추가된 것이다. 6개월 추수평가에서 기대했던 바와는 다르나 이전의 연구와 마찬가지로 인터넷 조건의 성과는 대조군에 비해 저조했다. 이들 최신 두 연구를 함께 본다면 암 관련 온라인 또래 지지 집단의 이점에 대해서는 우려되는 바가 있다고 할 수 있다.

온라인 지지 집단의 다른 활용 방식은 입원 재활에 뒤이어 온라인 대화 포럼을 추가하는 것인데, 이는 독일의 Hans Kordy와 동료들(Golkaramnay et al., 2007)이 연속적인 연구를 통해 검증하고자 한 것이기도 하다. 전반적으로 보아 유망한 결과가 나타났고, 이전 치료에 직접 연계되는 온라인 지지 집단이라는 혁신적인 방식을 잘 보여 주고 있다([글상자 3-1] 참조).

글상자 3-1 **면대면 치료의 사후관리 온라인 대화 집단**

독일 하이델베르크의 심리치료연구센터(Centre for Psychotherapy Research)에서 Hans Kordy와 동료들은 입원치료에 이은 사후관리의 일환으로 흥미로운 접근을 개발하였다. 영국 등의 나라에서는 불안과 우울 환자라면 대부분 외래치료를 받지만 이들을 포함하여 정신장애가 있는 환자에게 입원치료를 하는 것이 독일에서는 흔한 일이다. 독일의 연구자들은 매주 90분 동안 치료자와 8~10명의 참여자가 만나 대화하는 대화 포럼을 여는 온라인 지지 방식을 개발하고 검증하였다. 집단은 개방형이었고 매뉴얼도 없었다. 이 집단은 12~15주간 이어졌고 그들이 받았던 입원치료를 이어 주는 다리 역할을 하는 것이 목적이었다. 집단을 가이드하는 치료자는 실제로 치료하면서 만났거나 퇴원 시 인터뷰를 통해 만나는 식으로 집단의 모든 성원을 아는 사람이었다. 연구에서는 온라인 사후관리의 효과를 대화 포럼에 참여하지 않은 대응 집단과 비교하였다(Golkaramnay et al., 2007; Bauer et al., 2011). 퇴원 12개월 후 대화 참여자(n=114)의 부정적 성과에 대한 위험률(25%)은 대조집단(38.5%)에 비해 유의하게 낮은 것으로 나타났다. 이것이 무작위 대조연구는 아니었다는 점이 아쉬운 점으로 남기는 하지만 고무적인 결과이고, 클리닉에서의 치료 후 재발을 방지하는 데 이점이 있는 것으로 생각되는 온라인 지지 집단 작업의 혁신적인 활용 방식을 잘 보여 주고 있다.

저자가 직접 연구를 통해 온라인 토론 집단을 이용해 본 경험은 엇갈린다. 우리의 일부 연구에서는 중재자가 있는 토론 집단을 대조집단으로 했을 때 몇몇 예외를 제외하고는 증상 완화의 측면에서 소소한 변화가 나타났다. 청력을 상실한 노인 집단에서는 예외적인 결과가 있어서 토론 포럼에 참여한 대조집단이 훨씬 큰 이득이 있었다고 자각했다(Thorén et al., 2011). 온라인 토론 포럼을 대조집단이 아닌 인터넷으로 제공되는 CBT에 결합해서 이용한 사례도 있는데, 집단에 참여할 수 있다는 것에 만족하는 사람들이 있었음에도 불구하고, 우울이나 불안장애에 대한 연구의 성과 측정치로 볼 때 토론 집단이 별다른 도움이 된다는 지표는 발견되지 않았다. 온라인 포럼을 치료에 포함시킨 다른 연구집단의 연구에서도 성과에 도움이 된다는 뚜렷한 결과는 나타나지 않았다(예: Titov et al., 2008).

임상가로서 온라인 지지 집단에 대해 무엇을 이야기해야만 하나

이 책이 주로 CBT에서의 인터넷 활용을 다루며 임상가들이 온라인 집단 참여에 대해 묻지 않는다 하더라도, 임상 실제에서 온라인 지지 집단을 활용하는 것이 아주 흔한 현상이 되었기에 이 부분을 별도의 장에서 다룰 필요가 있다고 생각했다. 더욱이 청소년과의 작업 같은 특정한 분야에서는 내담자가 인터넷을 접하고 온라인 집단이나 소셜 네트워크의 성원이 되는 것이 몇몇 젊은이의 예외라기보다는 법칙이 되어 버렸다. 최근 페이스북 같은 폐쇄형 소셜 네트워크에서도 당연한 일이지만, 식이장애나 자해와 같은 특정 주제에 대한 온라인 토론 포럼 역시 참여를 원하는 누구나 널리 이용이 가능하다.

　온라인 집단 참여에 대해 논할 때, CBT 임상가라면 두 가지 주요 이슈를 생각해 보아야 한다. 첫 번째 질문은 참여와 관련된 가능한 이득과 손해이다. Barak 등(2008)은 일반적인 믿음과는 달리 온라인 지지 집단의 일반인들이 제공하는 정보가 잘못되거나 해로운 경우는 드물다고 하였다. 이는 그런 일이 아예 발생하지 않는다는 의미는 아니다. 내담자들은 CBT에서 나온 메시지와 분명하게 배치되는 것들을 접하기도 하지만, CBT의 이득에 관한 이야기들을 통해 자신감을 얻기도 한다. 온라인 집단에서도 집단과정이 발생하므로 치료자의 통제를 벗어나는 일이 일어나기도 하지만 그 역시 치료에 효과가 있는 것일 수도 있다.

　두 번째 질문은 온라인 집단에 참여하는 내담자(다시 말하지만, 당신이 알지 못하는 사이에도 내담자는 온라인 집단에 참여할 수 있다는 점을 알아야 함)에 관한 것으로, 내담자가 치료에서의 경험을 온라인 포럼의 다른 사람들과 공유하는가와 이것이 어떻게 받아들여지는가 하는 것이다. 예를 들어, 내담자들은 CBT를 받았던 다른 사람들로부터 조언을 들을 수 있다. 불안 때문에 CBT를 받고 있다는 게시글에 포럼의 누군가가 "저도 그거 받아 봤는데 전혀 쓸모없었습니다. 치료자가 소위 노출이라는 것을 해 보라고 했는데 저한테는 효과가 없었어요."라는 댓글이 달렸다고 상상해 보라. 이런 반응을 접한다면 누구라도 용기를 잃을 것이고, 치료 시 온라인 집단 참여를 비밀로 하고 있었다면 그 이후 회기에서는 이러한 부분을 다루는 것조차 불가능할 것이다. 만약 포럼에서 치료자가 누구였는지 지명까지 되었다면 더욱 난감한 일이 될 것이다. 이보다 긍정적인 부분을 보자면 부정적 조언이 포럼을 지배하기보다는 포럼에서 '비전문 CBT'와 같은 것이

행해지면서 이를 통해 내담자가 힘을 얻게 될 가능성이 더 크다는 것이다.

실천적 함의 및 요점

- 온라인 토론 포럼이 흔해졌고 당신이 생각하는 것보다 더 많은 내담자가 그러한 집단의 성원이다.
- 온라인 포럼 참여 효과는 엇갈린다. 이득을 얻는 이도 있고 얻지 못하는 이도 있다. 그러나 다수의 사람은 분명 역량이 강화되었다고 느끼고 자신과 같은 문제를 겪는 이들로부터 지지를 받는다.
- 온라인 포럼에서의 활동이 CBT에 영향을 줄 수 있으므로 CBT 임상가는 온라인 집단 참여에 대해 질문하는 것이 좋다.

참고문헌

Andersson G, Bergström J, Holländare F, Carlbring P, Kaldo V, Ekselius L. (2005). Internet-based self-help for depression: A randomised controlled trial. *British Journal of Psychiatry, 187*, 456-461.

Barak A, Boniel-Nissim M, Suler J. (2008). Fostering empowerment in online support groups. *Computers in Human Behavior, 24*, 1867-1883.

Bauer S, Wolf M, Haug S, Kordy H. (2011). The effectiveness of Internet chat groups in relapse prevention after inpatient psychotherapy. *Psychotherapy Research, 21*, 219-226.

Golkaramnay V, Bauer S, Haug S, Wolf M, Kordy H. (2007). The exploration of the effectiveness of group therapy through an Internet chat as aftercare: A controlled naturalistic study. *Psychotherapy and Psychosomatics, 76*, 219-225.

Griffiths KM, Calear AL, Banfield M. (2009a). Systematic review on Internet Support Groups (ISGs) and depression (1): Do ISGs reduce depressive symptoms? *Journal of Medical Internet Research, 11*(3), e40.

Griffiths KM, Calear AL, Banfield M, Tam, A. (2009b). Systematic review on Internet Support Groups (ISGs) and depression (2): What is known about depression ISGs? *Journal of Medical Internet Research, 11*(3), e41.

Hoey LM, Ieropoli SC, White VM, Jefford M. (2008). Systematic review of peer-support programs for people with cancer. *Patient Education and Counseling, 70,* 315-337.

Houston TK, Cooper LA, Ford DE. (2002). Internet support groups for depression: A 1-year prospective cohort study. *American Journal of Psychiatry, 159,* 2062-2068.

Hoybye MT, Dalton SO, Deltour I, Bidstrup PE, Frederiksen K, Johansen C. (2010). Effect of Internet peer-support groups on psychosocial adjustment to cancer: A randomised study. *British Journal of Cancer, 102,* 1348-1354.

Joinson A. (1998). Causes and implications of disinhibited behavior on the Internet. In J Gackenbach, editor. *Psychology and the Internet. Intrapersonal, interpersonal and transpersonal implications* (pp. 43-60). San Diego: Academic Press.

Kaplan K, Salzer MS, Solomon P, Brusilovskiy E, Cousounis P. (2011). Internet peer support for individuals with psychiatric disabilities: a randomized controlled trial. *Social Science & Medicine, 72,* 54-62.

Kelly AE, McKillop KJ. (1996). Consequences of revealing personal secrets. *Psychological Bulletin, 120,* 450-465.

McKenna KYA, Bargh JA. (1998). Coming out in the age of the Internet: identity "demarginalization" through virtual group participation. *Journal of Personality and Social Psychology, 73,* 681-694.

Pfeiffer PN, Heisler M, Piette JD, Rogers MA, Valenstein M. (2011). Efficacy of peer support interventions for depression: A meta-analysis. *General Hospital Psychiatry, 33,* 29-36.

Salzer MS, Palmer SC, Kaplan K., Brusilovskiy E, Ten Have T, Hampshire M et al. (2010). A randomized, controlled study of Internet peer-to-peer interactions among women newly diagnosed with breast cancer. *Psycho-Oncology, 19,* 441-446.

Thorén E, Svensson M, Törnqvist A, Andersson G, Carlbring P, Lunner T. (2011). Rehabilitative online education vs. Internet discussion group for hearing aid users: A randomized controlled trial. *Journal of the American Academy of Audiology, 22,* 274-285.

Titov N, Andrews G, Schwencke G, Drobny J, Einstein D. (2008). Shyness 1: Distance treatment of social phobia over the Internet. *The Australian and New Zealand Journal of Psychiatry, 42,* 585–594.

더 읽을거리

Bargh JA, McKenna KYA. (2004). Internet and social life. *Annual Review of Psychology, 55,* 573–590.

Davison KP, Pennebaker JW, Dickerson SS . (2000). Who talks? The social psychology of illness support groups. *American Psychologist, 55,* 205–217.

4장

인터넷을 활용한 평가

학 습 내 용

- 자기보고 평가를 인터넷에서 전송하는 방법
- 인터넷에서 진단도구를 관리하는 법
- 온라인 질문지의 심리측정적 속성
- 일상생활에서 온라인 측정을 활용하는 법

사례 및 도입

마크는 이제 막 면대면 방식의 치료를 받기 시작했는데, 치료자가 제안한 대로 매주 우울증 질문지를 작성하면서 얼마나 나아졌는지를 확인할 수 있었다. 마크가 인터넷을 자주 사용한다고 대답했기 때문에 치료자는 마크의 온라인 프로파일을 만들겠다고 제안했으며, 그가 매주 로그인하여 온라인 평가를 하면 치료자가 다음 회기 전에 그것을 검토하기로 했다. 마크에게는 온라인으로 치료자에게 메시지를 보내고 상담시간을 확인할 수 있는 편의도 제공되었다. 게다가 해당 웹사이트를 통해 진전 상황을 종합적으로 볼 수 있었기 때문에, 마크 스스로 어떻게 하고 있는지를 모니터할 수 있었다. 마크는 힘들 때마다 질문지를 잃어버린다거나 상담 약속을 잊게 되는 일이 잦았기 때문에, 치료를 종결하면서 온라인으로 평가를 하는 것이 좋았다고 말했다.

의료 장면에서 일하는 임상가들은 심리치료의 내용뿐 아니라 내담자들의 진전 상황을 문서화해야 한다. 진전 상황과 결과를 평가하기 위해 타당화된 자기보고 척도를 사용하는 CBT 임상가들이 점차 늘어나고 있다. 인터넷을 통해 자기보고 평가의 온라인 관리도 가능해졌다. 또한 연구자들은 예비 진단을 위한 선별 도구를 개발하기 위해 노력해 왔으며, 스마트폰의 등장으로 관심 문제(예: 불안)에 대해 생태학적으로 유효한 실시간 측정이 가능하게 되었다(Boschen & Casey, 2008).

자기보고 질문지

자기보고 도구가 시행된 것은 거의 인터넷의 역사와 맞먹는다(Buchanan, 2002). 인터넷에서 질문지에 응답하는 것은 종이 질문지에 응답하는 것과 비슷하지만 몇 가지 차이점도 있다.

첫째, 온라인으로 관리하면 모든 문항을 한 번에 제시하는 것이 아니라 문항을 한 번에 하나씩 제시하는 것이 가능하다. 둘째, 인터넷 설문을 통해 어떤 문항에 대한 답변을 실수로 건너뛰거나 응답하지 않는 것을 방지하는 것이 가능하다. 화면에서 글자 크기를 변경함으로써 오류를 줄일 수도 있다. 셋째, 진척 상황을 표시할 수 있기 때문에 질문지를 마치는 데 소요되는 시간을 가늠할 수 있다.

이 밖에 또 다른 장점들도 있다. 온라인으로 설문을 하면 즉석에서 채점이 가능하며, 피드백 역시 화면에서 곧바로 확인할 수 있다. 온라인 질문지는 선별 질문을 통해 질문지에 해당되는 문제가 내담자에게는 없는 것으로 나타나면 이후 질문은 생략하는 식의 양방향 기능을 갖추고 있다. 또한 온라인으로 진행하는 설문은 민감한 정보의 공개와 공유를 더 용이하게 해 준다는 증거도 있다(3장의 탈억제 효과에 대한 설명 참조).

온라인으로 관리함으로써 질문지에 있는 정보를 컴퓨터에 입력하지 않아도 되기 때문에 임상가와 연구자들도 시간을 절약할 수 있다. 온라인 설문조사를 이용하면 당연히 종이도 덜 쓰게 되고, 필요한 경우 문항을 쉽게 추가하거나 변경할 수 있다는 점도 장점이다. 지필 설문조사에서는 질문지를 대량으로 복사한 경우 철자 오류 등을 수정하기 어려울 수 있지만, 온라인 설문에서는 임상가나 연구자가 특별히 프로그래밍 기술을 갖추고 있지 않아도 사용자 친화적인 인터페이스를 통해 질문지 문항을 손쉽게 수정할 수 있다.

또한 매주 온라인 평가를 해서 자살사고나 악화 여부를 모니터링하고 담당 사례가 많아 부담을 느끼는 임상가에게 이를 알리는 기능도 할 수 있다. 실제로 스톡홀름 카롤린스카 의과대학교의 인터넷 정신건강의학과에서는 내담자들이 불안과 우울로 치료를 받을 때 매주 로그인을 하여 질문지를 작성하도록 하였다. 내담자가 자살사고를 측정하는 문항에서 높은 점수를 받으면, 해당 내담자에 대해 주의를 요한다는 메시지가 치료자에게 전달된다. 치료자는 치료자 관리 페이지(소위 백엔드)에서도 대략적인 정보를 얻는다. [그림 4-1]에 제시된 예를 참고하라.

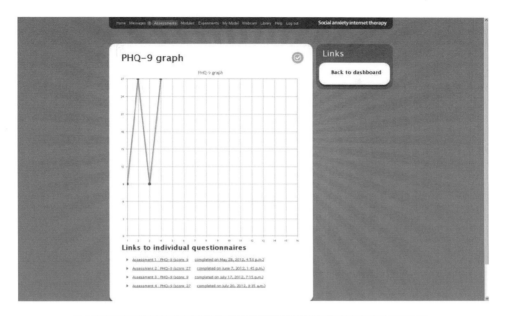

[그림 4-1] PHQ-9(환자 건강 질문지) 그래프 예시

잠재적인 문제

물론 온라인 설문에는 잠재된 문제점들이 있다. 그중 모든 임상 인터넷 응용에 해당되는 중요한 문제로서 보안문제가 있다(Bennett et al., 2010). 설문 자료를 수집하는 단계에서 생길 수 있는 보안문제에는 몇 가지 유형이 있다. Bennett 등(2010)의 용어에 의하면 그 첫 번째가 바로 방법론적 보안(methodological security)인데, 이것은 응용 프로그램 설계, 사용된 기술, 자료 관리법 등과 관련이 있다. 여기서는 비밀번호 보안이라든가 시스템에 접근하기 위한 사용자 등록 방법 등이 중요하다. 여기에서 발생할 수 있는 또 다른 문제로는 어떻게 자료가 저장되고 관리되느냐이다.

두 번째 유형은 응용 프로그램의 모든 기술적 측면을 다루는 기술적 보안(technical security)이다. 이는 응용 프로그램에 포함된 소프트웨어(외부 구성요소 포함)와 관련이 있다. 사용자 입력 검증 역시 기술적인 측면이다. 컴퓨터 사용 시 인증되지 않은 접근으로부터의 보호나 방화벽과 같은 특별히 고려해야 하는 사항도 있다.

Bennett 등이 제안한 세 번째 유형은 **절차적 보안**(procedural security)이다. 이는 새로운 위협이 나타나고 결점이 확인될 때 시스템을 관리하고 업데이트하는 방법과 관련이 있다.

온라인 설문의 두 번째 잠재적인 문제점은 많은 타당화된 도구가 저작권 보호를 받고 있으며, 출판사는 온라인 사용과 관련된 문제를 처리할 만한 통상적인 노하우가 아직 없을 수 있다는 것이다. 현재 무료로 사용할 수 있는 검사도 있고, 앞으로 온라인 사용이 점점 더 일반화될 전망이다. 우리가 연구를 하면서 사용하고 있는 부분적인 해법 하나는 출판사와의 협의를 통해 온라인 실시 비용을 지불하는 것이다. 이 분야에 정통한 별도의 회사에서 자료 수집을 하도록 일임하는 것도 해결책이 될 수 있을 것이다. 그러나 이는 임상가가 수집된 자료를 완전히 통제하지 못할 가능성이 있으므로 민감한 사안이 될 수 있다.

세 번째 문제점은 인간 요인과 관련이 있다. 내담자들이 자신의 컴퓨터로 민감한 자료를 다루는 데 익숙하지 않을 수 있다. 예를 들어, 로그아웃을 안 해서 질문지에 응답한 내용을 다른 사람이 보게 되는 것 등이다. 물론 내담자들이 의도치 않게 자신의 컴퓨터로 하는 일을 다른 사람에게 노출시킬 수 있다는 위험성을 인지하지 못했을 수 있다는 점을 제외하고는, 이러한 문제점은 각자 집에서 작성하는 지필 설문지의 경우와 별반 다르지 않다.

인간 요인과 관련된 문제점은 일부 내담자에게는 시스템이 너무 복잡하고 어려우며, 로그인의 문제나 비밀번호 분실로 인해 치료의 진행이 어려워지는 것이다. 임상가들도 실수할 수 있으며, 서버 공급자뿐 아니라 내담자 인터넷 연결이 제대로 되지 않는 기술적인 결함이 생길 수도 있다.

지필검사를 전송하는 방법

지필 질문지를 인터넷으로 전송할 때 고려해야 할 사항들이 있다. 이 책은 프로그래밍에 대해 설명하는 책이 아니기 때문에(그리고 대부분의 CBT 임상가 또한 프로그래머가 아니기 때문에), 기술적인 문제들은 프로그래밍하는 방법을 잘 알고 있는 IT 전문가들이 해결할 것이다. 병원에서 일하는 임상가들의 경우 온라인 질문지와 관련된 문제를 해결해 주는 IT부서 직원들이 있거나 임상가들에게 관련 훈련을 제공하는 시스템이 마련되어 있을 수도 있다. 대학교 현장 역시 자신만의 IT 서비스를 갖추고 있으며, 일부 개인사업자는 온라인 검사를 시작할 때 이를 도와줄 큰 기관과 같이 일을 한다. 치료에 인터넷을 활용하려고 마음 먹은 때는 이미 보안, 자료 관리 및 치료자와 내담자 간 안전한 의사소통 등에 대한 고려가 필요한 때이므로 이러한 부분을 출발점으로 두는 것이 좋다.

또한 온라인 질문지를 치료 시스템에 내장하는 것이 바람직하다. 온라인 질문지와 관련하여 많은 상업용 솔루션이 있지만, 저자는 자료들의 저장 위치를 포함하여 보안 및 자료 관리가 가장 중요하다고 본다. 현재 온라인 설문 시스템에서 주력해야 할 점은 다양한 플랫폼을 활용하여 해당 웹페이지를 이용할 수 있도록 해야 한다는 것이다. 스마트폰과 태블릿을 컴퓨터로 사용하는 사람들이 늘어나고 있기 때문에 질문지가 제시될 때 플랫폼에 따라 화면이 조정되도록 웹페이지를 구축해야 한다.

온라인 질문지는 프로그램에 문서편집기를 포함하고 있어서 임상가가 이용하기 쉬워야 한다. 문항을 여러 번 읽고, 질문지가 시스템에 의해 채점되면 출력되는 것을 확인하면서 시스템을 직접 시험해 보는 것이 중요하다.

온라인 질문지를 사용한다면 자기보고식 측정은 인터넷으로 실시되어도 별문제는 없으나 별도의 규준이 필요할 수 있다는 사실(Buchanan, 2002)을 인지하는 것이 중요하며, 치료 성과를 평가할 때에는 형식을 변경하지 않는 것이 좋다. 다시 말해서, 내담자가 처음에는 온라인으로 검사를 하고 사후에는 지필로 검사한다면 동일한 형식이라 할 수 없으며, 인터넷 방식과 지필 방식 중 하나로 통일해야 할 것이다.

실시와 관련된 마지막 당부는 내담자 고유의 환경에서 일상의 자료를 얻어야한다는 것이다. 스마트폰 애플리케이션이 빠른 속도로 발전되어서 이런 평가도 가능해졌지만, 내담자가 원하지 않는 한 분량이 많은 질문지를 스마트폰으로 작성하도록 하는 것은 바람직하지 못하다.

온라인 평가에 관한 연구

온라인 설문 관리에 대해 연구한 문헌들이 많이 있다. 지필 시행과 마찬가지로 내적 합치도, 요인 구조 및 다른 요인과의 상관관계 등 심리측정적 특성을 유지하며 시행되는 것이 바람직하다. 또한 국제검사위원회(International Test Commisission, 2006)는 두 가지 버전의 평균과 표준편차가 유사하고 신뢰도 추정치의 기대 수준에서 비슷한 신뢰도 및 상관관계를 보인다는 증거를 제시할 것을 권고한다. CBT에 사용되는 몇 개의 질문지에 대해 이러한 자료가 수집된 바있다. 예를 들어, 최근 우리는 벡 우울 척도(Beck Depression Inventory: BDI-Ⅱ; Beck et al., 1996) 활용을 타당화하였다. Holländare 등(2010)은 1차진료와 정신건강의학과 진료에서 내담자를 모집하여 BDI-Ⅱ뿐 아니라 기타 우울 진단도구를 지필과 인터넷으로 작성하도록 하였다. 순서 효과(예: 한 질문지를 작성하는 방법이 다음 번 질문지 작성에 영향을 미침)를 통제하기 위해 무작위로 순서를 정했다. 연구 결과에 의하면 두 가지 방법의 심리측정적 특성은 대부분 동일하게(모두 우수한 것으로) 나타났다. 다른 연구 결과에서처럼 형식과 순서 간에 유의미한 상호작용 효과도 나타났다. 그러나 우리는 반복 측정을 할 때 관리 형식이 바뀌지 않는 한 이것이 주요한 문제가 되지는 않을 것이라 판단했다.

또 다른 CBT 관련 연구도 있다. 예를 들어, 불안장애 분야에서 공황장애(Carlbring et al., 2007), 사회불안장애(Hirai et al., 2011), 강박장애(OCD; Coles et al., 2007), 범불안장애(Zlomke, 2009)에 대해 온라인 질문지가 타당화되었다. 행동의학에서는 이명(Andersson et al., 2003)과 같은 예가 있다.

한 가지 중요한 질문은 내담자 및 임상가의 선호도와 관련이 있다. 선호도와 관련된 문제는 사람들이 인터넷에 점차 익숙해지고 있기에 함께 변화하는 중이라 할 수 있으며, 이제 사람들은 보안상의 문제가 있지 않은 한 온라인 도구에 대해 거의 의구심을 갖지 않는다. 정기적으로 치료받는 내담자를 대상으로 한 연구에서 내담자들은 인터넷 실시 방식에 대해 높은 만족도를 보였고 실제로 사무실에서 지필검사보다 인터넷으로 결과를 모니터링하는 방법을 선호하는 것으로 나타났다(Zimmerman & Martinez, 2012). 그럼에도 불구하고 임상가들은 온라인 질문지에 익숙하지 않을 수도 있는데, 저자가 아는 한 이와 관련된 연구는 거의 없다.

글상자 4-1   **온라인 질문지의 심리측정적 특성**

온라인 질문지의 심리측정적 특성에 대한 연구가 몇 가지 있다. 질문지들이 일반적으로 그렇듯이, 질문지 문항들은 충분한 내적 합치도를 얻을 수 있을 정도로 서로 연관되어야 한다. 소위 크론바흐 알파계수는 최소한 0.70 이상이어야 하지만, 해당 측정치가 하나의 구성개념을 측정한다 말하려면 적어도 0.90 이상이어야 한다.

온라인 질문지에 대한 연구에서는 일반적으로 크론바흐 알파계수를 보고한다. 예를 들어, Hedman 등(2010)은 서로 다른 두 개의 표본 자료를 사용하고 심리측정적 특성을 서로 비교하는 전략을 사용하였다. 그중 하나가 리보위츠 사회불안 자가척도(Liebowitz Social Anxiety Scale Self-assessment)였다(Baker et al., 2002). Hedman 등은 인터넷 방식과 지필검사 방식에서 동일한 크론바흐 알파(α=0.94)를 보고하였다. 그들은 척도 간 상관관계도 보고하였으나, 두 개의 표본을 사용했기 때문에 두 가지 시행 방식이 상호 호환 가능하다고 확언하기에는 여전히 이론의 여지가 있다.

Hirai 등(2011)은 비임상 표본을 대상으로 유사한 연구를 했다. Hedman 등의 연구와 마찬가지로 크론바흐 알파계수가 높게 나타났으며, 두 방식의 요인 구조도 비슷하였다. 그런데 그들은 측정 모델의 모수치가 집단간에 동일한지를 알아보는 방식으로 모수불변성도 살펴보았다. 이와 같이 좀 더 정교한 방법을 사용하였을 때, 사회불안척도의 두 가지 시행 방법 간에 측정불변성을 입증할 수는 없었다.

인터넷 시행법을 평가하는 좀 더 철저한 방법은 대조연구를 하는 것이다. Carlbring 등(2007)은 단기간 내에 두 번의 무작위 교차연구를 했다. 그들은 공황장애를 가진 494명을 인터넷 시행 방식과 지필 질문지 방식에 무선 할당하였으며, 다음 날 반대 방식으로 동일한 질문지를 재작성하도록 하였다. 연구 결과, 두 개의 시행 방식 간에 유사한 심리측정적 특성이 있는 것으로 나타났다. 그러나 순서효과 분석을 통해 연구자들은 시행 방식이 측정 시점에 걸쳐 동일해야 한다고 결론 내렸다.

여러 방면에서 온라인 측정이 아직은 컴퓨터 매체의 장점을 충분히 살리지 못한다고 볼 수도 있다. 예를 들어, 연구와 임상실습에서 온라인 질문지를 사용하는 것은 어느 정도 일반적이지만, 그림이나 동영상을 평가 절차에 활용하는 것은 아직까지 흔치 않은 일이다. 한편, 선별 문항을 사용하고 이에 해당이 안 될 때 추가 항목을 생략하는 방식은 꽤 흔해졌다. 이는 지필검사에서도 물론 가능하지만 온라인 질문지에서 훨씬 더 사용자 편의적이다.

진단 절차

자기보고 질문지의 온라인 시행은 측정적 특성에 있어서 지필 시행의 경우와 유사(또는 더 우수)하기는 하지만 완벽한 진단 인터뷰 절차가 인터넷으로 시행 가능하다고 단언하기는 어렵다. 주요 걸림돌은 자기보고에 기반을 둔 절차가 숙련된 임상가와의 면담 결과에 충분히 상응하지 않는다는 것이다 (Eaton et al., 2000). 예를 들어, 우리 연구집단에서는 구조화된 진단도구인 단축형 CIDI(Composite International Diagnostic Interview)의 타당도를 연구하였다 (Kessler et al., 1998). 저자는 공황장애로 도움을 요청한 사람들에게 단축형 CIDI를 인터넷으로 실시하고, 이후에 실제 정신과적 면담[기준: DSM-Ⅳ 임상적 증후군 축1의 구조화된 임상면접(SCID-1)]을 실시하였다(First et al., 1997). 두 시행 방식의 일치도는 만족스럽지 않았다(Carlbring et al., 2002). 이런 실망스러운 결과 이후에 우리는 연구 진단 절차의 신뢰도를 높이기 위해 실제 전화면담으로 자기보고 진단을 실시했다. 그러나 Farvolden 등(2003)은 (일치도가 낮게 나온 범불안장애를 제외하고) 웹 관리 선별검사와 후속 진단면담 사이에 유사한 결과를 보고하였다.

(질문지와 유사한) 자기보고만으로 의학적 진단을 내리는 것은 불충분하지만, 보안문제가 해결되면 웹 카메라를 사용할 수 있을 것이다. 이 영역에 대해 충분한 연구가 이루어지고 있는지 잘 모르겠지만, 때로 임상가들이 원거리에 있는 내담자와 면담을 하기 위해 스카이프와 같은 웹 카메라를 사용하는 것으로 알고 있다(Armfield et al., 2012). 물론 여기에는 의료법리적인 문제가 개재되며, 어떤 클리닉에서는 최소한 한 번은 내담자를 직접 만나도록 한다. 이러한 부분이 필수적인 것은 아닌 경우라면 진단을 할 때 필요한 정보를 얻는 것이 가능한 전화면담 등으로 자기보고 자료를 보완할 수 있을 것이다. 이러한 사실을 뒷받침하는 연구도 있다(Crippa et al., 2008). 신체질환을 치료할 때에는 내담자가 지역보건의와 정기적으로 접촉하게 하는 것이 좋다. 지역보건의는 진찰을 한 후 내담자를 다른 병원으로 의뢰할 수 있을 것이다. 인터넷으로 평가나 치료를 실시하려는 개업의들은 국가나 전문 영역에 따라 다르게 적용되는 의료법리적인 측면을 잘 고려해야 한다.

실험 측정

이 장에서 저자는 기본적으로 컴퓨터로 시행하는 지필식 자기보고 검사에 집중하고자 한다. 그러나 다른 유형의 검사들도 CBT 연구 및 최근에는 치료에서도 종종 사용된다. 정서 스트룹 색상명명과제와 탐침탐사과제(Harvey et al., 2004 참조)와 같이 컴퓨터를 기반으로 한 다양한 정보처리검사를 소개한 문헌이 많이 있으며, 이러한 검사들이 인터넷으로 어떻게 실시되는지 보여 주는 연구도 있다(예: Johansson et al., 2008). 한계점으로는 실험실 밖으로 컴퓨터를 가지고 나와 정확한 반응시간을 측정할 수 있느냐는 기술적 측면의 문제가 있으며, 실험실 밖에서 검사를 실시할 때 발생하는 절차적인 문제도 있다. 최근에는 탐침 탐사과제의 수정된 버전을 활용한 주의편향수정훈련이 개발되어 일부 연구(예: Amir et al., 2009)에서 활용되고 있다.[1] 그러나 주의편향수정훈련을 인터넷으로 실시하였을 때 동일한 효과를 얻지는 못하는 듯하다(Carlbring et al., 2012). 주의 편향수정훈련의 예시는 [그림 4-2]에 제시하였다.[2]

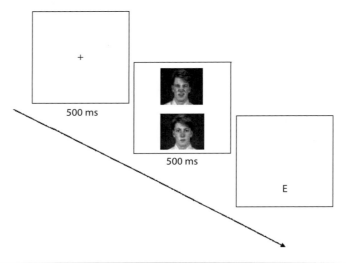

[그림 4-2] 주의편향수정훈련 예시

1) 역자 주: 주의편향수정훈련(Attention Bias Modification Training)은 주의편향(Attention Bias)을 수정하기 위해 탐침탐사과제를 활용한다. 탐침탐사과제(Dot Probe Task)는 부정적 자극과 긍정적 자극을 동시에 제시하며 피험자는 지정된 자극을 찾아내면 된다. 흔히 우울하거나 불안한 피험자는 부정적 자극에 빠르게 반응하는 주의편향을 보인다. 주의편향수정훈련에서는 이 원리를 이용하여 피험자로 하여금 긍정 자극이나 중립 자극에 더 많이 주의를 두게 한다.

2) 역자 주: 탐침탐사과제에서는 먼저 준비 단계에서 0.5초 동안 고정 십자가를 제시하며, 이후 0.5초 동안 긍정/중립 자극과 부정 자극을 동시에 제시한다. 이후 사전에 약속한 규칙대로 특정 표시가 특정 위치에 나타나면 피험자는 해당 키보드를 누르면 된다.

임상 서비스에 온라인 평가를 통합하는 방법

이 책의 주요 주제는 CBT에서 인터넷을 활용하는 것이며, CBT에서 평가는 매우 중요한 부분이다. 의료 분야에서 평가와 서류작업은 점점 더 전산화되고 있으며 이는 인지행동치료자를 포함하여 많은 임상가가 매일매일 컴퓨터와 인터넷으로 작업을 하고 있다는 의미이기도 하다. 더 많은 진료 기록이 컴퓨터에 입력되기 때문에 환자들은 집에서 기록을 확인할 수도 있을 것이다. 이러한 신속한 발전은 온라인 평가가 다양한 정규 서비스에 통합될 가능성을 높이고 있다. 어쩌면 이것은 여러 서비스에 현대 정보통신기술을 통합하는 첫걸음이 될 것이다. 보안문제만 잘 해결된다면 온라인 질문지를 사용하는 데 있어 이점이 많을 것이며, 물론 사람에 따라 불가능한 경우도 있겠지만 점차로 온라인 질문지 평가가 지필검사를 대신할 것이다. 온라인 질문지 평가를 활용하는 방법은 다양하며, 여기에는 다루어야 할 여러 가지 이슈가 있는데 보안, 자료 소유권, 시스템을 처음부터 새로 구입하거나 구축할 수 있는지의 여부 등이다. 대부분의 온라인 치료 포털에서 평가는 치료와 통합적으로 이루어지지만, 평가와 치료가 각기 다른 곳에서 행해지는 경우도 있다.

실천적 함의 및 요점

- 기존의 자기보고 질문지가 인터넷을 통해 실시될 때도 측정 특성은 잘 유지되는 것으로 알려져 왔다. 그러나 치료 결과를 평가하고자 한다면 하나의 형식을 고수하길 권장한다.
- 인터넷으로 임상 활동을 할 때와 마찬가지로 인터넷으로 정보를 수집할 때도 보안이 중요하다.
- 선별 절차는 인터넷상에 구현하는 것이 가능하지만 전화를 통해서라도 내담자와 대화를 하지 않는 경우 정식으로 의학적/정신의학적 진단을 내리는 것

은 불가능하다.

• 인터넷으로 시행할 수 있는 정보처리 실험검사가 몇 개 있다. 그러나 인터넷 시행의 장점들이 평가 절차를 통해 완전히 검증되지는 않았다.

• 인터넷을 치료 서비스에 통합하는 첫 번째 단계는 지필평가를 보충하거나 대체할 수 있으면서 내담자의 환경 내에서 실시할 수 있는 온라인 평가로부터 시작할 수 있다.

참고문헌

Amir N, Beard C, Taylor CT, Klumpp H, Elias J, Burns M, Chen X. (2009). Attention training in individuals with generalized social phobia: A randomized controlled trial. *Journal of Consulting and Clinical Psychology, 77,* 961-973.

Andersson G, Kaldo-Sandström V, Ström L, Strömgren T. (2003). Internet administration of the Hospital Anxiety and Depression Scale (HADS) in a sample of tinnitus patients. *Journal of Psychosomatic Research, 55,* 259-262.

Armfield NR, Gray LC, Smith AC. (2012). Clinical use of Skype: A review of the evidence base. *Journal of Telemedicine and Telecare, 18,* 125-127.

Baker SL, Heinrichs N, Kim HJ, Hofmann SG. (2002). The Liebowitz Social Anxiety Scale as a selfreport instrument: A preliminary psychometric analysis. *Behaviour Research and Therapy, 40,* 701-715.

Beck AT, Steer RA, Brown GK. (1996). *Manual for the Beck Depression Inventory-II.* San Antonio, TX: Psychological Corporation.

Bennett K, Bennett AJ, Griffiths KM. (2010). Security considerations for e-mental health interventions. *Journal of Medical Internet Research, 12*(5), e61.

Boschen MJ, Casey LM. (2008). The use of mobile telephones as adjuncts to cognitive behavioral psychotherapy. *Professional Psychology: Research and Practice, 39,* 546-552.

Buchanan T. (2002). Online assessment: desirable or dangerous? *Professional Psychology: Research and Practice, 33,* 148-154.

Carlbring P, Apelstrand M, Sehlin H, Amir N, Rousseau A, Hofmann S, Andersson

G. (2012). Internet-delivered attention training in individuals with social anxiety disorder: A double blind randomized controlled trial. *BMC Psychiatry, 12,* 66.

Carlbring P, Brunt S, Bohman S, Austin D, Richards JC, Öst L-G, Andersson G. (2007). Internet vs. paper and pencil administration of questionnaires commonly used in panic/agoraphobia research. *Computers in Human Behavior, 23,* 1421–1434.

Carlbring P, Forslin P, Ljungstrand P, Willebrand M, Strandlund C, Ekselius L, Andersson G. (2002). Is the Internet administered CIDI-SF equivalent to a human SCID-interview? *Cognitive Behaviour Therapy, 31,* 183–189.

Coles ME, Cook LM, Blake TR. (2007). Assessing obsessive compulsive symptoms and cognitions on the Internet: Evidence for the comparability of paper and Internet administration. *Behaviour Research and Therapy, 45,* 2232–2240.

Crippa JA, de Lima Osorio F, Del-Ben CM, Filho AS, da Silva Freitas MC, Loureiro SR. (2008). Comparability between telephone and face-to-face structured clinical interview for DSM−IV in assessing social anxiety disorder. *Perspectives in Psychiatric Care, 44,* 241–247.

Eaton WW, Neufeld K, Chen, L-S, Cai G. (2000). A comparison of self-report and clinical diagnostic interviews for depression: Diagnostic interview schedule and schedules for clinical assessment in neuropsychiatry in the Baltimore epidemiologic catchment area follow-up. *Archives of General Psychiatry, 57,* 217–222.

Farvolden P, McBride C, Bagby RM, Ravitz P. (2003). A Web-based screening instrument for depression and anxiety disorders in primary care. *Journal of Medical Internet Research, 5,* e23.

First MB, Gibbon M, Spitzer RL, Williams JBW. (1997). *Structured clinical interview for DSM-IV Axis I Disorders (SCID-I).* Washington, DC: American Psychiatric Press.

Harvey AG, Watkins E, Mansell W, Shafran R. (2004). *Cognitive behavioural processes across psychological disorders: A transdiagnostic approach to research and treatment.* Oxford: Oxford University Press.

Hedman E, Ljótsson B, Rück C, Furmark T, Carlbring P, Lindefors N, Andersson G. (2010). Internet administration of self-report measures commonly used in research on social anxiety disorder: A psychometric evaluation. *Computers in Human Behavior, 26,* 736–740.

Hirai M, Vernon LL, Clum GA, Skidmore ST. (2011). Psychometric properties and administration measurement invariance of social phobia symptom measures: paper-pencil vs. Internet administrations. *Journal of Psychopathology and Behavioral Assessment, 33,* 470-479.

Holländare F, Andersson G, Engström I. (2010). A comparison of psychometric properties between Internet and paper versions of two depression instruments (BDI-II and MADRS-S) administered to clinic patients. *Journal of Medical Internet Research, 12*(5), e49.

International Test Commission. (2006). International guidelines on computer-based and Internet-delivered testing. *International Journal of Testing, 6*(2), 143-171.

Johansson L, Carlbring P, Ghaderi A, Andersson G. (2008). Emotional Stroop via Internet among individuals with eating disorders. *Scandinavian Journal of Psychology, 49,* 69-76.

Kessler RC, Andrews G, Mroczek D, Ustun B, Wittchen H-U. (1998). The World Health Organization composite international diagnostic interview short-form (CIDI). *International Journal of Methods in Psychiatric Research, 7,* 171-185.

Zimmerman M, Martinez JH. (2012). Web-based assessment of depression in patients treated in clinical practice: Reliability, validity, and patient acceptance. *Journal of Clinical Psychiatry, 73,* 333-338.

Zlomke KR. (2009). Psychometric properties of Internet administration of Penn State Worry Questionnaire (PSWQ) and Depression, Anxiety, and Stress Scale (DASS). *Computers in Human Behavior, 25,* 841-843.

더 읽을거리

Birnbaum MH, editor. (2000). *Psychological experiments on the Internet.* San Diego: Academic Press.

Emmelkamp PM. (2005). Technological innovations in clinical assessment and psychotherapy. *Psychotherapy and Psychosomatics, 74,* 336-343.

5장

공개 및 가이드 없는 치료 프로그램

학 습 내 용

- 공개 및 가이드 없는 프로그램의 특성
- 공개 프로그램의 작동 방법
- 가이드 없는 공개 프로그램의 효과
- 면대면 CBT 보조도구로 공개 프로그램을 사용하는 방법
- 가이드 없는 공개 프로그램의 이행도 및 효과 향상법

사례 및 도입

조지는 몇 년 동안 불안과 저조한 기분에 시달려 왔지만, 이로 인해 심리학자 (또는 정신건강의학과 의사)를 만나지는 않겠다고 마음 먹었다. 그래도 담당의가 처방해 준 약을 복용해 왔으나, 지난 번 수면제를 새로 처방받으려고 담당의를 만났을 때 무료로 심리치료를 해 주는 좋은 웹 프로그램이 있다는 이야기를 듣고 조금 놀랐다. 담당의는 그냥 지나가는 말로 이야기했고 조지에게 프로그램을 직접 추천한 것은 아니었다. 그러나 조지는 궁금한 마음에 집에 가서 호주의 무드짐(MoodGYM)을 검색하게 되었다. 그는 손해 볼 일은 없다는 생각에 프로그램에 등록을 하고 자세히 들여다보았다. 그러고는 자신이 누군가에게 이야기하지 않아도 된다는 사실에 안도하였고, 이 프로그램이 심각한 사람들을 위한 것이 아니라는 점에서(그는 자신의 문제가 그리 대단한 것이 아니라 생각하고 있었음) 더욱 신뢰할 만하다고 생각했다.

공개 치료 프로그램이란 무엇인가

인터넷으로 CBT를 제공하는 프로그램은 등록 여부에 상관없이 폐쇄적이거나 개방적으로 진행된다. 폐쇄적 프로그램은 보통 면밀한 평가 절차와 면대면 평가를 위한 병원 방문을 거치는 프로그램을 일컫는다. 이러한 치료는 대부분 임상가가 주도하며, 대학교나 병원에서 이루어지는 편이다. 이 유형에 대해서는 다음 장에서 이야기하겠다. 이 장에서는 일반인들에게 개방된 CBT 프로그램에 대해 설명할 것이다. 이는 대체로 무료이며 가이드[1]가 없다. 공개 CBT 프로그램의 내용은 폐쇄형 프로그램과 유사할 수도 있지만, 가이드 여부에 따라 일부 다른 점들도 있다. 프로그램을

---

[1] 역자 주: 가이드(guide)는 인터넷 인지행동치료(ICBT)에서 참여자를 기술적으로나 전문적으로 지원해 주는 것을 의미한다. ICBT는 자가치료(self-help) 방식으로 이루어지는 것이 일반적이지만, 전문 치료자가 가이드를 제공하거나 수련 과정의 대학원생이 간단하게 가이드를 제공하는 경우도 있다. 우리말 번역에 적합한 용어가 없어 가이드란 외래어를 그대로 사용하였다.

완전히 개방된 형태로 가이드 없이 진행하려면 긴급한 관리를 요하는 사용자 정보는 취급하지 않아야 한다. 예를 들어, 자살사고에 대한 정보를 처리한다고 하면 도움을 요청할 때 자동화된 조언을 제공하는 것 외에 다른 대처 방법이 없기 때문이다. 따라서 공개 프로그램은 덜 심각하거나 위급한 문제를 가진 내담자들에게 적합하며, 임상집단 치료보다는 건강문제를 예방하도록 고안된다. 공개 프로그램은 면대면 치료의 보조도구로 사용될 수도 있지만(치료자나 비전문가에 의해 가이드 제공), 본래 목적이 그것은 아니다. 여러 면에서 공개 CBT 프로그램[2]은 많은 사람이 인터넷에서 기대하는 것을 제공한다. 즉, 공개 CBT 프로그램은 접근성이 좋고, 비용이 낮으며, 사용자나 공급자로부터 요구 조건이 없다. 게다가 표준 CBT와 같은 방식으로 실시되고 있다. 공개 프로그램은 CBT의 주요 치료 요소들을 포함한다. 가이드 없는 프로그램에 해당하는 공개 프로그램의 예는 [그림 5-1]에 제시되어 있다.

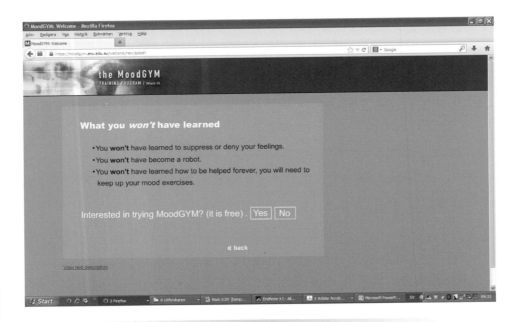

[그림 5-1] 무드짐 프로그램
(http://moodgym.anu.edu.au/welcome/new/splash)

---

2) 역자 주: 본문에서 공개 CBT 프로그램으로 언급되는 것은 인터넷으로 제공되는 프로그램, 즉 공개 ICBT(Internet-based CBT) 프로그램을 의미한다.

가이드 없는 공개 프로그램에는 몇 가지 장점이 있다. 첫째, 그것은 더욱 많은 사람이 CBT를 체험할 수 있게 하며, 효과적인 것으로 판명되면 사회비용을 절감할 가능성이 있다. 또한 사용자와 임상가 간 접촉이 필요하지 않기 때문에 낙인효과가 덜 할 수 있다. 공개 프로그램에 접근하는 것은 단계별 치료(stepped care) 중 첫 단계가 될 수 있으며, 일부 사람에게 근거기반의 도움을 제공할 수도 있다(Christensen et al., 2006b). 게다가 공개 인터넷 치료 프로그램들은 폐쇄형 프로그램에서는 불가능한 익명성 유지(Christensen, 2010)가 가능하다는 장점이 있다. 공개 프로그램의 주요 기능들은 자동화되어 있으며, 사용자는 프로그램이 흥미롭다고 느낄 수도 있다. 일부 사람에게 공개 CBT 프로그램은 매우 효과적일 수 있으며, 프로그램을 마친 후 추가 치료도 필요 없을 수 있다.

그러나 공개 프로그램에는 잘 알려진 단점도 있다. 가장 널리 알려진 단점으로는 가이드 없는 공개 프로그램의 높은 탈락률이다(Eysenbach, 2005). 사용자로 등록한 많은 사람은 치료를 마치지 않거나 심지어 시작도 하지 않는 경우가 있다. 두 번째 단점은, 물론 예외는 있겠지만 가이드 없는 프로그램과 가이드 프로그램의 비교연구 결과에서 보듯이 효과크기가 작다는 데 있다. 세 번째 단점은 내담자의 안전과 관련되어 있는데, 심각한 문제가 있는 사람들에게는 프로그램을 사용하지 않도록 권고해야 한다는 것이다. 심각한 정신건강 문제와 같이 잠재적으로 문제가 되는 상황에 대한 정보를 놓치는 경우가 발생할 수 있다. 결국 사용자가 권리포기 조항에 충분한 주의를 기울이지 않으면 심각한 문제가 있어도 그에 접근할 수 있다. 내용 측면에서 봤을 때 가이드 없는 공개 프로그램은 좀 더 경미한 정신건강 문제에 초점을 맞추는 경향이 있기 때문에 면대면 치료 프로토콜에서의 모든 패키지를 담고 있지 않을 수 있다.

결론적으로 임상가가 관리하지 않는 공개 CBT 프로그램은 장점과 단점을 모두 가지고 있다. 이는 훨씬 저렴하기 때문에 아주 많은 사람에게 혜택을 줄 수 있을 것이다. 그러나 어떤 사람들은 부정적인 경험만을 얻고 실망 끝에 프로그램을 떠날 수도 있다. 인터넷 치료 분야에 있는 연구자들 사이에는 공개 프로그램의 가치에 대해 이견이 있다. 공개 프로그램으로 인해 면대면 CBT에 대한 동기가 저해된다는 것과 같은 공개 프로그램에 반하는 증거들은 뚜렷히 보이지 않는다. 공개 프로그램은 중도 탈락률이 매우 높고 치료 이행도가 형편없지만, 일부 내담자가 그것을 통해 혜택을 받고 있는 것도 사실이다. 한 명에게 공개 프로그램을 제공하는 데 드는 추가 비용은 손실이 전혀 없을 정도로 작으며, 비수혜 지역에 서비스를 제공한다는 측면에서 그것을 대체할 대안이 없을 수도 있다. 이러한 상황은 자가치료 도서 시장과 별반 다르지 않은데, 자가치료 도서 시장의 많은 구매자 역시 결코 책을 끝까지 읽지 않거나 일부만 읽을 수 있다는 것이다.

CBT에 기반을 둔 공개 프로그램들이 많이 있으며, 영어로 제공되는 양질의 프로그램에 대한 정보를 얻기 위해서는 비콘(Beacon) 웹사이트(http://beacon.anu.edu.au/)를 방문하면 된다([그림 5-2] 참조). 이 웹사이트에서는 건강 관련 웹사이트 목록을 제시하고, 품질을 평가하며, 사용자 특성을 수집하고, 사용자 피드백을 게시한다(Christensen et al., 2010). 비콘은 모든 인터넷 치료가 아닌 연구에서 검증된 목록(주로 영어)을 주로 게시하지만, 온라인 CBT에 관심을 가지고 있는 임상가와 연구자들에게는 이 웹사이트의 자료가 유용할 것이다.

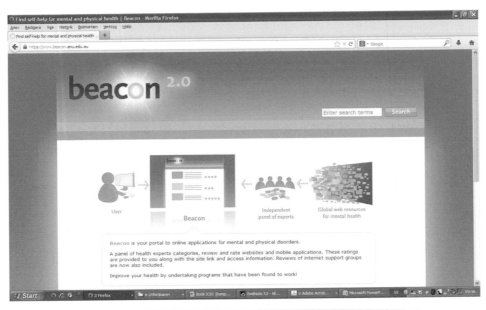

[그림 5-2] 비콘 웹사이트
(http://beacon.anu.edu.au/)

공개 치료 프로그램의 효과에 대한 연구

체계적 개관

인터넷 기반 치료에 대한 여러 개의 체계적인 개관 및 메타분석이 있으나, 다양한 조건에 걸쳐 공개 및 자가치료 프로그램만을 개관한 적은 아직 없다. Cuijpers 등(2011)은 임상가와의 접촉이 없는 우울증 자가치료에 대해 메타분석을 수행했다. 저자 역시 이 연구에 함께 참여하였다. 우리는 총 1,362명의 응답자들이 포함된 일곱 개의 대조연구를 검토하였다. 연구의 대부분(6/7)은 인터넷 기반 치료에 관한 것이었다. 사후검사에서 자가가이드 심리치료와 통제집단간의 전체적인 평균 효과크기는 작지만($d=0.28$) 의미 있는 수준으로 나타났다. 다른 연구에서도 가이드 치료와 비교했을 때 가이드 없는 우울증 프로그램의 효과크기는 작았다(Andersson & Cuijpers, 2009; Richards & Richardson, 2012). 전반적으로 가이드 없이 진행될 때 인터넷 우울증 치료의 효과크기는 작다고 그간 알려져 왔다(Spek et al., 2007). 한편, 불안을 다루는 가이드 없는 공개 프로그램에 대해서는 알려진 바가 거의 없다.

불안 프로그램

비콘 웹사이트는 공개이고 무료이지만 연구를 통해서 미처 검증되지는 않은 몇 가지의 불안장애 프로그램에 대해 설명하고 있다. 한 예로 무드짐 산하의 e-카우치(e-couch) 웹사이트(http://www.ecouch.anu.edu.au/)가 있다.

Farvolden 등(2005)은 공황장애의 공개 프로그램을 개발하고 검증하였으며, 1,161명의 등록자 중 12명(1.03%)만이 12주 프로그램을 완료하여 매우 높은 탈락률을 보고하였다. 그러나 일정 기간 이상 프로그램에 참여한 참여자에게는 이득이 있었다. 예를 들어, 적어도 3회기를 마친 사용자 152명의 공황발작 횟수는 감소하였다. 그러나 이처럼 심리교육을 통한 잠재적인 혜택이 가능함에도 불구하고 이행도가 매우 낮은 것은 여전히 중요한 문제로 남아 있다.

좀 더 최근에 Klein 등(2011)은 다섯 가지 불안장애[범불안장애(GAD), 공황장애, 강박장애(OCD) 및 외상후스트레스장애(PTSD)]에 대해 다섯 가지 완전 자동화된 자가치료 프로그램의 효과를 연구한 대규모 실험 결과를 발표하였다. 많은 공개 인터넷 치료와 마찬가지로 프로그램 이행도는 급격하게 감소하였는데, 사전검사 평가를 완료한 7,245명 중 12주 치료를 완료한 사람은 2,235명에 불과하였다(추가로 350명은 여전히 치료를 받는 중이었음). 그러나 2,235명 중 225명만이 사후검사 평가를 마쳤다(1,913명은 치료를 완료했으나 평가를 마치지는 않음). 연구자들은 연구를 완료한 225명에 대해 집중적으로 다루었으며, 완료자 분석 결과 집단 내 효과크기는 꽤 큰 편이었다. 이 연구에 따르면 자동화된 공개 프로그램이 실제로 많은 사람의 관심을 붙들어 두지는 못하지만, 치료를 계속 받아 완료하는 사람들에게는 실질적인 도움이 되는 것으로 보인다.

가이드 없는 인터넷 치료로 불안을 다루는 것에 관한 연구도 더러 있지만, 다음 장에서 제시되는 가이드 CBT 치료[3])에 대해서는 훨씬 더 많은 작업이 수행되어 왔다. 그중 대부분은 정규 면대면 CBT만큼이나 효과적인 것으로 나타났다.

우울증과 기분저하

무드짐(MoodGYM)

우울증 증상에 대한 공개 프로그램 연구로 돌아가서, 가장 잘 알려진 공개 프로그램으로는 무드짐을 꼽을 수 있다. 이는 임상가의 접촉과 지원을 받는 형식으로 시행되어 많은 연구에서 검증되었다(Christensen et al., 2004). 무드짐 웹사이트의 화면 예시는 [그림 5-3]에 제시하였다. 전 세계의 많은 사람이 무드짐에 등록하여 이를 사용하고 있으며(Christensen, 2010), 2012년 기준으로 40만 명 이상이 사용하고 있다. 역시 예상한 대로 대다수가 가이드 없는 프로그램을 완료

---

3) 역자 주: 본문의 가이드 CBT 역시 인터넷 기반으로 시행되는 것으로, 가이드 ICBT와 같은 의미이다. 직접 만나서 진행하는 경우는 '면대면 CBT'로 표기하였다.

[그림 5-3] 무드짐의 화면 예시
(http://www.moodgym.anu.edu.au/welcome/new/splash/transcript_splash)

하지 못했지만, 가이드가 없는 경우에도 효과는 있는 것으로 나타나고 있다.

Batterham 등(2008)은 2006년 무드짐에 접속한 82,000명의 사용자 자료를 분석하였다. 그중 27%가 모듈을 하나만 완료하였으며, 10%는 둘 이상의 모듈을 완료하였다.[4] 어떤 요인이 이행을 예측하는지에 대해 조사한 결과 우울 증상이 심하고, 불안 정도가 높고, 역기능적인 사고를 많이 하고, 나이가 많지 않고, 교육을 많이 받고, 여성이면서 정신건강 전문가에 의해 사이트에 의뢰된 경우 이행을 잘 하는 것으로 나타난 것이 흥미로운 점이었다. 다시 말해서, 문제가 많고 교육을 받은 사람들이(그리고 여성인 경우) 가이드 없는 우울증 치료에 더 적합한 듯하다.

Christensen 등(2006a)의 상세한 과정연구에서는 모듈을 한 개만 완료하면 효

---

4) 역자 주: 인터넷 기반 CBT 역시 면대면 CBT와 마찬가지로 단회성으로 끝나지 않고 몇 주차에 걸쳐 시행되거나 여러 개의 모듈을 순차적으로 학습하는 방식으로 시행된다. 프로그램마다 모듈의 개수나 내용 구성에 세부적인 차이가 있고, 따라서 총 프로그램의 회기나 시간도 달라지게 된다.

과가 없었지만, 모듈을 더 많이 완료할수록 우울증 점수가 감소한다는 사실을 발견했다. 물론 가이드 없는 프로그램에서 중도 탈락률은 증가할 수 있다. 이 연구에서는 완전 자동화된 무작위 대조연구 방식으로 무드짐의 여섯 가지 버전을 비교하였다. 하나의 모듈로는 충분치 않다는 사실 이외에, 높은 중도 탈락률로 인해 참여자 중 20%만이 계획된 치료를 마쳤음을 확인하였다.

오딘(ODIN)

오딘(Overcoming Depression on the Internet: ODIN)이라 불리는 미국 프로그램은 연구를 통해 검증된 또 다른 초기 우울증 프로그램이다. 지금까지 오딘과 관련된 세 개의 무작위 대조연구가 발표되었다(Clarke et al., 2002, 2005, 2009).

오딘 프로그램(http://www.feelbetter.org)은 인지에 중점을 둔 여섯 개의 모듈로 구성되었으며, 행동활성화는 포함되지 않는다. 전반적으로 연구에서의 효과크기는 기존 치료에 비해 작았지만(심지어 첫 번째 연구에서는 효과크기를 보고하지 않음), 두 번째 연구에서는 우편이나 전화 알리미가 사용되었고 작은 효과크기가 나타났다.

세 번째 연구는 18~24세의 청년 총 160명을 대상으로 하였다. 이 연구는 '기존 치료'와 비교하는 대조연구였는데, 연구자들은 주기적으로 안내 엽서를 발송하여 프로그램 참여를 독려하였다. 그러나 치료자 접촉을 추가적으로 하지는 않았다. 연구 결과, 치료 효과를 지지하는 작지만 통계적으로 의미 있는 집단간 효과크기가 보고되었다. 효과크기는 여성에게서 더 강하게 나타났다.

디프렉시스(Deprexis)

디프렉시스는 독일에서 개발된 우울증 치료 프로그램이며, 영어와 스웨덴어로도 이용할 수 있다(http://www.deprexis.com/). 저자는 디프렉시스 관련 연구에 참여해 왔다. 대부분의 모듈이 우울증에 대한 전형적인 CBT이지만, 마음챙김과 같이 CBT 외에 다른 접근법으로 구성된 모듈도 있다.

프로그램은 10개의 모듈로 구성되어 있으며, 각각은 사용자에 따라 10~60분

이내에 마칠 수 있다. 모듈은 개념과 기술을 설명하고 예시를 보여 주는 가상의 대화 방식으로 제공된다. 사용자는 연습에 참여하며, 프로그램 도중 정기적으로 응답을 해야 한다.

디프렉시스는 조정이 가능하기 때문에 반응에 따라 맞춤식으로 구성될 수 있다. 모든 모듈에는 그림, 사진, 플래시 애니메이션 등의 예시가 담겨 있다. 모듈에는 ① 행동활성화, ② 인지적 수정, ③ 마음챙김과 수용, ④ 대인관계 기술, ⑤ 이완, 신체적 훈련 및 생활양식 수정, ⑥ 문제해결, ⑦ 아동기 경험 및 초기 스키마, ⑧ 긍정적 심리개입, ⑨ 꿈작업 및 정서중심 개입, ⑩ 심리교육 등이 포함되어 있다. 이러한 내용 모듈에 더하여 소개 모듈과 요약 모듈도 한 개씩 있다. 꿈작업과 정서중심 치료 모듈은 CBT는 아니지만, 나머지 프로그램과 잘 어울리며 일부 사용자에게 매력적이기도 하다(Moritz et al., 2012).

지금까지 이 프로그램에 대해 연구한 세 개의 대조연구가 있는데, 모두 독일어로 출간되었다. 첫 번째 연구는 우울 증상이 있는 396명을 대상으로 하였다(Meyer et al., 2009). 이 대규모 연구에서는 (가이드 없는 프로그램으로) 일반적인 경우보다 더 큰 효과크기가 나왔지만 탈락률이 매우 높게 나타났다.

두 번째 연구에서는 대기자 통제집단과 비교했을 때 가이드 있는 방식과 없는 방식의 디프렉시스에 차이가 있는지 살펴보았다(Berger et al., 2011). 우울증 진단을 받은 66명을 대상으로 한 연구에서 가이드 있는 방식이 더 나은 것으로 나타났으며(통계적으로 의미는 없음), 두 가지 치료 방식 모두 대기자 집단보다 효과적인 것으로 나타났다. 그러나 가이드 없는 방식에서도 모든 참여자를 대상으로 진단을 위한 전화면담을 진행했기 때문에, 디프렉시스 프로그램이 인적 접촉 없이 완전히 가이드 없는 상태는 아니었다. 가이드 없는 집단에서도 사후평가를 완료한 경우는 88%로서 중도 탈락률이 낮게 나타났는데, 이는 전화면담을 실시한 것이 일부 탈락을 예방하는 효과가 있음을 시사한다. 완전히 가이드 없는 치료가 아니었기 때문에 논란의 여지는 있지만, 임상가나 일반의가 임상면담 후에 인터넷 치료를 처방하는 방법이 가능함을 보여 주었다고 할 수 있다.

디프렉시스에 대한 가장 최근의 연구는 연구 기간 동안이 아니라 과거에 진단받은 적이 있는 110명의 참여자를 대상으로 하였으며(Moritz et al., 2012), 이 경우 이전의 정신건강 담당자(치료자)의 이름을 알려 달라고 요청하였다. 그러나 이것이 연구 참여 전 필수 요건은 아니었다. 실험에서 참여자들은 두 집단(즉각적인 치료집단 vs. 대기자 집단)에 무선 할당되었다. 치료 기간이 끝났을 때 82%가 치료를 마쳤는데, 이는 가이드 없는 프로그램에서는 매우 높은 수치이다. 그러나 치료 기간 동안 이메일을 통한 비치료적인 접촉은 일부 있었다. 연구 결과, 디프렉시스 집단이 대기자 통제집단보다 더 많이 향상된 것으로 나타났다. 그러나 집단간 차이는 다소 작은 편이었는데, 이는 통제집단 또한 향상되었기 때문으로 보인다. 이러한 결과는 우울증 연구에서 드문 것이 아니다. 디프렉시스 프로그램의 화면 예시는 [그림 5-4]에 제시하였다.

[그림 5-4] 디프렉시스 프로그램의 화면 예시
출처: Meyer et al. (2009).

온전히 살기(Living Life to the Full)

영국의 온전히 살기 프로그램(http://llttf.com/)은 Chris Williams에 의해 개발되었으며 무료로 이용할 수 있다. 이는 경미한 심리적 문제(불안과 우울)를 가진 사람 대상의 5영역 접근법(Williams & Chellingsworth, 2010)에 바탕을 둔 매우 매력적인 프로그램이다. 사용자 친화적인 언어로 제공되지만, 대규모 연구가 이제 진행되고 있어서 인터넷 기반 치료 효과에 대해서는 별로 알려진 바가 없다.

건강 관련 문제

건강문제에 대한 가이드 없는 인터넷 치료도 가능하다(http://www.beacon.anu.edu.au/ 참조). 그 예로, Ricardo Muñoz 등이 개발한 공개 금연 프로그램이 있다(Leykin et al., 2012). 흡연은 그야말로 심각한 공중보건 문제이기 때문에 Muñoz 등은 비록 이 프로그램의 중도 탈락률이 높기는 하지만, 많은 사람의 금연을 도울 수 있다고 주장하였다. 그들은 "인터넷 기반 금연 치료를 통해 여러 흡연자의 금연에 도움을 줄 수 있다. 자동화된 인터넷 사이트를 활용한 대규모 국제 연구가 성공적으로 수행되고 있다."라고 덧붙였다(Leykin et al., 2012, p. 1).

이 프로그램은 영어뿐 아니라 스페인어로도 제공된다. 사이트 접속자 수는 놀랄 만하다. 연구를 소개하면서, 저자들은 모집 첫해에 152개국의 94,158명이 사이트를 방문했다고 보고했다(Muñoz et al., 2012). 이 연구의 흥미로운 점은 사용자들이 아홉 개의 사이트 구성요소(사전 체크리스트, 금연 가이드, 니코틴 대체 치료 가이드, 자신의 삶을 통제하기, 개별적으로 설정된 이메일 메시지, 기분관리법, 가상 집단, 일지, 흡연량 계산기) 중에서 일부를 선택하여 자신만의 사이트를 구성할 수 있다는 것이었다.

사이트에 접속한 사람들 중 상당수가 재방문하지 않거나 동의서를 제출하지 않았지만, 치료를 마친 사람들의 금연율은 좋은 편이었다. 예를 들어, 12개월 추수검사에서 1,096명 중 449명(45.4%)이 금연했다고 보고하였는데, 이는 가이드 없는 공개 프로그램이라는 점을 고려했을 때 큰 성과로 간주해야 한다([그림

[그림 5-5] 샌프란시스코 금연(San Francisco Stop Smoking) 사이트
(https://www.stopsmoking.ucsf.edu/es/intro/munoz.aspx)

5-5] 참조).

또 다른 프로그램은 음주문제에 관한 것이다(몇 개의 이용 가능한 프로그램이 있으나 대부분은 CBT 기반이 아님). 절주(Minderdrinken) 프로그램(http://www.minderdrinken.nl)은 네덜란드에서 이용할 수 있고, 연구(Riper et al., 2008)를 통해 검증되어 왔으며, (실제 중도 탈락률은 40% 정도였음에도 불구하고) 효과적인 것으로 나타났다.

또한 SHUT-i(Sleep Healthy Using the Internet, http://www.shuti.net)라고 불리는 불면증 프로그램도 있는데, 이는 소규모 연구로서 전도 유망한 결과를 보여 주었다(Ritterband et al., 2009). 이 프로그램은 문자, 그림, 애니메이션과 오디오 등의 형태로 제공된다. 자동화되고 개인에 맞게 조정된 피드백도 제공된다. 불면증의 유병률이 높다는 점을 생각하면 SHUT-i와 같은 프로그램은 사회에서 수면문제를 관리하는 데 있어 중요한 보조장치가 될 수 있다. 불면증을 치료하는 다른 프로그램도 있지만(9장 참조), 이 프로그램은 대부분의 지원을 가이드 없이 제공한다.

CBT를 기반으로 한 모든 공개 프로그램의 전체 목록을 제공하는 것은 불가능한데, 그 대부분은 연구를 통해 아직 검증받지 못했다. 그러나 이들 프로그램의 효과에 대한 지식이 점점 더 축적되고 있으며, 프로그램이 여러 언어로 번역됨에 따라 가용성도 증가하고 있다. 예를 들어, 무드짐은 중국어로 번역되었다. 여러 국가에서 치료가 효과적인지를 확인하려면 좀 더 연구가 이루어져야 한다. 또한 새로운 프로그램을 평가할 때 다양한 측면을 문서화하는 것이 중요하다. 이에 대한 예시는 [글상자 5-1]에 제시되어 있다.

글상자 5-1   공개 프로그램에 대한 연구의 예시

가이드 없는 우울증 공개 프로그램의 평가 예시는 네덜란드의 Esther de Graaf, Syliva Gerhards 등이 실시한 연구이다. 그들은 네덜란드의 트림보스 연구소(Trimbos Institute)가 개발한 컬러유어라이프(Colour Your Life, http://www.kleurjeleven.nl)*라는 우울증에 특화된 프로그램을 사용하였다.

이 프로그램은 매주 30분짜리 온라인 회기 여덟 개와 한 개의 추가 보조 회기로 구성된다. 매 회기에 과제가 있으며 전체 프로그램은 Lewinsohn 등(1986)이 개발한 우울 치료의 독일 버전 CBT 원리에 바탕을 둔다.

컬러유어라이프는 양방향의 멀티미디어 기반이다. 현재의 많은 심리사회적 치료 연구에서 흔히 그러하듯, 연구자들은 처음에 연구계획서를 출간하여 그들이 계획한 바를 설명하였다(de Graaf et al., 2008). 이후의 대조연구에서 연구자들은 우울증이 있는 303명의 사람들에게 컬러유어라이프 프로그램 혹은 기존 치료 혹은 이 둘을 연합한 치료에 무선 할당하였다. 놀랍게도, 치료 후 혹은 6개월 후 추수검사에서 세 집단간의 차이는 나타나지 않았다(de Graaf et al., 2009a). 치료집단에 속한 환자의 36%와 혼합집단에 속한 환자의 13%만이 치료를 마칠 정도로 치료 이행률은 낮았고, 치료를 마친 사람들에서조차 집단 차이가 나타나지 않았다. 1년 후 추수검사에서 세 집단 모두 우울 증상이 감소하였으나(de Graaf et al., 2011), 역시 집단간 차이는 없었다. 그러나 흥미롭게도 동일한 연구에 대해 비용–효과 분석을 해 본 결과, 다른 두 집단에 비해 컬러유어라이프 집단의 비용이 더 낮은 것으로 나타났다(Gerhards et al., 2010).

연구자들은 연구 성과에 대한 추가 보고서들을 발표했다. 예를 들어, 한 예측연구에서는 어떤 역기능적 태도 척도에서 '극단적으로 긍정적인 반응'을 한 경우 컬러유어라이프 집단에서 더 좋은 성과로 연결됨을 보여 주었다(de Graaf et al., 2010). 그 척도는 낙관주의를 측정하는 것으로 볼 수 있다. 또 다른 보고서에서는 과제 완수와 치료에 대한 기대가 좋은 성과로 이어짐을 보여 주었는데(de Graaf et al., 2009b), 인터넷 치료(혹은 혼합치료)를 마친 18명의 환자에 대한 질적 연구는 더욱 흥미로웠다(Gerhards et al., 2011). 이 연구를 통해 지원이 충분하지 못하면 부정적인 평가가 뒤따른다는 점은 확실히 알 수 있다. 예를 들면, 보고서에는 다음과 같은 인용문도 있었다. "이건 꼬박꼬박 대답해 주지 않아요. …… 나는 아무 연락도 못 받았어요. 내가 하는 말에 반응이 있었더라면 컴퓨터로만 할 때보다 훨씬 깊은 수준까지 바로 도달할 수 있었을 겁니다."(Gerhards et al., 2011, p. 122)

(보건경제적 이익을 제외하고) 이처럼 다소 부정적인 결과를 얻은 연구자들은 "온라인 자가치료에 치료자의 지원을 추가하면 이행도가 향상될 것이다."라는 결론을 내렸다(de Graaf et al., 2009b, p. 230). 네덜란드의 1차진료 환경에서 실시된 이 연구에서 컬러유어라이프 프로그램의 추가 이익이 확인되지 않았지만, 집단간 효과에 차이가 없는 것은 기존 치료 때문일 수도 있다. 한편, 집단내 효과는 상당히 컸으며, 우울 증상은 시간이 경과함에 따라 감소하는 경향이 있었다. 그러나 가이드 없는 인터넷 치료에서 이행률이 낮은 것은 여전히 문제로 남아 있다.

---

* 영어로 된 http://www.come-alive.co.uk/colour-your-life-course.htm이라는 사이트가 별도로 있는데, 이 사이트는 여기서 소개한 우울증 치료 프로그램과 아무런 상관이 없음을 알린다.

어떻게 그리고 언제 공개 치료를 추천할 것인가

이 장에서는 가이드 없는 공개 프로그램의 예를 간단하게 개관하였다. 지금까지의 증거들로 볼 때 경도 증상을 넘어서는 환자에게 다른 치료나 평가를 제공하지 않고 가이드 없는 치료만 추천하는 데는 저어함이 있다. 치료를 완료하지 못할 위험이 너무 크기 때문에 환자에게 잘못된 치료를 제공하는 것이 될 수 있기 때문이다. 그러나 특정한 형식으로 진단 정보가 통합되고 치료 이행을 촉진할 수 있다면 일부 환자에게는 가이드 없는 공개 프로그램이 CBT 개념에 익숙해지는 첫 단계가 될 수 있을 것이다. 치료를 완료하지 못하는 것이 큰 문제로 작용할 수 있지만, 이는 1장만 읽은 후에 책꽂이에 꽂히는 자가치료 CBT 서적들의 경우에도 마찬가지일 것이다. 가이드 없는 프로그램으로 혜택을 받은 환자들도 많다는 것은 분명하며(Titov et al., 2008), 마치 실제 치료자가 지원하는 것 같은 새로운 방식을 개발하는 것도 가능하다. 일정 형태의 지침이 제공되거나 다른 치료와 병행하여 제시될 경우, 가이드 없는 공개 치료는 또 다른 중요한 역할을 할 수 있을 것이다. 이러한 견지에서 저자는 다음의 사항들을 제안한다.

첫째, 내담자가 인터넷에 익숙한지를 파악하라.

둘째, 문제의 심각성/특성 및 내담자 특성과 관련하여 적합성을 평가하라. 예를 들어, 금연 웹사이트는 누구에게나 추천하여 유용하게 활용될 수 있지만, 심한 고통을 겪고 있는 우울한 사람에게 자가치료를 추천하는 것은 적절하지 않을 것이다.

셋째, 연구를 통해 입증된 치료 프로토콜을 근거로 하거나 최소한 근거기반의 인터넷 프로그램만을 권장하라.

넷째, 공개 프로그램을 추천하는 경우, 추수 회기(혹은 전화 통화)에서 내담자에게 프로그램이 어떻게 인지되고 있는가를 확인하라.

다섯째, 내담자와 작업할 때, 당신이 직접 내담자를 교육하고 연습시키는 것을 고려해 보라.

여섯째, 자신의 치료에 검증된 인터넷 치료를 보조치료로 활용하는 것을 망설이지 말라(예: 주치료가 불안에 초점을 맞춘 경우 불면증 프로그램). 그러나 공개 치료에 대해 잘 알고 있어야 하며, 치료자와 인터넷 치료 프로그램의 메시지가 상충되어 내담자가 혼란을 느끼지 않도록 할 필요가 있다.

실천적 함의 및 요점

- 전문적 지침 없이 CBT 프로그램들이 인터넷용으로 개발되어 왔다. 일부 프로그램은 무료이며 대부분은 가이드 없이 제공된다. 이행도를 개선하기 위해 프로그램에 자동화된 요소를 포함시킬 수 있다.
- 인터넷 공개 프로그램은 정규 CBT 치료로 활용하고자 만들어졌지만 일반적으로는 면대면 치료의 보완책으로 제공되는 경우가 많다.
- 가이드 없는 CBT 인터넷 치료는 가이드 있는 치료보다 효과가 떨어지는 경향이 있으며, 중도 탈락률은 높다. 그러나 서비스 이용이 어려운 지역에서도 공개 서비스는 이용 가능하다.
- 임상가들은 본래 제공하고 있는 서비스의 보완 용도로 가이드 없는 인터넷 치료를 결합하여 활용하는 것에 대해 고려해 볼 필요가 있고, 중도 탈락을 막기 위해 본래의 서비스에 대한 가이드도 해 주어야 한다.

참고문헌

Andersson G, Cuijpers P. (2009). Internet-based and other computerized psychological treatments for adult depression: A meta-analysis. *Cognitive Behaviour Therapy, 38,* 196–205.

Batterham PJ, Neil AL, Bennett K, Griffiths KM, Christensen H. (2008). Predictors of adherence among community users of a cognitive behavior therapy website. *Patient Preference and Adherence, 2,* 97–105.

Berger T, Hämmerli K, Gubser N, Andersson G, Caspar F. (2011). Internet-based treatment of depression: A randomized controlled trial comparing guided with unguided self-help. *Cognitive Behaviour Therapy, 40,* 251-266.

Christensen H. (2010). Increasing access and effectiveness: Using the Internet to deliver low intensity CBT. In J Bennett-Levy, H Christensen, P Farrand, K Griffiths, D Kavanagh, B Klein, M Lau, J Proudfoot, D Richards, J White, C Williams, editors. *Oxford guide to low intensity CBT interventions* (pp. 53-67). Oxford: Oxford University Press.

Christensen H, Griffiths KM, Jorm A. (2004). Delivering interventions for depression by using the Internet: Randomised controlled trial. *British Medical Journal, 328,* 265-268.

Christensen H, Griffiths KM, Mackinnon AJ, Brittliffe K. (2006a). Online randomized trial of brief and full cognitive behaviour therapy for depression. *Psychological Medicine, 36,* 1737-1746.

Christensen H, Leach LS, Barney L., Mackinnon AJ, Griffiths KM. (2006b). The effect of web based depression interventions on self-reported help seeking: Randomised controlled trial. *BMC Psychiatry, 6,* 13.

Christensen H, Murray K, Calear AL, Bennett K, Bennett A, Griffiths KM. (2010). Beacon: A web portal to high-quality mental health websites for use by health professionals and the public. *Medical Journal of Australia, 192*(11 Suppl), S40-S44.

Clarke G, Eubanks D, Reid E, Kelleher C, O'Connor E, DeBar LL, Lynch F, Nunley S, Gullion C. (2005). Overcoming depression on the Internet (ODIN) (2): A randomized trial of a self-help depression skills invervention program with reminders. *Journal of Medical Internet Research, 7,* e16.

Clarke G, Kelleher C, Hornbrook M, DeBar L, Dickerson J, Gullion C. (2009). Randomized effectiveness trial of an Internet, pure self-help, cognitive behavioral intervention for depressive symptoms in young adults. *Cognitive Behaviour Therapy, 38,* 222-234.

Clarke G, Reid E, Eubanks D, O'Connor E, DeBar LL, Kelleher C, Lynch F, Nunley S. (2002). Overcoming depression on the Internet (ODIN): A randomized controlled trial of an Internet depression skills invervention program. *Journal of Medical Internet Research, 4,* e14.

Cuijpers P, Donker T, Johansson R, Mohr DC, van Straten A, Andersson G. (2011). Self-guided psychological treatment for depressive symptoms: A meta-analysis. *PLoS*

ONE, 6(6), e21274.

de Graaf LE, Gerhards SA, Arntz A, Riper H, Metsemakers JF, Evers SM, Severens JL, Widdershoven G, Huibers MJ. (2009a). Clinical effectiveness of online computerised cognitive-behavioural therapy without support for depression in primary care: Randomised trial. *British Journal of Psychiatry, 195,* 73–80.

de Graaf LE, Gerhards SA, Arntz A, Riper H, Metsemakers JF, Evers SM, Severens JL, Widdershoven G, Huibers MJ. (2011). One-year follow-up results of unsupported online computerized cognitive behavioural therapy for depression in primary care: A randomized trial. *Journal of Behavior Therapy and Experimental Psychiatry, 42,* 89–95.

de Graaf LE, Gerhards SA, Evers SM, Arntz A, Riper H, Severens JL, Widdershoven G, Metsemakers JF, Huibers MJ. (2008). Clinical and cost-effectiveness of computerised cognitive behavioural therapy for depression in primary care: Design of a randomised trial. *BMC Public Health, 8,* 224.

de Graaf LE, Hollon SD, Huibers MJ. (2010). Predicting outcome in computerized cognitive behavioral therapy for depression in primary care: A randomized trial. *Journal of Consulting and Clinical Psychology, 78,* 184–189.

de Graaf LE, Huibers MJ, Riper H, Gerhards SA, Arntz A. (2009b). Use and acceptability of unsupported online computerized cognitive behavioral therapy for depression and associations with clinical outcome. *Journal of Affective Disorders, 116,* 227–231.

Eysenbach G. (2005). The law of attrition. *Journal of Medical Internet Research, 7*(1), e11.

Farvolden P, Denisoff E, Selby P, Bagby RM, Rud, L. (2005). Usage and longitudinal effectiveness of a Web-based self-help cognitive behavioral therapy program for panic disorder. *Journal of Medical Internet Research, 7*(1), e7.

Gerhards SA, de Graaf LE, Jacobs LE, Severens JL, Huibers, MJ, Arntz A, Riper H, Widdershoven G, Metsemakers JF, Evers SM. (2010). Economic evaluation of online computerised cognitive-behavioural therapy without support for depression in primary care: Randomised trial. *British Journal of Psychiatry, 196,* 310–318.

Gerhards SA, Abma TA, Arntz A, de Graaf LE, Evers SM, Huibers MJ, Widdershoven GA. (2011). Improving adherence and effectiveness of computerised cognitive behavioural therapy without support for depression: A qualitative study on patient experiences. *Journal of Affective Disorders, 129,* 117–125.

Klein B, Meyer D, Austin DW, Kyrios M. (2011). Anxiety online: A virtual clinic: preliminary outcomes following completion of five fully automated treatment programs for anxiety disorders and symptoms. *Journal of Medical Internet Research, 13,* e89.

Lewinsohn PM, Muñoz RF, Youngren MA, Zeiss MA. (1986). *Control your depression.* New York: Prentice Hall.

Leykin Y, Aguilera A, Torres LD, Perez-Stable EJ, Muñoz RF. (2012). Interpreting the outcomes of automated Internet-based randomized trials: Example of an international smoking cessation study. *Journal of Medical Internet Research, 14*(1), e5.

Meyer B, Berger T, Caspar F, Beevers CG, Andersson G, Weiss M. (2009). Effectiveness of a novel integrative online treatment for depression (Deprexis): Randomized controlled trial. *Journal of Medical Internet Research, 11*(2), e15.

Moritz S, Schilling L, Hauschildt M, Schroder J, Treszl A. (2012). A randomized controlled trial of Internet-based therapy in depression. *Behaviour Research and Therapy, 50,* 513–521.

Muñoz RF, Aguilera A., Schueller SM, Leykin Y, Perez-Stable EJ. (2012). From online randomized controlled trials to participant preference studies: Morphing the San Francisco stop smoking site into a worldwide smoking cessation resource. *Journal of Medical Internet Research, 14,* e64.

Richards D, Richardson T. (2012). Computer-based psychological treatments for depression: A systematic review and meta-analysis. *Clinical Psychology Review, 32*(4), 329–342.

Riper H, Kramer J, Smit F, Conijn B, Schippers G, Cuijpers P. (2008). Web-based self-help for problem drinkers: A pragmatic randomized trial. *Addiction, 103,* 218–227.

Ritterband LM, Thorndike FP, Gonder-Frederick LA, Magee JC, Bailey ET, Saylor DK, Morin CM (2009). Efficacy of an Internet-based behavioral intervention for adults with insomnia. *Archives of General Psychiatry, 66,* 692–698.

Spek V, Cuijpers P, Nyklicek I, Riper H, Keyzer J, Pop V. (2007). Internet-based cognitive behaviour therapy for symptoms of depression and anxiety: A meta-analysis.

Psychological Medicine, 37, 319-328.

Titov N, Andrews G, Choi I, Schwencke G, Mahoney A. (2008). Shyness 3: Randomized controlled trial of guided versus unguided Internet-based CBT for social phobia. *The Australian and New Zealand Journal of Psychiatry, 42,* 1030-1040.

Williams C, Chellingsworth M. (2010). *CBT. A clinician's guide to using the five areas approach.* London: Hodder Arnold.

더 읽을거리

Bennett GG, Glasgow RE. (2009). The delivery of public health interventions via the Internet: Actualizing their potential. *Annual Review of Public Health, 30,* 273-292.

Bennett-Levy J, Christensen H, Farrand P, Griffiths K, Kavanagh D, Klein B, et al. editors. (2010). *Oxford Guide to Low Intensity CBT Interventions.* Oxford: Oxford University Press.

6장

가이드 ICBT 프로그램: 도입

학 습 내 용

- 어떻게 가이드 자가치료가 인터넷으로 전달되는가?
- 가이드 ICBT에서 치료자의 역할
- ICBT의 효과에 대한 체계적 개관
- 가이드 ICBT의 보건경제학적 이익
- ICBT가 어떻게 받아들여지는가?
- 윤리적 고려사항

사례 및 도입

루시는 수년간 겪어 온 스트레스 문제들로 인해 심리학적 치료를 받아 보기로 마음 먹었다. 그런데 그녀가 마침내 심리학자를 찾아갔을 때 그는 그녀를 괴롭히는 일상의 스트레스에 대해 그리 큰 관심을 보이지 않았다. 지역보건의는 그녀에게 항우울제 처방을 제안했지만 그녀는 거절했고, 물리치료사에게 이완 기법을 배워 보라는 제안도 거절하였다. 그녀는 직장 일 그리고 돌봐야 하는 두 아이와 개 한 마리로 인해 일상이 매우 바쁘기에 면대면 치료가 적합하지 않고 시간이 부족하다고 생각했다. 신문에 인터넷으로 진행되는 효과적인 스트레스 관리 과정에 대한 기사가 났고, 마침 연구자들이 새로이 연구를 시작하면서 참여자를 모집하고 있었다. 그녀는 하루 정도 고민하다가 그 웹사이트에 등록하였다. 연구에 대해 안내된 바에 따르면 프로그램 동안 개별 가이드가 있을 것이며, 스트레스 관리 과정은 CBT에 기반을 둔 것이라 하였다. 일련의 질문지에 응답하고 전화면접을 마친 후에 그녀는 연구에 참여하게 되었으며, 안내를 받은 후 첫 번째 치료 모듈부터 치료를 시작하였다. 8주간의 스트레스 관리 과정을 진행하면서 그녀는 훨씬더 향상됨을 느꼈고, 매주 제공되는 온라인 치료자 피드백이 특히 도움이 된다고 느꼈다. 연구에 포함된 부분은 아니었으나 자신과 비슷한 처지에 있는 다른 사람들을 웹상에서 만날 수 있다는 점도 좋았을 것으로 생각된다.

가이드 ICBT vs. 면대면 CBT

가이드 ICBT는 전문가에 의해 어떤 형태로든 가이드가 제공되는 독서치료 연구들에 기원을 두고 있다(Watkins, 2008). 대부분의 연구 및 임상보급된 가이드 ICBT의 경우 자가치료 도서들과 유사한 문서 자료를 포함하며, 양방향 온라인 속성과 멀티미디어적 요소를 가지고 있다(Barak et al., 2009). 앞 장에서 소개한 자동화된 공개 프로그램을 포함한 어떠한 프로그램도 가이드 치료로 활용될 수 있지만, 반드시 치료자가 치료 프로그램의 진행 상황에 맞추어 내담자와 의사소통할 수 있어야 할 것이다.

몇 년 전만 해도 우리는 하나의 접근법을 가이드 ICBT로 정의했다.

> 자가치료 도서에 기반을 두고 있으며, 입증된 치료자가 가이드를 제공하여 질문에 응답하거나 피드백을 주고, 면대면 치료와 비슷하게 스케줄을 짜고, 치료 모듈에 접근하기 위해 비밀번호 질의어를 생성시키는 식의 양방향 온라인 기술을 활용하는 치료법을 말한다 (Andersson et al., 2008, p. 164).

이 개념 정의가 무드짐과 같은 자동화된 프로그램과 차별화된 점이라면 프로그램의 기술적 복잡성을 강조하지 않았다는 점인데, 사실 우리가 두통에 대한 첫 번째 연구를 시작했을 때는 단순히 고정된 웹페이지의 형태로 연구 참여자들에게 이메일을 통해 문서 자료를 제공하는 수준이었다(Ström et al., 2000). 광대역 접속이 널리 가능해진 오늘날에는 양방향 기술의 웹사이트를 사용할 수 있게 되었고, 그만큼 보안에 대한 요구도 높아졌다.

이 장에서는 연구에서 자주 다루어졌고 가이드 자가치료와 가장 유사한 접근법에 대해 기술할 것이며, CBT 치료자들이 내담자들과 어떻게 작업할 수 있는지(예: 과제 할당 및 완성된 과제에 대한 개인적 피드백 제공) 보여 줄 것이다. 1장에서 효과적인 자가치료 문서 자료의 요건이 무엇인지 몇 가지 제안을 하였다. 이것은 치료가 필요한 문제 증상에 따라 달라질 것이며, 따라서 우리는 이후 장들에서 우울장애, 불안장애 그리고 만성 통증 및 이명과 같은 신체 증상들을 다루는 프로그램 내용에 대해 세부정보를 더 제공할 것이다.

CBT를 수련받은 배경이 있는 독자라면 ICBT가 어떻게 CBT와 연관되는지에 대한 의문이 생길 수 있다. 이 둘은 유사점이 많고, 면대면 CBT의 경우 회기 내에서 언어적 의사소통을 사용하고(또는 칠판에 문자나 도식을 활용하기도 함), 가이드 ICBT는 주로 문자를 이용해서 정보 및 회기 내 실제 치료자의 피드백이나 치료적 조언을 제공한다는 점에서 형식상의 차이가 존재할 뿐이라고 과연 말할 수 있을까?

또 가이드 ICBT와 면대면 CBT는 정보 제시 방식 외에도 몇 가지 다른 점이 있다. 예를 들어, 집단 CBT에는 치료과정을 증진시키거나 방해하는 집단과정이 본질적으로 포함될 수밖에 없다(Burlingame et al., 2002). 저자는 CBT 집단을 수년간 운영한 경험이 있고 집단마다 서로 큰 차이가 있음에 놀라고는 한다. 그런데 가이드 ICBT의 경우 내담자와의 의사소통이 비동시적인 경우가 흔하다(실시간 ICBT에 대해서는 10장 참조). 즉, 대부분의 의사소통은 일종의 격려 형식을 취하지만 가이드와 치료지원은 어느 정도 숙고를 거친 후에 제공된다(치료자 역할에 대해서는 다음 절 참조). 또 대부분의 ICBT에서는 일단 진단이 확정되면 사례개념화(case formulation)가 더 이상 중요한 역할을 하지 않게 된다. 반면, 많은 CBT 임상가는 사례개념화가 치료에서 중요한 부분이라 생각하며 인지행동치료자 수련의 한 부분으로 사례개념화가 포함되는 경우도 많다. 한편, 가이드 ICBT도 개별 요구를 분석하여 맞춤식으로 제공하는 것은 가능하다. 그러나 치료 자료들은 특정 장애에 대한 지침서에 근거하고 있기 때문에 치료 지침서에 개인에게 맞는 내용들을 담아서 치료를 읽는(또는 듣거나 보는) 내담자들이 치료가 자기 문제에 잘 맞는다고 느낄 수 있도록 해야 한다.

면대면 CBT와 가이드 ICBT의 또 다른 차이는 후자의 경우 전자의 경우가 시간제약 안에서 전달할 수 있는 것보다 훨씬 더 많은 양의 정보를 제공할 수 있다는 점이다. 면대면 CBT에서는 치료자와 내담자가 우선순위를 설정하며, 내담자의 능력에 맞추어 치료의 보조를 조절하기도 한다. 최악의 경우에는 Glenn Waller가 언급한 치료자 표류가 생길 수도 있는데(Waller, 2009), 이것은 일부 치료자가 근거기반 CBT에서 벗어나 단지 '수다 치료'를 하게 된다는 의미이다. 그러나 ICBT에서는 가이드하는 치료자가 이런 문제에 빠질 위험성은 배제할 수 없지만 최소한 프로그램 자체에서 이런 일이 발생하지는 않는다.

종종 내담자들은 치료 프로그램을 완수하지 못하는데, 비록 가이드 없는 경우보다 가이드 있는 경우가 낫다고는 하지만(5장 참조) 많은 ICBT 연구에서 낮은 치료 이행도가 문제가 된다. 그런데 이것이 반드시 비완료자가 치료에서 얻는 것이 적다는 의미는 아니며, 오히려 적절한 치료 분량이 10주 이내, 180쪽 길이 이하라는 의미일 수도 있다. 그리고 일부 내담자의 경우에는 치료 효과가 4~6주 이내에 빨리 나타나서 그 이후에는 별반 개선될 여지가 없는 경우도 있다. 그럼에도 불구하고 저자는 내담자들이 전체 프로그램을 완수하도록 권장하는데, 초과학습(예: 공포 상황에 대한 추가적 노출) 및 재발방지 계획이 내담자에게 도움이 되기 때문이다.

가이드 ICBT가 면대면 치료에 비해 가지는 또 다른 장점이라면 내담자가 프로그램 내용이나 치료자로부터의 조언, 치료자에게 했던 질문 및 그에 대한 피드백을 포함한 전체 치료 이력을 복습(다시 읽기)할 수 있다는 것이다. 물론 이것은 면대면 치료에서도 치료 회기를 녹화한다면 어느 정도 가능할 것이지만, 만일 녹화 자료(또는 녹음 자료)가 분실된다면 비밀보장의 측면에서 문제가 생길 수 있다. 가이드 ICBT에서 내담자와 치료자 간 교신 기록은 보안 인터페이스(인터넷 뱅킹과 유사한)를 통해 이루어지므로, 면대면 치료에서 회기 기록이나 녹음 자료 등을 남기는 것보다는 안전하다.

물론 면대면 CBT와 비교하여 가이드 ICBT에는 몇 가지 한계점이 존재한다. 첫 번째, 실제노출(in vivo exposures) 상황에서 환자를 끌어가는 힘이 부족하다(웹 카메라의 사용이 도움이 될 수는 있음). 그리고 과제에 대한 피드백이 동일한 시간 후에 주어진다고 해도 면대면 회기의 피드백이 좀 더 직접적이다.

두 번째, 치료자가 환자에게 노출이나 행동활성화를 더 하도록 부드럽게 격려하는 부분에서도, 가이드 ICBT의 경우 환자가 힘들다고 느낄 때 그 상황을 회피해 버리는 것이 아주 쉽기 때문에 면대면 CBT에서처럼 적극적으로 개입하는 것이 어렵다. 다시 말해서, 가이드 ICBT는 내담자에게 가하는 압박이 적어서 부담도 덜하지만 싫어하는 치료 요소들을 검열하고 쉽게 피해 버릴 수 있다는 단점이 있다.

세 번째 단점은—우리가 우울증 연구 참여자의 질적 연구를 통해 알게 된 사항으로(Bendelin et al., 2011)—가이드 ICBT 참여자들 중 일부는 자료를 읽기만 할 뿐 실제 삶에서 변화를 추구하거나 할당된 과제를 완료하지 않는 경우가 있다는 것이다(또는 변화에 이를 정도로 열심히 하지 않음). 물론 이것은 면대면 CBT에서도 발생하며, 내담자가 과제를 전혀 하지 않고 생활에서 아무런 변화도 없는 채로 (심지어 지난 회기에서 무슨 내용을 다루었는지 기억하지 못하는 채로) 다음 회기에 나타나는 것을 본 임상가라면 쉽게 이해할 것이다. 숙련된 인지행동치료자라면 회기 내에서 이를 잘 다뤄서 치료자 표류나 '수다 치료'로 빠지지 않도록 하겠지만, 우리가 인터뷰한 참여자 중에 꽤 많은 이가 치료 자료를 읽었음에도 불구하고 그 내용은 전혀 실행해 보지 않는다는 점은 당황스러운 부분이었다.

고정된 프로그램 내용을 제공하는 가이드 ICBT의 네 번째 단점이라면, 너무 많은 양 또는 너무 적은 양의 치료를 제공할 위험이 분명히 존재한다는 것이다. 이것은 사례개념화 문제와도 관련되는데, 면대면 치료에서 치료자는 사례개념화를 통해서 환자의 특성에 맞게 치료계획을 조정하기 때문이다. 따라서 저자는 가이드 ICBT를 추천하기 전에 적절한 평가를 할 것을 강력히 권고하는데, 지금껏 작업했던 대부분의 프로그램이 꽤 긴 편이었고 참여자들 역시 짧다고 느끼는 경우가 드물었기 때문이다. 한편, 어떤 ICBT 프로그램은 정말로 짧은 경우도 있으므로 내담자가 끝까지 마칠 수 있는 정도에 맞춰서 길이를 조정하는 것이 최선이라 할 수 있다.

다음 장에서는 평가 단계에서 알게 된 것들을 바탕으로 치료 모듈의 개수를 조정하는 맞춤식 ICBT에 대해 다룰 것이다. 〈표 6-1〉에는 저자의 클리닉 경험(Bergström et al., 2009)과 조사(Andersson et al., 2009)를 바탕으로 가이드 ICBT의 실행에 대해 필요한 몇 가지 제안을 하였다.

〈표 6-1〉 가이드 ICBT 제공 방법에 대한 조언

1. 지원자를 신중하게 평가해야 하며, 최소한 구조화된 전화면접을 시도하고, 회기 내 면접을 실시하는 것이 좋다. 필요한 경우 다른 분야의 전문가(예: 만성 통증을 다룰 때는 의사)의 자문을 구하라.

2. 인터넷으로 시행할 수 있도록 치료를 구성하고, 그림이나 영상 또는 음성 파일을 사용하라. 그러나 환자가 자료들을 출력할 수 있게(PDF 등) 하는 것이 좋으며, 광대역 접속을 필요로 하는 웹 솔루션에 너무 의존하지 않는 것이 좋다.

3. 1장에서 제시한 자가치료 도서에 대한 조언을 참고하라. 예를 들어, 이해하기에 너무 어렵거나 편향되지 않은 언어를 사용하라.
4. 온라인 자료들에도 그리고 참여자와의 소통에서도 공감을 담아 전달하라.
5. 치료 완료의 마감일이 있음을 주지시키고, 내담자가 치료 모듈을 얼마나 완료했는지에 관계 없이 마감일이 되면 성과평가가 이루어질 것임을 주지시키라.
6. 실생활에서의 연습(즉, 숙제 처방), 즉 실천 가능하고, 현실적이고, 특정일(예: 일요일)에 보고할 수 있는 연습을 권장하라. 이때 완성된 작업지 예시 등 과제를 완수할 수 있도록 돕는 지침들을 제공하라.
7. 완성된 과제에 대해서는 가능한 한 빨리, 되도록 24시간 이내(치료자 요인에 대해서는 다음 절 참조), 피드백을 제공하라.
8. 지나치지는 않되 약간의 융통성은 허용하라. 예를 들어, 자료 읽기를 권장하지만 가능하면 과제 완수를 위해 노력하도록 격려하라.
9. 만약 내담자에게서 악화되는 신호가 관찰되면 무엇을 해야 하는지 계획을 세우라. 심각한 상태의 내담자들의 경우라면 인터넷으로 소통하는 중에 악화되는 신호가 보였을 때 연락할 수 있는 전화번호를 알아 두는 것이 좋다.
10. 어떤 내담자들은 컴퓨터 사용을 어려워할 수 있으므로 컴퓨터 지원도 필요하다. 만일 시스템이 멈추면 질문에 직접 답변하고 가능한 한 빨리 문제를 해결하는 것이 중요하다(예: 만일 환자가 시스템에 접속할 수 없을 때 시스템 관리자가 "접속문제가 발생하여 해결 작업 중에 있습니다."와 같은 이메일을 보내어 환자가 치료를 중단하는 것을 막을 수 있을 것이다).
11. 정기적으로 프로그램을 업데이트하고 보완하라. 치료자와 보조치료자는 중요한 피드백을 제공할 수 있으며 이런 피드백들은 차기 버전의 치료에 반영될 것이다.

가이드 ICBT에서 치료자의 역할

이 장에서 치료자가 가이드를 제공하는 것이 핵심요소인 가이드 ICBT를 소개하였다. ICBT 가이드는 다양한 형식으로 가능하며, 개별 내담자에게 소요되는 시간도 차이가 있다(Palmqvist et al., 2007).

내담자의 질문에 응답하고, 과제를 읽고 피드백을 제공하며, 여타 어려운 점들을 해결하는 데 필요한 시간은 우리의 경험으로 볼 때 개별 내담자당 일주일 평균 10분을 넘지 않는다. 그러면 10회기 프로그램에 대한 총합은 대략 100분 정도가 되며, 여기에 전화를 통한 진단면접 시간을 추가하면 될 것이다(대략 전화면접이 40분 정도 소요되므로 전체 절차에는 140분 정도 소요). 그러나 소요 시간은 간략한 격려만 하느냐 또는 내담자에게 더 긴 치료적 반응을 제공하느냐에 따라 달라질 수 있다. 또 치료자들마다 그리고 내담자에 따라 소요되는 시간에 차이가 있을 수도 있다.

저자가 주로 사용하는 접근법은 치료자들을 이름으로 구분하고(그리고 홈페이지에 사진 제공), 항상 이름으로 각자의 신분을 표현하여 반응하도록 하는 것이다. 치료자와 내담자 간 교신의 특징이라면 최소 가이드, 즉 낮은 강도의 가이드와 이중 인증을 요하는 보안접속 시스템을 통해 이루어진다는 것인데(1장 참조), 이는 암호화, 인증, 메시지 인증코드 등으로 이루어진 인터넷뱅킹 시스템과 유사하다. 따라서 치료자와 내담자는 로그인을 하면 치료 기간 동안 이루어진 모든 통신 내용을 읽을 수 있다.

물론 일반적인 전화 통화나 SMS 문자 알림도 가능하며, 이런 방식이 필요할 때도 간혹 있다(Andersson & Carlbring, 2010). 예를 들어, 위기 상황에 있는 심각한 환자를 다룰 때는 전화를 통한 지원이 필요할 것이다.

치료 페이지를 확인할 시간이 되었음을 알리는 정기적인 알림을 '치료'와 관련 있는 내용은 배제하고 단문 메시지 시스템을 통해 제공하는 것이 가능하다. 예를 들면, "새로운 메시지가 있습니다. 로그인하여 확인해 보십시오. 소피(SOFIE)[1] 프로그램 담당 제라드로부터."와 같다. 이런 식의 알림을 ICBT 시스템 안에 자동화해서 사용하는 경우가 흔히 있다.

저자의 접근법은 치료자 접촉이 매우 제한적인데, 이 정도로도 치료적 동맹을 형성하기에는 충분한 것 같다. Freddy Lange 교수 팀이 개발한 인터라피(Interapy; Ruwaard et al., 2011) 같은 접근법의 경우 치료자 시간이 훨씬 더 많이 소요되는데, 치료에 구조화된 글쓰기 과제가 포함되고 이 치료가 치료자와 환자 간 접촉이 많은 편인 이메일 치료에 가깝기 때문이다(Murphy & Mitchell, 1998; 1장 참조).

---

1) 역자 주: 노출치료가 포함된 인터넷 기반 사회공포증 치료(Social phobia Treatment via the Internet with Exposure)의 스웨덴식 약자이다.

치료자 행동

내담자를 가이드할 때 치료자는 무엇을 하는가? 저자들은 범불안장애 연구에서 치료자들의 반응을 범주화하였는데, 세 명의 치료자가 어떻게 반응하는지(연구 내 내담자들에게 보낸 총 490통의 이메일에서)에 대해 내용분석을 하였다. 〈표6-2〉에 치료자 반응의 범주를 제시하였다(Paxling et al., 2013에서 재인용).

〈표 6-2〉 가이드 ICBT에서 치료자 활동

행동	구체적 내용	예시
마감일 유연성	과제 제출 마감에 대한 허용적인 태도, 주어진 치료 모듈 작업에서 추가 시간이 필요할 때 허락하기 등의 행동	• 과제를 완수하도록 며칠 더 드리겠습니다. • 이번 주 과제는 나중에 하고 현재 작업을 계속하세요.
작업강화	참여자가 달성한 과제에 대해 강화하는 행동	• 잘했습니다! • 걱정과 관련된 사고들을 아주 잘 정리했군요.
동맹강화	참여자의 생활 상황이나 안부에 대한 지속적인 관심이 포함된, 치료에 특정하지 않은 내용의 글(이 범주는 치료와 관련되지 않음)	• 한 주 동안 잘 지냈다니 다행이네요. • 그 일 때문에 힘들었겠군요.
작업 촉구	주어진 과제 수행을 격려하고, 참여자의 향후 발전에 대해 관심을 표명하는 행동	• 다음 모듈 작업을 할 때까지 연락을 기다리겠습니다. • 다음 작업에 행운을 빌어요!
심리교육	치료의 목표나 심리적 과정에 대한 정보 제공 그리고 치료에서 진행하는 작업의 의미나 목적을 설명하는 행동	• 근심은 범불안장애의 한 부분입니다.
자기개방	환자의 상황과 관련이 있거나 유사한 치료자 자신의 상황을 공개하는 행동	• 저 역시 수면에 문제가 좀 있어요.
자기효능 감 조성	치료 동안 배운 건강증진 행동을 자발적으로 시도해 보도록 격려하고 촉구하는 행동	• 연습하면 할수록 당신은 생각들을 잘 찾아낼 수 있을 거예요.

| 공감적
발언 | 참여자의 고통, 좌절 또는 치료와 관련된
삶의 상황에 대해 이해와 공감을 전달하
는 내용 | • 당신이 ~하다는 걸 이해합니다.
• 당신이 왜 ~한지 알겠어요. |

출처: Paxling et al. (2013).

흥미롭게도, 이러한 치료자 행동의 빈도와 상관을 구해본 결과, 작업강화, 작업 촉구, 자기효능감 조성 그리고 공감적 발언이 모듈 완료율과 상관이 있는 것으로 나타났다. 즉, 이러한 반응들은 참여자들이 더 많은 치료 모듈을 완료하도록 하는 것과 관련된다는 것이다. 마감일 유연성은 성과와 부적 상관이 있었고, 작업강화는 저자들이 연구에서 사용한 걱정 측정치인 PSWQ[2](Meyer et al., 1990) 점수 변화와 정적 상관이 있었다. Sanchez-Ortiz와 동료들(2011)은 유사한 연구를 시도하여 섭식장애 프로그램에서 가이드를 제공하는 치료자들의 이메일을 범주화하였다. 연구진은 712통의 이메일 내용을 분석했는데, 이메일들의 14.7%에는 적어도 한 가지 이상의 CBT 요소가 포함되어 있었고, 지지적인 요소가 포함된 경우는 95.4%에 이르렀으며, 기술적 요소가 포함된 이메일은 전체의 13.6%였다. 따라서 그들은 발송된 이메일의 대부분이 지지적 속성을 갖고 있다고 결론지었다.

그러나 전반적으로 볼 때 효과적인 인터넷 치료자의 특성에 대해서는 많이 알려져 있지 않으며, 특히 가이드 ICBT에서 이루어지는 짧은 접촉으로는 치료자 효과가 발생할 여지가 별로 없다. 저자가 참여한 연구에서도 치료자가 누구냐에 따라 차이가 난다는 근거는 별로 없었으나(Almlöv et al., 2009, 2011), 그렇다고 치료자가 아무 글이나 써도 된다는 것은 아니다. 대부분의 치료자는 내담자에게 균형감 있고 적절하게 반응하며, 치료적 접촉에서 발생할 수 있는 불화(인터넷 치료자에게 분노를 표현하는 수고를 하는 대신에 치료를 중단하기 때문에 많이 발생하지는 않음)를 다룰 수 있다. [그림 6-1]에 환자가 보내 온 가상 질문의 예시를 제시하였다(스톡홀름 인터넷 정신건강의학과의 시스템).

---

2) 역자 주: Penn State Worry Questionnaire의 약자로 걱정 질문지를 말한다.

[그림 6-1] 카롤린스카 인터넷 정신건강의학과의 연락 시스템

원칙적으로 가이드는 어떤 형식으로든 제공될 수 있으나(예: 웹 카메라, 전화, 실제 만남), ICBT를 지원하는 가장 일반적인 방식은 이메일을 통해서이다. 다시 한 번 말하지만, 이것은 편지함에서 치료자의 이메일을 받는 것과는 다르다. 교신은 암호화된 보안접속 시스템 내에서 이루어진다. Titov(2010)는 이메일 가이드의 세부사항을 정리하였다. 그는 비동시적 이메일에 대해 언급하였으며 실시간 메시지(실시간 문자나 채팅)는 다루지 않았다. 또한 그는 읽기와 쓰기 기술의 중요성을 강조하였다. "치료자와 내담자는 최소 수준의 타이핑 능력이 있고 이메일 읽기, 저장하기와 보내기가 가능해야 한다. 이메일을 통해 치료와 관련된 복잡한 개념들을 전달하거나 내담자를 가이드하는 치료법에서는 치료자가 문자 방식의 의사소통에 있어 숙련된 능력을 갖추고 있어야 한다."(Titov, 2010, p. 289)

치료자가 자신이 가이드하는 프로그램에 대해 숙지하고 있는 것은 매우 중요하다. 내담자들은 단순한 설명을 요구하는 것을 넘어 당면한 문제에 대한 질문이나 다른 치료법(약물치료 등) 또는 기술적 문제에 대한 질문을 던질 수도 있다.

저자가 아는 한 내담자들이 요청하는 바나 그들의 이메일 내용에 대해 체계적으로 분석한 연구는 없다. 흥미롭게도, 우리의 임상연구 중 이명 치료에 대한 것이 있는데(신체 증상에 대해 더 자세한 것은 9장 참조), 치료의 부정적 측면(치료 지연, 과제 미완성, 기술적 문제 발생 등)을 언급한 이메일은 치료 성과와 부적 상관이 있는 것으로 나타났다($r=-0.39$). 이는 치료자와 접촉하는 것이 언제나 좋은 것만은 아님을 시사한다(Kaldo-Sandström et al., 2004).

접촉빈도 역시 하나의 이슈이다. 많은 시스템은 내담자가 원하는 시간에 글을 남길 수 있도록 허용하고 대체로 즉각 응답해 주기는 하지만, 일부는 과제 제출 마감일을 설정하고 그날이 지나서야 피드백을 제공하도록 되어 있다. 내담자를 담당하고 있는 치료자는 긴급한 일이 발생했을 때 내담자가 연락을 취할 수 있도록 해야 한다. 그런데 잦은 접촉이 반드시 치료 성과를 향상시키는 것은 아니다. 이 주제를 체계적으로 탐구한 Klein과 동료들(2009)의 연구를 살펴보면, 패닉온라인(Panic Online) 프로그램에서 심리학자가 잦은 빈도(일주일에 이메일 3회)로 지원한 경우와 드문 빈도(일주일에 이메일 1회)로 지원한 경우 간에 차이가 없었다.

교신이 치료적이기 위해서 꼭 길 필요는 없다. 〈표 6-3〉에 치료자와 내담자 간 교신의 예시를 제시하였다. 내담자가 자신이 제대로 했는지 잘 모르겠다고 적은 바에 대해 치료자가 별로 관심을 두지 않고 있음에 주목하라. 그 대신 치료자는 작업강화와 '자기효능감 조성'에 초점을 맞추었다. 아마 당신이라면 이와는 다르게 응답해 줄 수 있지 않을까?

〈표 6-3〉 치료자와 내담자 간 교신의 예시(개인정보 보호를 위해 일부 수정됨)

내담자

안녕하세요. 저는 지금 두 번째 모듈을 거의 다 했습니다. 계속하면서 실제로 연습하려니 힘이 드네요. 과연 제대로 했는지 모르겠고, 아마 제대로 했다면 끝내지 못했을 거예요.

메리로부터

치료자

친애하는 메리에게

어려운데도 잘 해 주셔서 참 다행입니다. 다음 모듈에서는 활동 스케줄과 주 단위 계획을 세워 볼 거예요. 아주 어려운 작업이라 금방 지칠 수 있지만, 이것이야말로 좋은 방향으로의 기분에 영향을 주는 효과적인 방법입니다! 그러니 할 수 있는 한 계속하시면 결국 좋은 결과를 얻을 수 있을 거예요.

심리학자 크리스 존스로부터

치료적 동맹

비록 CBT보다는 다른 치료적 접근에서 더 강조되기는 하지만, 대부분의 심리치료 유형에서 치료적 동맹(환자와 치료자 간의 유대)은 핵심요인으로 간주된다. 그러나 현재까지의 증거에 따르면 CBT에서도 동맹은 형성되며, 내담자들이 평가한 동맹은 매우 높은 수준이다(Horvath et al., 2011). 이는 내담자들이 치료의 작업과 목표의 관점에서 치료자와 같은 의견이고 치료자에게 유대감도 느낀다는 것을 의미한다.

가이드 ICBT에서도 치료적 동맹이 중요한지는 분명하지 않으며, 성과와 관련된 치료적 동맹의 중요성에 있어서도 관련 주제 연구들의 결과가 엇갈린다. 어떤 연구들에서는 관계가 있다는 결과가 나타나고, 다른 연구에서는 그렇지 않다는 결과가 나타난다. ICBT에서 내담자는 면대면 치료에 비해 치료자와 훨씬 덜 접촉하며(대략 1/10 정도), 치료자를 개인적으로 만나지 못할 수도 있다. 따라서 동맹 형성의 기반이 될 만한 정보가 ICBT에는 거의 없다고 할 수 있다. 그러나 치료적 상호작용은 분명 존재하며, ICBT를 가이드하는 치료자들은 내담자가 작업을 잘 할 수 있도록 격려하기 위해 공통요인과 특수요인을 모두 활용한다(〈표 6-2〉참조).

동맹 평가치는 면대면 치료의 경우와 거의 유사한 것으로 나타났으므로(예: Knaevelsrud & Maercker, 2007), 치료적 동맹을 증진시키기 위해 치료자와 직접적인 면대면 접촉을 할 필요는 없을 것이다. 문서 자료를 통해서도 동맹을 촉진시키는 공감을 전달할 수 있다. 문자에 담겨 있는 치료자의 이해심을 내담자는 지각할 수 있는 것이다(Richardson et al., 2010). 치료자와의 온라인 상호작용, 치료 시스템과의 상호작용 그리고 동맹을 촉진시킬 수 있는 문서 자료가 ICBT에서 동맹을 평가할 때 내담자가 활용할 수 있는 정보들이라 할 수 있다.

최소의 치료자 접촉을 제공하는 가이드 ICBT에서 치료적 동맹이 중요한지에 대한 연구 질문으로 되돌아가서, 저자는 세 집단의 동맹 평가치와 관련된 연구를 출간하였다(Andersson et al., 2012a). 세 집단은 각각 우울증 집단(49명), 범불안장애 집단(35명) 그리고 사회불안장애 집단(90명)이었다. 세 집단의 참여자들은 모두 가이드 ICBT에 맞게 변형된 동맹 측정척도(Working Alliance Inventory; Busseri & Tyler, 2003)를 작성하였다. 평정은 치료의 초반부(3~4주)에 이루어졌다. 연구 결과, 세 집단 모두에서 동맹 점수는 높은 수준이었으나 동맹 점수와 증상 개선 간의 상관은 통계적으로 유의미하지 않았다. 따라서 현재까지 이루어진 이 주제에 대한 가장 대규모 연구의 결과로는 ICBT의 작업동맹이 꽤 높게 평정되기는 하지만 성과에 대해서 영향을 미치지는 않는 것으로 보인다. 한편, 최근에 진행된 혼합형 불안장애에 대한 소규모 연구에서는 작업동맹과 성과 간에 정적 상관이 나타난 경우도 있어서(Bergman Norgreen et al., 2013), 작업동맹의 중요성에 있어서 내담자 집단에 따라 차이가 있는 것으로 보인다.

가이드하는 치료자는 전문가여야 하는가

저자가 아는 한, 가이드는 탈락을 막아 주고 효과를 증진시키는 데 도움이 되며, 몇몇 예외는 있지만(그 연구들에 연구자와의 접촉이 포함되기는 했지만 실제 치료에 가이드는 없는 경우가 대부분이었음) 경험적 문헌들도 이 의견을 뒷받침하고 있다(Johansson & Andersson, 2012 참조). 그렇다면 치료자가 훈련받고 숙련된 정도는 얼마나 중요한가? 수련과 실습을 통한 치료자 유능성이 중요한 정도는 CBT 내에서도 논란이 있는데, 문헌들의 결과가 엇갈리기는 하지만(Webb et al., 2010)

CBT 치료자들 중 치료자 수련이나 숙련도가 중요하지 않다고 보는 치료자는 거의 없다.

논란의 중심에 있는 것은 증상의 개선을 위해 특정한 기법이 필요한 것인지, 아니면 온정, 공감, 신뢰와 같은 치료의 '공통요인'으로 충분한 것인지 하는 것이다(Wampold, 2001). ICBT에는 공통요인보다 기법적 요인이 더 많이 포함되는 것이 분명하지만, 앞서 언급한 공통요인 역시 영향을 끼친다. 대부분의 가이드 ICBT에서 가이드에는 오프라인 특성이 있기에 가이드를 제공하는 임상가들의 치료 기술이 점점 향상될 수 있다. 예를 들어, 반응의 속도나 적절한 가이드를 제공하는 능력 등은 경험에 따라 차이가 있다. 저자들이 치료 프로그램 내에서 사회불안장애 내담자들을 가이드하는 숙련자와 비숙련자에 대한 비교연구를 시행하였을 때 이런 차이가 나타났다(Andersson et al., 2012b). 두 집단 모두 동등하게 효과적인 것으로 나타났지만 비숙련 치료자들의 접촉 빈도가 높은 편이었는데, 이는 내담자당 소요 시간이 더 길다는 것을 의미한다.

가이드의 주요 내용에 따라 차이가 있는지에 대한 연구도 존재한다. Titov와 동료들은 일련의 대조연구를 시행하였는데, 여기에서는 아무런 치료적 조언을 제공하지 않은 채 기술적 차원의 가이드만 제공하였다. 연구 결과, '기술자'에 의한 가이드는 '치료자'에 의한 가이드와 효과 면에서 차이가 없었다(Robinson et al., 2010; Titov et al., 2009, 2010a). 한편, 이 연구에서의 기술자들은 연구팀의 일원이었는데, 또 다른 한 대조연구에서는 무드짐 프로그램을 활용하여 자가가이드 치료를 진행하면서 여기에 일반인 전화상담자들이 실시하는 전화 안내를 추가했을 때의 효과를 살펴보았으나 더 나은 효과는 없는 것으로 나타났다(Farrer et al., 2011). 그러나 무드짐은 일차적으로는 가이드 없는 치료이며(5장 참조), 모든 연구 참여자에게 전화 연락이 취해졌고 연구는 국립 도움의전화 서비스(helpline service)의 일환으로 수행되었기 때문에, 이 연구를 통해 ICBT가 어떻게 전달될 수 있는지에 대한 여러 지식을 쌓을 수 있었다.

저자가 참여했던 대부분의 연구 및 임상보급에서 치료자들은 5년 임상심리 수련 프로그램의 마지막 연차 학생이거나 수련을 마친 후 임상 활동의 일부로

ICBT를 계속 하고 있는 사람들이었다. 그리고 임상가라 해도 ICBT 가이드에 대해서는 전혀 배경지식이 없는 사람들이었고, 숙련된 인지행동치료자에게 가이드 ICBT를 수련시키는 것에 대한 대규모 연구를 수행한 적도 없었기 때문에 가이드를 제공하는 임상가들 대부분은 임상 경험이 별로 없었다. 따라서 숙련된 임상가가 가이드를 제공했다면 분명히 더 나은 결과가 있었을 것이다. 한편, 숙련된 임상가는 도를 넘어서거나 지침서를 잘 따르지 않을 수도 있으나, 글쓰기 기술과 같은 요인은 중요하다. 그리고 임상가들에게 너무 많은 사례를 배정하여 과부하되지 않게 하는 것이 중요할 것이다(최악의 경우 임상가가 내담자들을 혼동할 수 있음).

슈퍼비전도 우리가 여러 차례 연구에서 다룬 중요한 주제 중 하나이다. 내담자에게 어떻게 반응해야 하는지에 대한 치료자의 확신이 없을 때 슈퍼비전이 유용한 역할을 하며, 치료자를 격려하는 역할도 중요하다. 또한 집단 슈퍼비전에서는 다른 치료자들과 사례를 다뤘던 경험에 대해 공유할 수도 있다.

치료자의 기량은 내담자로 하여금 ICBT를 완수하도록 가이드하고 치료 프로그램을 개발할 때도 필요하다. 치료 실패와 내담자 오해를 포함해서 치료에서 나타날 수 있는 다른 문제들을 다루는 데 도움이 된다. ICBT에서 치료적 동맹이 꽤 높게 평가된다는 점으로 볼 때 전반적으로 내담자들은 그들의 온라인 치료자를 신뢰하고 인정하는 편이다.

더 많은 상호작용이 포함되어 면대면 CBT와 유사한 방식으로 진행된 온라인 상담 또는 e-테라피(e-therapy)를 통해 이 주제를 다룬 문헌이 있다(Murphy & Mitchell, 1998). 이런 형식의 인터넷 치료는 10장에서 소개할 것이다. 하지만 Titov와 동료들의 연구에서 알게 된 바에 따르면 가이드가 반드시 치료적일 필요는 없었으므로, 심리학자의 지도감독하에 인지행동치료자가 아닌 다른 전문가가 가이드를 제공해도 무방한 것인지 확인할 필요는 있다. 이제 저강도 인지행동치료(low intensity CBT)와 영국 내 심리학적 치료 접근성 증진시키기(Increasing Access to Psychological Treatment: IAPT) 모델(Clark, 2011)의 시대가 도래하였으므로 다양한 방식의 서비스 전달 모델에 대해 고민해 볼 필요가 있다.

가이드 ICBT의 전반적 효과 개관

이제 가이드 ICBT의 전반적 효과에 대해 논할 것이며 이후 세 개의 장에서는 우울, 불안 그리고 신체 증상에 대해 초점을 맞출 것이다. '가이드 ICBT가 얼마나 효과적인가?'라는 질문의 답은 '면대면 CBT만큼 효과적이다.'라는 것인데, 물론 예외는 있다. 연구가 쌓여 갈수록 결과들은 다음과 같이 정리된다. '어떤 경우는 면대면 치료 효과와 유사하고, 어떤 경우는 덜 효과적이며, 일부 소수의 연구에서는 면대면 CBT보다 더 효과적인 것으로 확인된다.' 아마도 '약물이 효과가 있느냐?'와 같은 애매모호한 질문은 도움이 되지 않을 것이다(이 주제에 대한 깊이 있는 논의는 Marks & Cavanagh, 2009 참조). 이후 장들에서 특정한 증상들에 초점을 맞출 테지만, 일단 여기서는 지난 15년 동안 다양한 범주의 증상에 대해 가이드 ICBT 효과가 검증된 바 있음을 언급하는 것으로 충분할 것이다(Hedman et al., 2012).

〈표 6-4〉에 무작위 대조연구를 통해 검증된 문제 증상들의 목록을 제시하였으나, 거의 매주 새로운 연구들이 등장하기 때문에 이 목록은 완전하다고 할 수 없다. 게다가 가이드 없는 치료까지 포함한다면 목록이 더 길어질 것이다. 어쨌든 이 목록은 이 분야가 얼마나 빠르게 발전하는지 보여 주는데, 제시된 일부 증상의 경우 1990년대 중반 이전만 해도 아무런 연구가 없었으나 지금은 거의 20여개에 육박하는 무작위 대조연구가 있을 정도이다(예: 사회불안장애).

어떤 범위의 사람들을 대상으로 ICBT가 개발 및 검증되었는지를 〈표 6-4〉에 밝히지는 않았다. 대부분의 연구는 자발적으로 참여한 성인을 대상으로 행해졌는데, 이들 외의 집단들, 즉 정규 임상환자, 초기 성인, 청소년 및 노인 그리고 다른 언어나 문화적 배경을 가진 사람들을 대상으로 하는 연구들이 증가하고 있다. 예를 들어, 표준중국어나 광둥어를 사용하는 지원인력이 중국계 호주인의 우울증을 치료하는 연구도 진행되었고(Choi et al., 2012), 저자가 속한 연구진에서는 쿠르드 언어를 사용하는 사람들의 우울증에 대한 연구를 수행하기도 했다. 자세한 적용 내용에 대해서는 이후 장에서 더 다룰 것이다.

〈표 6-4〉 무작위 대조연구에서 가이드 ICBT가 검증된 문제 증상 목록의 예시

정신과적 문제	신체 증상들	기타
우울	두통	부부치료
양극성장애	이명	부모교육
공황장애	당뇨	스트레스 문제
사회공포증	불면증	완벽주의
특정공포증	아동기 유분증	소진 문제
혼합된 불안/우울	만성 통증	지연행동
건강불안	암	
강박장애	과민성대장증후군	
범불안장애	발기부전	
외상후스트레스장애	난청	
병적 도박	만성피로	
폭식증 및 섭식장애	다발성 경화증	
	비만	
	흡연	

인터넷 전달 치료 전반에 대해서뿐만 아니라 가이드 ICBT에 대한 연구가 많아지면서 개관논문도 꾸준히 증가하고 있다. 이런 개관논문의 문제점 중 하나는 다양한 방식의 인터넷 전달 치료를 인터넷 요소가 없는 가이드 자가치료나 다른 방식의 전산화된 치료와 묶어서 비교하는 것이다(예: Cuijpers et al., 2009). 이런 개관논문도 가치가 있지만, 가이드 있는 치료와 가이드 없는 치료가 CD-ROM으로 전달되는 전산화된 치료나 독서치료와 같은 표제 아래에 정리되어 있으면 어떤 독자는 혼란을 느낄 수 있다. 물론 이것이 사소한 문제로 간주될 수도 있지만(개념 정의에 대해서는 1장 참조), 전산화된 인지행동치료(Computerized Cognitive Behaviour Theray: CCBT)와 같은 용어에는 아주 다양한 형식의 치료가 포함된다.

초기의 메타분석 개관연구 중 자주 언급되는 것은 네덜란드 연구진이 실시한 연구이다(Spek et al., 2007). 불안과 우울의 ICBT를 다룬 이들의 연구에서 불안

장애에서는 큰 효과크기가 나타났고 우울장애에서는 상대적으로 작은 효과크기가 나타났다. 그러나 치료자 지원의 정도에 대해 알아본 결과로는 가이드 있는 치료의 효과크기가 더 큰 것으로 나타났다. 이듬해 Barak과 동료들(2008)은 광범위한 증상과 치료법들을 개관한 메타분석 연구를 출간하였다. 이들의 연구에서 평균 효과크기(표준화된 평균 편차)는 0.53으로 중간 정도의 효과크기라 할 수 있다. 그러나 이런 측정치는 별 의미가 없는 것일 수 있는데, 이 분석에는 성격이 매우 다른 92개나 되는 연구가 포함되었기 때문이다. 흥미롭게도 CBT에 대한 연구들의 효과크기는 큰 편인데, 다시 밝히지만 연구의 증가 속도로 볼 때 지금까지 진행된 CBT 방식이 아닌 연구들은 대부분 제외된 것으로 생각된다. 그럼에도 불구하고 그것은 광범위한 연구를 다룬 매우 유익한 개관논문 중 하나이다.

Andrews와 동료들(2010)은 우울과 불안을 다룬 가이드 있는 전산화된 개입들(실제로 모두가 인터넷 기반 치료들)에 초점을 맞추면서 22개의 대조연구를 살펴보았는데, 효과크기(Cohen's d)는 0.88로 나타나 면대면 CBT와 비슷한 효과를 확인하였다. 이들은 26주(중간값) 정도의 추수면접 시점에서 장기적인 치료 효과가 유지되는 것도 확인하였다. 이에 더하여 Cuijpers와 동료들(2010)은 면대면 치료와 가이드 자가치료(대부분은 인터넷으로 전달된 CBT였음)를 직접 비교한 메타분석 논문을 출간하였다. 저자 또한 그 개관논문에 참여했으며, 21개 연구에 대해 810명의 참여자를 분석하였다. 분석 결과, 가이드 자가치료와 면대면 치료의 효과 차이는 없음이 명백하였다. 굳이 차이가 있다면 반대 방향으로 −0.02 정도의 작은 경향성 정도가 나타나서 가이드 자가치료의 효과크기가 미세하게 높은 수치였다는 것이다. 저자는 면대면 치료와 가이드 ICBT를 비교하는 몇몇 대조연구에 참여한 적이 있는데, 두 치료 방식 모두 효과가 있고 각각의 방식에 더 적합한 내담자들이 있다는 결론을 내렸다. 이때 면대면 CBT(개인치료나 집단치료 모두)와 비교되었던 가이드 ICBT 연구의 경우 대부분 사전평가 시 참여자와의 직접 접촉이 꽤 많았음을 기억할 필요가 있다. 또 연구에서 제공한 면대면 CBT가 정규 CBT에 비해 수준이 낮았을 가능성도 생각해 볼 수 있겠으나, 연구 결과 사실이 아니었다. 연구에서는 두 형식 모두에서 효과크기가 큰 것으로 나타난 것이다(이는 주로 우리가 불안과 우울에 대해 연구한 결과를 언급하는 것임; 예: Carlbring et al., 2005 참조).

이 주제에 대한 체계적인 개관논문 외에 좀 더 일반적이고 현황분석 입장을 취하는 논문들(예: Andersson, 2009; Griffiths et al., 2007; Ritterband et al., 2003)이 있는데, 이 논문들을 통해 ICBT가 전달되는 방식에 있어서 연구집단별로 서로 다른 견해들을 가지고 있음을 알 수 있으며, 이를 통해 가이드 없는 치료와 비교한 가이드 있는 치료의 장단점에 대해 생산적으로 논의할 수 있다.

요약하면, 이제는 수많은 연구가 존재하며 점차 개별 문제 영역(예: 만성 통증 ICBT)에 대한 연구들이 증가하면서 여러 문제 영역을 함께 개관하는 연구의 의미는 점차 약화되고 있다. CBT 연구자나 임상가들이 이전에 가졌던 의문들은 여전히 남아 있으며, 예를 들어 치료 이행도의 역할, ICBT가 잘 적용될 대상을 예측하는 방법, 앞에서 언급한 치료적 동맹의 역할 등이 있다.

예측요인과 조절요인(누구에게 치료가 적합한가?)에 대해서는 이후 장에서 언급할 것인데, 증상에 따라 중요한 요인들은 달라질 가능성이 있다. 가이드의 역할도 증상에 따라 달라질 수 있다. 우울한 사람에게 ICBT를 시행할 때는 건강하면서 불면증만 있는 사람에게 ICBT를 시행할 때보다 가이드의 역할이 더 중요할 것이다. 명심해야 할 점은 문제 영역들 간에 공통분모와 공병문제가 있다 하더라도 일반적인 CBT의 경우와 마찬가지로 치료법들을 특화시킬 필요가 있다는 것이다. 이제 가이드 ICBT는 근거기반 치료로 인정받고 보급될 준비를 마쳤다. Andrews 등(2010, p. 5)은 "이제 우리는 불안장애와 우울장애 환자들을 위한 인터넷 프로그램의 효능, 적용가능성, 비용절감 효과 등에 대해 충분히 알게 되었고, 이러한 인터넷 서비스를 기존의 정신건강 서비스에 통합하기 시작하였다."라고 언급하였다.

가이드 ICBT가 비용을 절감해 주는가

앞에서 Andrews 등(2010)의 인용문에 암시되어 있듯이, 가이드 ICBT를 포함한 인터넷 전달 치료들은 비용을 절감해 줄 것으로 보인다. 치료자 시간에 대해서만 보더라도, ICBT에서 내담자를 가이드하는 것은 실제 회기에서 내담자를 보는 것에 비해 시간이 덜 소요되며, ICBT의 치료 효과가 떨어지지 않는다면 비용-효과적(cost-effective)이라 할 수 있다.

ICBT가 비용-효과적이라는 증거가 점점 늘어나고 있다. 비용을 계산하는 것은 복잡해서, 치료의 비용이나 치료자 시간만 고려해서는 안 된다(Drummond et al., 2005). 비용-효과에 대한 현재 연구들은 사회적 관점을 취하고 있는데, 이는 건강 서비스의 비용뿐 아니라 생산성 손실과 관련된 비용도 고려하는 것이다. 따라서 지역보건의를 방문한 횟수, 정신과 의사와 만난 횟수, 입원일, 약물 사용 및 모든 기타 건강 관련 소비를 다 고려하여 측정한다. 그리고 작업 손실일(결근 등)과 작업 감축일(아파서 작업효율성이 저하됨)에 대한 정보도 수집하여야 한다.

이때 치료자 지원, 선별면담, 컴퓨터, 서버 및 인터넷 접속과 관련된 치료 비용과 공공 및 비공공 분야 건강 서비스 제공자와 관련된 직접의료 비용을 구분할 필요가 있다. 다양한 요소에 대한 비용들을 구분하는 것은 많은 수고가 필요한 작업이다. (저자가 개인적으로 이런 분석에 참여하고 있지는 않으며, 네덜란드의 Filip Smit와 스웨덴의 Björn Paxling, Erik Andersson, Erik Hedman 같은 훌륭한 동료들이 함께 작업 중이다.)

이 밖에 환자가 건강 서비스를 받기 위해 이동하거나 주차비와 교통비를 지불할 때 생기는 비의료적인 직접 비용들에 대해서도 고려해야 한다. 각 개별 내담자에게 거의 비슷하게 적용되는 비용 또는 비용절감 외에, ICBT 프로그램을 개발하거나 치료자를 훈련시키는 비용도 고려해야 한다. 이 비용은 변동성이 커서 작은 비용이 들 수도 있고 만일 기존 ICBT 시스템을 새것으로 교체한다면 큰 비용이 들 수도 있다.

ICBT, 특히 가이드 ICBT의 비용-효과 연구가 점점 증가하고 있다. ICBT와 실제 면대면 치료의 비용을 직접 비교하는 유형의 연구가 중요한데, 사회불안장애 내담자들을 대상으로 한 연구(Hedman et al., 2011)와 협업하여 우리가 이 분석을 수행하였다. 이 연구에서는 비용-효용(cost-utility)도 살펴보았는데, 이것은 품질보정 기대수명(Quality-Adjusted Life Year: QALY)[3]까지 고려하여 계산한 것이다. 분석 결과, ICBT와 면대면 치료 둘 다 사전평가 시점에 비해 6개월 추수평가 시점에 전체 총비용이 유의미하게 감소하는 것으로 나타났다. 그런데 사회불안장애 및 전체 총비용의 감소에서는 두 치료가 동등했으나, 1인당 치료 비용이 ICBT($464)는 면대면 집단치료($2,687)에 비해 낮았으므로 더 비용-효과적이라 할 수 있다.

우리는 건강불안, 과민성 대장 증상, 범불안장애와 같은 증상에 대해서도 비용-효과를 검토해 보았다. Warmerdam과 동료들(2010)은 우울증의 가이드 ICBT가 비용-효과적이었으며, 인터넷 전달 문제해결치료 역시 마찬가지였다고 보고하였다.

이 분야의 연구는 ICBT뿐만 아니라 CBT 일반에서도 중요한데, 자원이 유한할 뿐 아니라 근거기반 치료법들을 통해 실제로 사회적 비용을 절감할 수 있음을 보여 주는 것이 중요하기 때문이다.

어떻게 받아들여지고 누가 원하는가

가이드 ICBT가 도입된 후 어느 정도 시간이 지났으므로 이런 방식의 CBT를 임상가, 내담자 그리고 대중이 어떻게 받아들이는가에 대해 궁금증이 생길 것이다. Whitfield와 Williams(2004)는 영국 내 전산화된 CBT의 사용에 대해 설문조사를 실시하였는데, 인지행동치료자들 중 이런 치료 방식을 사용하는 사람들의

---

3) 역자 주: 품질보정 기대수명이란 단 하나의 질병도 없이 건강하게 사는 1년을 말한다. QALY가 높을수록 삶의 질이 높고, 1QALY를 추구하는 데 드는 비용이 낮을수록 그 의료행위의 비용-효과가 큰 것을 의미한다.

수는 충격적일 만큼 적었으며(2.4%), 겨우 1%만이 환자-치료자 접촉의 대안으로 이 방식을 사용하고 있었다. 이 결과는 CBT 개업가들 중 88%가 자가치료 접근을 정규 치료로 활용한다는 기존 연구 결과(Keeley et al., 2002)와 비교해서 살펴봐야 한다. 그러나 인터넷은 기존의 CD-ROM 기반 프로그램들보다 훨씬 더 접근성이 좋으며, 따라서 10년 전의 연구 결과를 ICBT에 적용하는 것은 타당하지 않을 것이다.

미국 내 2,098명의 사회복지사, 심리학자 및 기타 전문가 집단을 대상으로 진행된 연구가 있다. 연구 결과, 온라인 정신건강 치료에 대한 수용도 및 이해도는 높지 않아서 이들 중 2%만이 치료에 인터넷을 활용한다고 보고하였다(Wells et al., 2007). 아마 이는 당시(자료 수집은 2003년에 이루어짐) 미국의 인터넷 접속률이 높지 않았기 때문이거나 주별로 규정의 차이가 있기 때문일 것으로 보이나(윤리적 문제는 다음 절 참조), 나라별 임상가들의 태도에서도 차이가 있는 것 같다.

노르웨이의 Wangberg 등(2007)은 완전히 다른 결과를 보여 주었다. 노르웨이 심리학자협회의 회원 1,040명을 대상으로 조사했을 때, 45%가 내담자와의 상호작용에서 인터넷을 활용한다고 하였다. 겨우 3%의 심리학자만이 내담자와 치료자 간의 인터넷 사용을 수용할 수 없다고 하였다. 흥미롭게도 정신역동 이론적 입장의 치료자들이 인터넷 치료에 대해 부정적인 태도를 보이는 것으로 나타났다. 이후 미국에서 Mora 등(2008)이 이 연구에 대한 반복검증을 하였는데, 인지행동치료자들은 정신역동적 입장의 치료자들에 비해 인터넷 기반 치료법 활용에 대해 훨씬 더 우호적인 입장을 보였다. 그러나 Wells 등(2007)의 앞선 연구에서와 마찬가지로, 면대면 치료의 대안 및 보조로 온라인 치료를 이용하는 것에 대해서는 참여자 대부분이 강력하게 찬성하는 입장은 아니었다.

호주에서 이뤄진 한 연구(Gun et al., 2011)에서 나타난 바와 같이, 대부분의 임상가는 인터넷 치료를 좀 더 심각한 상태에 적용할 때에 더욱 저어하게 된다. 연구자들은 인터넷 기반 치료에 대한 태도를 측정하는 질문지를 건강 전문가들과 일반인들에게 실시하였다. 두 집단 모두 경도에서 중등도 수준의 불안과 우울에 대해 응답자들의 수용도가 높게 나타났는데, 이 결과 역시 국가별 차이가 영향을 끼친다는 사실을 보여 주는 것이다.

이들 연구 대부분은 불안과 우울에 초점을 맞추고 있기 때문에 다른 증상에 대한 인터넷 치료와 관련해서는 임상가들의 생각이 어떠한지 알아볼 필요가 있다. 예를 들어, 저자는 유방암 환자와 종양내과 의사들이 인터넷 전달 치료에 우호적이라는 것을 확인하였다(Andersson et al., 2006). 또 다른 흥미로운 검증 주제는 임상가들이 공개 또는 폐쇄형 인터넷 치료에 대해 어떻게 생각하느냐 하는 것이다. 아동과 청소년을 대상으로 한 컴퓨터 치료에서 임상가들의 태도를 살펴본 한 연구(Stallard et al., 2010)에서는 전산화된 CBT가 전문적 지원 없이 인터넷 상에서 자유롭게 배포되어야 한다고 보는 응답자가 거의 없었다. 응답자들은 이것을 가장 큰 문제로 보았으며, 집에서 치료에 접근할 수 있는 잠재력을 가장 큰 장점으로 꼽았다.

CBT 임상가라면 ICBT가 무엇인지, 얼마나 효과적인지 그리고 누구에게 적합한지 확실히 알 수 있을까? 치료 성과나 가이드 있는 경우와 없는 경우의 이행도 차이 등까지 고려하면 문제는 더 복잡해진다.

임상가들이 어떻게 생각하느냐보다 더 흥미로운 것은 내담자 또는 잠재적 내담자들이 ICBT를 어떻게 생각하느냐일 것이다. 이 주제에 대해서는 전산화된 CBT를 살펴본 기존 문헌(예: Kaltenthaler et al., 2008)이 있으나, 대부분의 자료가 치료 완료자들로부터 나온 것이기 때문에 장차 치료를 받을 사람에게 그대로 적용하기에는 어려움이 있다.

Mohr와 동료들(2010)은 600명이 넘는 미국 내 1차진료 장면의 환자를 대상으로 면대면 치료, 전화 및 인터넷을 통한 치료 등 다양한 형식의 심리학적 치료에 대한 관심도를 조사하였다. 연구 결과, 91.9%가 면대면 치료에 대해 관심이 있거나 고려해 볼 것이라 했고 62.4%는 전화 치료를 고려할 것이며 48%는 인터넷 치료를 고려할 것이라고 하여 면대면 치료에 대한 선호가 분명한 것으로 나타났다. 하지만 1차진료 세팅이라는 점과 미국 내 연구라는 점을 감안하면 응답자의 절반이 인터넷을 통한 심리학적 치료에 관심이 있음을 보여 준 것이라 할 수 있다. 또 증상의 심각도에 따른 차이는 별로 없었으며, 시간적인 제약을 느끼는 경우 면대면 치료에 비해 전화나 인터넷 치료에 대한 관심도가 높아지는 것으로 나타났다.

인터넷 치료가 무엇이고 어떻게 작동하는지 알지 못한다면 이에 대한 질문들에 대답하기는 쉽지 않을 것이다. Sorbi와 van der Vaart(2010)는 두통 환자들에게 프로그램에 대해 평가하도록 요청하였는데, 이것은 소비자 지향적인 방식으로 인터넷 치료가 어떻게 지각되는지 평가하고 동시에 피드백도 얻을 수 있는 방법이다. 저자 또한 연구 참여자들에게 피드백을 요청해 왔고 이것이 많은 도움이 되었다.

Titov와 동료들은 일련의 연구에서 외상후스트레스장애 환자들(Spence et al., 2011)과 강박장애 환자들(Woolton et al., 2010)이 인터넷 치료에 대해 어떤 시각을 갖고 있는지와 면대면 치료에 비해 이런 형식의 치료를 선호할 것인지에 대해 살펴보았다. 이들 연구에서 인터넷 치료는 매우 수용 가능한 것으로 평가되었으며, 인터넷 치료보다 면대면 치료를 선호한다는 응답자 수는 많지 않았다(외상후스트레스장애 환자 연구에서는 32%, 강박장애 환자 연구에서는 10%). 이 연구가 수행된 호주에서는 불안장애로 고통받는 사람들이 인근에서 면대면 CBT를 이용하는 것이 쉽지 않기 때문에 ICBT에 대해 높은 관심을 보이는 것 같다. 연구자들은 ICBT가 치료에의 접근을 방해하는 장벽을 낮추는 역할을 할 것이라 논하였다.

ICBT에 대해 언론에서 어떻게 소개하는지, 보건 분야 전문가가 어떻게 생각하는지(무엇이라 이야기하는지) 그리고 ICBT를 체험한 누군가를 알고 있는지의 여부에 따라 ICBT에 대한 관심도가 영향을 받는 것으로 보인다. 지난 몇 년간 우리의 연구에서는 광고를 통해 참여자들을 모집하였으며(광고가 ICBT 사용을 증가시키는 것에 대한 최근 연구로는 Jones et al., 2012 참조), ICBT 서비스를 정규 치료 장면에서 제공할 때는 의뢰 또는 자가의뢰 방식으로 참여자를 모집하였다. 이 주제에 대해서는 추후 다시 언급하겠지만 앞서 다룬 내용들에는 필히 변화가 있을 것이다. 왜냐하면 인터넷 서비스에 대한 태도(예: 쇼핑에 대한 태도)는 늘 변해 왔고, 이 글을 쓰고 있는 지금도 변하고 있기 때문이다.

누가 가이드 ICBT를 원하는가라는 질문에 답을 하기 위해 이미 실제로 ICBT 를 완료한 사람들을 살펴보는 방법도 있다. 기존 연구들에서 보면 대다수의 참 여자는 고학력이었는데, 이는 아마도 고학력자들이 연구 참여나 심리학적 치 료에 우호적인 편향을 반영하는 것 같다. 이 주제에 대한 체계적인 연구는 많 지 않지만 ICBT가 점점 더 일반 대중에게 받아들여지는 것으로 보이며, Titov와 Andrews의 연구작업에 의하면 ICBT를 받은 사람들은 임상 현장의 환자들만큼 이나 심각한 문제를 가지고 있으면서도 다른 특성들에 있어서는 해당 장애가 있 는 일반 모집단 사람들과 유사한 것 같다(Titov et al., 2010b). 일반진료 장면에서 ICBT로 치료받은 사람들이 광고를 통해 모집한 연구 참여자들과 마찬가지의 효 과를 볼 수 있을지에 대해서는 추후 우울증, 불안장애, 신체적 문제에 대한 장에 서 더 논의할 것이다. 개인 또는 집단 CBT에 적당한 사람의 구분은 있겠지만 전 반적으로 현재까지의 증거들로 보면 가이드 ICBT는 정규 환자들에게 제공할 만 한 치료라고 생각된다.

윤리적 고려사항

이 장을 마치면서 가이드 ICBT를 시행할 때 생각해 봐야 할 윤리적 고려사항 들에 대해 간략하게 개관하고자 한다. 윤리적 문제들은 이 책에서 기술한 인터 넷 사용의 모든 측면에서 존재하지만, 내담자와 치료자 간 직접 접촉에 있어서 라면 정규 임상 현장과 별다를 바 없다(가이드 없는 공개 프로그램에서 사용자와 직 접 접촉이 전혀 없는 경우에 비하면). 이 문제에 접근하는 좋은 방법은 기존 윤리적 지침을 적용해서 인터넷 치료의 특징들에 주목해 보는 것이다. Dever Fitzgerald 등(2010)의 개관논문에서 이 작업을 수행하였는데, 이들은 국제적으로 제공되 는 '심리학자 윤리원칙에 대한 보편적 선언'(International Union of Psychological Science, 2008)에 따라 개관을 구성하였다. 윤리원칙들은 〈표 6-5〉의 좌측 열에 제시되어 있고, Dever Fitzgerald 등(2010)의 개관에 근거한 저자의 견해는 우측

〈표 6-5〉 심리학자 윤리원칙에 대한 보편적 선언 및 가이드 ICBT와 관련된 논의사항

윤리원칙	논의
I. 내담자의 존엄성에 대한 존중(respect)	• CBT에 대한 동의는 중요하며, 동의서에 치료과정에 대한 명확한 정보가 게재되어야 한다. 예를 들어, 내담자에게 치료 효과를 보려면 얼마나 작업해야 하는지 사전에 알려 주어야 한다. ICBT에서 중요한 부분은 사생활과 비밀보장에 대한 부분인데, 이것은 인터넷 정보 보안과 밀접하게 관련되어 있다. • ICBT와 관련된 실제적 문제 중 하나는 치료 비완료자에 대한 존중 부분이다. 접근성 또한 윤리적 측면의 하나로, 컴퓨터가 없거나 인터넷 처리 능력이 부족한 내담자에게 모듈의 인쇄된 자료를 제공하는 등의 편의를 제공할 필요가 있다.
II. 내담자의 웰빙에 대한 유능한 돌봄(competent caring)	• 인지행동치료자는 의사소통 채널에 관계없이 내담자에게 해를 끼치면 안 된다. 치료자들은 발생 가능한 오류도 바로잡을 수 있어야 한다. ICBT에서는 내담자가 악화되거나 자살시도를 하는 등의 신호를 탐지하지 못하거나 잘못된 피드백을 전달하는 오류가 발생할 수 있다. 연구에서는 부정적 성과를 보고하지 않고 무시하는 경우가 많은데(Barlow, 2010; Rozenthal et al., 2014), 부정적 성과를 보고하지 않는 것은 비윤리적 행동이다. • 유능한 돌봄과 관련해서 지원 제공자에 대한 슈퍼비전이나 치료 자료에 대한 꾸준한 업데이트(내담자가 오타를 발견하는 단순한 경우도 가능함)가 중요하다. 진단 절차에 대한 적절한 수련과 논의도 필요할 것이다.
III. 무결성(integrity)	• 무결성은 신뢰할 수 있고, 공개되어 있으며, 정확한 의사소통을 의미한다. ICBT에서는 치료진이 누구인지, 치료 방식에 대해 무엇을 알고 있는지 등을 완전히 공개하는 것을 말한다. 예를 들어, 지원 인력의 전문가 신분은 공개되어야 한다(예: 수련생이 지원을 제공한다고 할 때). • 개인정보 접근은 또 다른 중요한 측면으로, 환자에게 공개되어 있는 의무 기록에는 접근이 쉬워야 한다. • 개선될 것이라는 기대를 불어넣을 수는 있으나 치료에 대해 과장해서는 안 된다. • ICBT의 내담자를 개인적·전문적·경제적 이익을 위해 이용해서는 안 된다.

IV. 사회에 대한 전문적이고 과학적인 책임 (responsibility)	• 우리는 더 나은 세상을 만들고자 계속 지식을 업데이트하고 새로운 연구를 하고 있다. • 또한 이 원칙은 사회가 새로운 지식을 활용하는 방식과 관련이 있다. 예를 들어, 가이드 ICBT는 정규 CBT의 가격 절감을 위한 대체제가 아니라 보조치료로 소개해야 한다. 가이드 ICBT는 가이드 없는 ICBT에 비해 비용은 더 들지만 더 효과적이다. 공개 치료는 더 많은 사람이 접근할 수 있지만 탈락률은 더 높다. • ICBT의 치료자 기술과 관련하여 알려진 바가 많지 않으므로 적절한 수련과 지도감독이 꼭 포함되어야 한다. 다른 전문가 집단을 훈련시켜 지도감독하에 가이드 ICBT를 시행하는 방법도 고려해 보아야 한다.

출처: Dever Fitzgerald et al. (2010).

열에 제시되어 있다.

ICBT가 어디서 어떻게 시행되느냐에 따라 기타 윤리적 측면들이 대두될 수 있다. 영국과 스웨덴에서는 공공기금이 투입된 보건 서비스에 대한 규정이 정해져 있지만 어디서 활동하느냐에 대한 제약은 미국보다 약한데, 미국에서는 심리학자에게 자격증이 유효하지 않은 관할지역에서의 활동을 허용하지 않는다. 인터넷 전달 심리학 서비스, 특히 이메일 기반 치료와 같은 서비스의 제공에 대해서도 미국에서 논의가 있어 왔다(Midkiff & Wyatt, 2008; Zack, 2008).

익명성은 또 하나의 민감한 문제이다. 적어도 저자의 나라에서 보건 분야에 종사하는 심리학자나 다른 전문가들은 내담자에 대한 기록을 보관해 놓아야 하기 때문에 익명성 보호가 문제될 수 있다. 하나의 해결책은 의료 기록과 ICBT 치료를 분리하는 것이며 이를 통해 모든 개인정보(예: 모든 스웨덴 시민권자에게 주어지는 주민등록번호 등)를 치료 플랫폼에는 남기지 않고, 의료정보 시스템 내에서만 개인 신변정보를 확인하도록 할 수 있다. 이에 대해서는 나라마다 다른 규칙과 규정이 있을 것이다. 예를 들어, 노르웨이에서는 환자와의 이메일 연락이 허용되지 않기 때문에 ICBT 가이드 시 가능한 것은 전화지원 방식뿐이다(Nordgreen et al., 2010).

ICBT 프로그램에서 활용되는 또 다른 분야는 토론 및 채팅 포럼이다. 이것은 일대일 접촉과 다르며, 토론 포럼 내에서 내담자들은 예민한 주제에 대해 함께 토론할 수 있다(Humphreys et al., 2000). 저자의 연구에서는 토론 내용을 검토하는데, 이는 내담자들에게는 사전에 토론이 검토되고 연구진이 조치를 취할 수 있음을 미리 알리고 예민한 주제가 게시되었을 때는 연구진이 윤리적 책임을 진다는 의미이다.

우리는 이제 겨우 새로운 분야로 막 접어들었으며, ICBT를 시행하기 위한 자격증이나 인정 체계도 없는 실정이다(최소한 영국 및 스칸디나비아 국가들에서는 없음).

실천적 함의 및 요점

- 가이드 ICBT는 CBT의 자가치료 기법을 인터넷 시행이 가능하도록 성공적으로 변환하였다. 가이드 ICBT와 면대면 CBT는 차이가 있지만, 과제와 같은 중요한 특징들은 공유한다.
- 치료자 지원을 제공하는 것은 좋은 성과를 확보하는 데 필수적이지만, 아직은 어떤 형태의 지원이 필요한지 분명하지 않다. ICBT를 지원하는 가장 일반적인 방식은 이메일을 활용하는 것이다.
- 치료적 동맹은 가이드 ICBT에서도 형성되지만, 이것이 성과를 예측하는지는 명확하지 않다. 성과를 거두는 데 있어서의 치료자 변인에는 조금씩 차이가 있지만, 일반적으로 글쓰기 기술 및 지지적 격려가 중요하다.
- 이제까지 가이드 ICBT는 CBT가 도움이 된다고 알려진 주요 증상들에 대해 시행되고 검증되어 왔는데, 심각한 증상에 대해 적용된 경우도 몇몇 존재한다. 체계적 개관연구는 가이드 ICBT가 불안장애 및 경도-중등도 우울에 대해서는 면대면 CBT만큼 좋은 효과가 있다는 것을 명확히 보여 주었다.
- 가이드 ICBT의 보건경제적 이익은 명백하며, 주로 면대면 CBT에 비해 치료비용이 더 낮기 때문이다.
- 임상가들은 아직까지 ICBT에 대해 우호적이지 않을 수 있지만 점차 의식이

변하고 있고 국가별 차이도 있다. 내담자들은 좀 더 긍정적인 입장이지만 대다수는 ICBT가 어떻게 작동하는지 알지 못하고, 정식 CBT보다 쉽고 급조된 해결책에 불과한 것이 아니라는 사실도 모르는 경우가 많다.

• 가이드 ICBT를 제공할 때 윤리적으로 고려해야 할 사항들이 있는데, 이것은 서비스 제공 지역에 따라 다를 수 있다. 면대면 CBT와 똑같은 윤리 지침이 적용되어야 하지만 정보 보안과 관련해서는 특별한 주의가 필요하다.

참고문헌

Almlöv J, Carlbring P, Berger T, Cuijpers P, Andersson G. (2009). Therapist factors in Internet-delivered CBT for major depressive disorder. *Cognitive Behaviour Therapy, 38*, 247–254.

Almlöv J, Carlbring P, Källqvist K, Paxling B, Cuijpers P, Andersson G. (2011). Therapist effects in guided Internet-delivered CBT for anxiety disorders. *Behavioural and Cognitive Psychotherapy, 39*, 311–322.

Andersson G. (2009). Using the Internet to provide cognitive behaviour therapy. *Behaviour Research and Therapy, 47*, 175–180.

Andersson G, Bergström J, Buhrman M, Carlbring P, Holländare F, Kaldo V, Nilsson-Ihrfelt E, Paxling B, Ström L, Waara J. (2008). Development of a new approach to guided self-help via the Internet. The Swedish experience. *Journal of Technology in Human Services, 26*, 161–181.

Andersson G, Carlbring P. (2010). Using communication channels to support Internet interventions. In J Bennett-Levy, H Christensen, P Farrand, K Griffiths, D Kavanagh, B Klein, M Lau, J Proudfoot, D Richards, J White, C Williams et al., editors. *Oxford guide to low intensity CBT interventions* (pp. 269-274). Oxford: Oxford University Press.

Andersson G, Carlbring P, Berger T, Almlöv J, Cuijpers P. (2009). What makes Internet therapy work? *Cognitive Behaviour Therapy, 38*(S1), 55–60.

Andersson G, Carlbring P, Furmark T, and on behalf of the SOFIE Research Group. (2012b). Therapist experience and knowledge acquisition in Internet-delivered CBT for social anxiety disorder: A randomized controlled trial. *PloS ONE, 7*(5), e37411.

Andersson G, Nilsson-Ihrfelt E, Strand Ekberg AK, Svensson L, Fjällskog M-L. (2006). *Breast cancer patients and oncologist attitudes towards Internet delivered self help.* Paper presented at the Second International Meeting for the International Society for Research on Internet Interventions, April 28–29, Karolinska Institute, Stockholm.

Andersson G, Paxling B, Wiwe M, Vernmark K, Bertholds Felix C, Lundborg L, Furmark T, Cuijpers P, Carlbring P. (2012a). Therapeutic alliance in guided Internet-delivered cognitive behavioral treatment of depression, generalized anxiety disorder and social anxiety disorder. *Behaviour Research and Therapy, 50,* 544–550.

Andrews G, Cuijpers P, Craske MG, McEvoy P, Titov N. (2010). Computer therapy for the anxiety and depressive disorders is effective, acceptable and practical health care: A meta-analysis. *PloS ONE, 5,* e13196.

Barak A, Hen L, Boniel-Nissim M, Shapira N. (2008). A comprehensive review and a meta-analysis of the effectiveness of Internet-based psychotherapeutic interventions. *Journal of Technology in Human Services, 26,* 109–160.

Barak A, Klein B, Proudfoot JG. (2009). Defining Internet-supported therapeutic interventions. *Annals of Behavioral Medicine, 38,* 4–17.

Barlow DH. (2010). Negative effects from psychological treatments. A perspective. *American Psychologist, 65,* 13–20.

Bendelin N, Hesser H, Dahl J, Carlbring P, Zetterqvist Nelson K, Andersson G. (2011). Experiences of guided Internet-based cognitive-behavioural treatment for depression: A qualitative study. *BMC Psychiatry, 11,* 107.

Bergman Nordgren L, Carlbring P, Linna E, Andersson G. (2013). Role of the working alliance on treatment outcome in tailored Internet-based cognitive behavioural therapy for anxiety disorders: Randomized controlled pilot trial. *JMIR Research Protocols, 2,* e4.

Bergström J, Andersson G, Karlsson A, Andreewitch S, Rück C, Carlbring P, Lindefors N. (2009). An open study of the effectiveness of Internet treatment for panic disorder delivered in a psychiatric setting. *Nordic Journal of Psychiatry, 63,* 44–50.

Burlingame GM, Fuhriman A, Johnson J. (2002). Cohesion in group psychotherapy. In JC Norcross, editor. *Psychotherapy relationships that work* (pp. 71-87). Oxford: Oxford University Press.

Busseri MA, Tyler JD. (2003). Interchangeability of the Working Alliance Inventory and Working Alliance Inventory, Short Form. *Psychological Assessment, 15,* 193–197.

Carlbring P, Nilsson-Ihrfelt E, Waara J, Kollenstam C, Buhrman M, Kaldo V, Söderberg M, Ekselius, L, Andersson G. (2005). Treatment of panic disorder: Live therapy vs. self-help via Internet. *Behaviour Research and Therapy, 43,* 1321–1333.

Choi I, Zou J, Titov N, Dear BF, Li S, Johnston L, Andrews G, Hunt C. (2012). Culturally attuned Internet treatment for depression amongst Chinese Australians: A randomised controlled trial. *Journal of Affective Disorders, 136,* 459–468.

Clark DM. (2011). Implementing NICE guidelines for the psychological treatment of depression and anxiety disorders: The IAPT experience. *International Review of Psychiatry, 23,* 318–327.

Cuijpers P, Donker T, van Straten A, Andersson G. (2010). Is guided self-help as effective as face-to-face psychotherapy for depression and anxiety disorders? A meta-analysis of comparative outcome studies. *Psychological Medicine, 40,* 1943–1957.

Cuijpers P, Marks I, van Straten A-M, Cavanagh K, Gega L, Andersson G. (2009). Computer-aided psychotherapy for anxiety disorders: A meta-analytic review. *Cognitive Behaviour Therapy, 38,* 66–82.

Dever Fitzgerald T, Hunter PV, Hadjistavropoulos T, Koocher GP. (2010). Ethical and legal considerations for Internet-based psychotherapy. *Cognitive Behaviour Therapy, 39,* 173–187.

Drummond MF, Sculpher MJ, Torrance GW, O'Brien BJ, Stoddart GL. (2005). *Methods for the economic evaluation of health care programmes* (3rd ed.). Oxford: Oxford University Press.

Farrer L, Christensen H, Griffiths KM, Mackinnon A. (2011). Internet-based CBT for depression with and without telephone tracking in a national helpline: Randomised controlled trial. *PLoS ONE, 6*(11), e28099.

Griffiths K, Farrer L, Christensen H. (2007). Clickety-click: e-mental health train on track. *Australasian Psychiatry, 15,* 100–108.

Gun SY, Titov N, Andrews G. (2011). Acceptability of Internet treatment of anxiety and depression. *Australasian Psychiatry, 19,* 259–264.

Hedman E, Andersson E, Ljótsson B, Andersson G, Rück C, Lindefors N. (2011). Cost-effectiveness of Internet-based cognitive behavior therapy vs. cognitive behavioral group therapy for social anxiety disorder: Results from a randomized controlled trial. *Behaviour Research and Therapy, 49,* 729–736.

Hedman E, Ljotsson B, Lindefors N. (2012). Cognitive behavior therapy via the Internet: A systematic review of applications, clinical efficacy and cost-effectiveness. *Expert Review of Pharmacoeconomics and Outcomes Research, 12*(6), 745–764.

Horvath AO, Del Re AC, Fluckiger C, Symonds D. (2011). Alliance in individual psychotherapy. *Psychotherapy, 48,* 9–16.

Humphreys K, Winzelberg A, Klaw E. (2000). Psychologists' ethical responsibilities in Internet-based groups: Issues, strategies, and a call for dialogue. *Professional Psychology: Research and Practice, 31,* 493–496.

International Union of Psychological Science. (2008). Universal declaration of ethical principles for psychologists. Retrieved August 2012 from http://www.am.org/iupsys/resources/ethics/univdecl2008.html

Johansson R, Andersson G. (2012). Internet-based psychological treatments for depression. *Expert Review of Neurotherapeutics, 12,* 861–870.

Jones RB, Goldsmith L, Hewson P, Kamel Boulos MN, Williams CJ. (2012). Do adverts increase the probability of finding online cognitive behavioural therapy for depression? Cross-sectional study. *BMJ Open, 2,* e000800.

Kaldo-Sandström V, Larsen HC, Andersson G. (2004). Internet-based cognitive-behavioral self-help treatment of tinnitus: Clinical effectiveness and predictors of outcome. *American Journal of Audiology, 13,* 185–192.

Kaltenthaler E, Sutcliffe P, Parr G, Beverley C, Rees A, Ferriter M. (2008). The acceptability to patients of computerized cognitive behaviour therapy for depression: A systematic review. *Psychological Medicine, 38,* 1521–1530.

Keeley H, Williams C, Shapiro, DA. (2002). A United Kingdom survey of accredited cognitive behaviour therapists' attitudes towards and use of structured self-help materials. *Behavioural and Cognitive Psychotherapy, 30,* 193–203.

Klein B, Austin D, Pier C, Kiropoulos L, Shandley K, Mitchell J, Gilson K, Ciechomski L. (2009). Internet-based treatment for panic disorder: does frequency of therapist contact make a difference? *Cognitive Behaviour Therapy, 38,* 121–131.

Knaevelsrud C, Maercker A. (2007). Internet-based treatment for PTSD reduces distress and facilitates the development of a strong therapeutic alliance: A randomized controlled clinical trial. *BMC Psychiatry, 7,* 13.

Marks I, Cavanagh K. (2009). Computer-aided psychological treatments: Evolving issues. *Annual Review of Clinical Psychology, 5,* 121−141.

Meyer TJ, Miller ML, Metzger RL, Borkovec TD. (1990). Development and validation of the Penn State Worry Questionnaire. *Behaviour Research and Therapy, 28,* 487−495.

Midkiff DM, Wyatt WJ. (2008). Ethical issues in the provision of online mental health services (Etherapy). *Journal of Technology in Human Services, 26,* 310−332.

Mohr DC, Siddique J, Ho J, Duffecy J, Jin L, Fokuo JK. (2010). Interest in behavioral and psychological treatments delivered face-to-face, by telephone, and by Internet. *Annals of Behavioral Medicine, 40,* 89−98.

Mora L, Nevid J, Chaplin W. (2008). Psychologist treatment recommendations for Internet-based therapeutic interventions. *Computers in Human Behavior, 24,* 3052−3062.

Murphy LJ, Mitchell DL. (1998). When writing helps to heal: email as therapy. *British Journal of Guidance and Counselling, 26,* 21−32.

Nordgreen T, Standal B, Mannes H, Haug T, Sivertsen B, Carlbring P, Andersson G, Havik OD. (2010). Guided self-help via Internet for panic disorder: Dissemination across countries. *Computers in Human Behavior, 26,* 592−596.

Palmqvist B, Carlbring P, Andersson G. (2007). Internet-delivered treatments with or without therapist input: Does the therapist factor have implications for efficacy and cost? *Expert Review of Pharmacoeconomics & Outcomes Research, 7,* 291−297.

Paxling B, Lundgren S, Norman A, Almlöv J, Carlbring P, Cuijpers P, Andersson G. (2013). Therapist behaviours in Internet-delivered cognitive behaviour therapy: Analyses of email correspondence in the treatment of generalized anxiety disorder. *Behavioural and Cognitive Psychotherapy, 41,* 280−289.

Richardson R, Richards DA, Barkham M. (2010). Self-help books for people with depression: The role of the therapeutic relationship. *Behavioural and Cognitive Psychotherapy, 38,* 67−81.

Ritterband LM, Gonder-Frederick LA, Cox DJ, Clifton AD, West R. W, Borowitz SM. (2003). Internet interventions: In review, in use, and into the future. *Professional*

Psychology: Research and Practice, 34, 527-534.

Robinson E, Titov N, Andrews G, McIntyre K, Schwencke G, Solley K. (2010). Internet treatment for generalized anxiety disorder: A randomized controlled trial comparing clinician vs. technician assistance. *PloS ONE, 5,* e10942.

Rozental A, Andersson G, Boettcher J, Ebert D, Cuijpers P, Knaevelsrud C, Ljótsson B, Kaldo V, Titov N, Carlbring P. (2014). Consensus statement on defining and measuring negative effects of Internet interventions. *Internet Interventions, 1,* 12-19.

Ruwaard J, Lange A, Schrieken B, Emmelkamp P. (2011). Efficacy and effectiveness of online cognitive behavioral treatment: A decade of interapy research. *Studies in Health Technology and Informatics, 167,* 9-14.

Sanchez-Ortiz VC, Munro C, Startup H, Treasure J, Schmidt U. (2011). The role of email guidance in Internet-based cognitive-behavioural self-care treatment for bulimia nervosa. *European Eating Disorders Review, 19,* 342-348.

Sorbi MJ, van der Vaart R. (2010). User acceptance of an Internet training aid for migraine self-management. *Journal of Telemedicine and Telecare, 16,* 20-24.

Spek V, Cuijpers P, Nyklicek I, Riper H, Keyzer J, Pop V. (2007). Internet-based cognitive behaviour therapy for symptoms of depression and anxiety: A meta-analysis. *Psychological Medicine, 37,* 319-328.

Spence J, Titov N, Solley K, Dear BF, Johnston L, Wootton B, Kemp A, Andrews G, Zou J, Lorian C, Choi I. (2011). Characteristics and treatment preferences of people with symptoms of posttraumatic stress disorder: An Internet survey. *PloS ONE, 6*(7), e21864.

Stallard P, Richardson T, Velleman S. (2010). Clinicians' attitudes towards the use of computerized cognitive behaviour therapy (cCBT) with children and adolescents. *Behavioural and Cognitive Psychotherapy, 38,* 545-560.

Ström L, Pettersson R, Andersson G. (2000). A controlled trial of self-help treatment of recurrent headache conducted via the Internet. *Journal of Consulting and Clinical Psychology, 68,* 722-727.

Tarrier N, editor. (2006). *Case formulation in cognitive behaviour therapy.* London: Routledge.

Titov N. (2010). Email in low intensity CBT interventions. In J Bennett-Levy, H

Christensen, P Farrand, K Griffiths, D Kavanagh, B Klein, M Lau, J Proudfoot, D Richards, J White, C Williams, editors. *Oxford guide to low intensity CBT interventions* (pp. 287–293). Oxford: Oxford University Press.

Titov N, Andrews G, Davies M, McIntyre K, Robinson E, Solley K. (2010a). Internet treatment for depression: A randomized controlled trial comparing clinician vs. technician assistance. *PloS ONE, 5,* e10939.

Titov N, Andrews G, Kemp A, Robinson E. (2010b). Characteristics of adults with anxiety or depression treated at an Internet clinic: Comparison with a national survey and an outpatient clinic. *PLoS ONE, 5,* e10885.

Titov N, Andrews G, Schwencke G, Solley K, Johnston L, Robinson E. (2009). An RCT comparing the effects of two types of support on severity of symptoms for people completing Internet-based cognitive behaviour therapy for social phobia. *Australian and New Zealand Journal of Psychiatry, 43,* 920–926.

Waller G. (2009). Evidence-based treatment and therapist drift. *Behaviour Research and Therapy, 47,* 119–127.

Wampold BE. (2001). *The great psychotherapy debate. Models, methods, and findings.* Mahwah, NJ: Lawrence Erlbaum.

Wangberg SC, Gammon D, Spitznogle K. (2007). In the eyes of the beholder: Exploring psychologists' attitudes towards and use of e-therapy in Norway. *Cyberpsychology & Behavior, 10,* 418–423.

Warmerdam L, Smit F, van Straten A, Riper H, Cuijpers P. (2010). Cost-utility and cost-effectiveness of Internet-based treatment for adults with depressive symptoms: Randomized trial. *Journal of Medical Internet Research, 12*(5), e53.

Watkins PL. (2008). Self-help therapies: Past and present. In PL Watkins, GA Clum, editors. *Handbook of self-help therapies* (pp. 1-24). New York: Routledge.

Webb CA, DeRubeis RJ, Barber JP. (2010). Therapist adherence/competence and treatment outcome: A meta-analytic review. *Journal of Consulting and Clinical Psychology, 78,* 200–211.

Wells M, Mitchell KJ, Finkelhor D, Becker-Blease KA. (2007). Online mental health treatment: concerns and considerations. *CyberPsychology & Behavior, 10,* 453–459.

Whitfield G, Williams C. (2004). If the evidence is so good–why doesn't anyone use them? A national survey of the use of computerized cognitive behaviour therapy.

Behavioural and Cognitive Psychotherapy, 32, 57-65.

Wootton BM, Titov N, Dear BF, Spence J, Kemp A. (2011). The acceptability of Internet-based treatment and characteristics of an adult sample with obsessive compulsive disorder: An Internet survey. *PLoS ONE, 6,* e20548.

Zack JS. (2008). How sturdy is the digital couch? Legal considerations for mental health professionals who deliver clinical services via the Internet. *Journal of Technology in Human Services, 26,* 333-359.

더 읽을거리

Abbot J-AN, Klein B, Ciechomski L. (2008). Best practices in online therapy. *Journal of Technology in Human Services, 26,* 360-375.

Andersson G. (2010). The promise and pitfalls of the Internet for cognitive behavioural therapy. *BMC Medicine, 8,* 82.

Andersson G, Carlbring P, Berger T, Almlöv J, Cuijpers P. (2009). What makes Internet therapy work? *Cognitive Behaviour Therapy, 38*(S1), 55-60.

Dever Fitzgerald T, Hunter PV, Hadjistavropoulos T, Koocher, GP. (2010). Ethical and legal considerations for Internet-based psychotherapy. *Cognitive Behaviour Therapy, 39,* 173-187.

가이드 ICBT: 우울증

사례 및 도입

린다는 10대에 부모와 함께 다른 도시로 이사를 가게 되어 전학해야만 했을 때 우울함을 느꼈다. 그녀는 그 시기를 막연하게 기억할 뿐이었으며, 그리 오래 지속된 것도 아니었다. 이제 그녀는 30대 후반이며 두 자녀를 두고 경제적으로도 안정되어 행복한 결혼 생활을 누리고 있었다. 그러나 3개월 전에 직장에서 대규모 구조조정이 있었고, 그 이후로 우울증이 생겨났다. 그녀는 일을 쉬면서 휴가를 받았지만 집에만 있었다. 그녀는 공황장애로 치료를 받았던 한 친구로부터 인터넷 정신건강의학과에 대한 이야기를 들은 뒤 그곳에 연락해 보기로 결심했다. 그녀는 스톡홀름주에 살고 있었기 때문에 즉시 예약할 수 있었고, 4일 후에 정신건강의학과 수련의를 만나 보라는 연락을 받았다. 그녀는 약물치료를 썩 원하지 않았고 또 "그렇게 심하게 안 좋은 건 아니에요."라고 말했기 때문에 의사는 인터넷 치료를 추천하였다. 다음 단계로 일주일 후에 인터넷 정신건강의학과에 방문했을 때는 심리학자를 만나게 되었다. 심리학자는 그녀를 다시 한 번 면접하였고, 우울증 프로그램에 대해 소개했다. 심리학자는 그녀에게 컴퓨터 시스템에 대해 보여 주었으며, 자신이 프로그램 내내 그녀를 안내할 사람이라고 알려 주었다. 그녀는 이전에 인터넷 치료에 대해 들어 본 적이 있지만, 치료에 많은 작업이 필요하기 때문에 원격으로 진행된다는 점을 제외하면 심리학자를 만나서 하는 치료와 기본적으로는 동일한 것임을 알지 못했다. 그녀는 다소 피곤함을 느끼고 치료에 대한 긴장감이 생기기도 하였지만, 동시에 꾸준히 진행하면 일상으로 복귀할 수 있을 거라는 격려도 받았다. 이후 10주 동안 그녀는 프로그램을 진행했으며, 특히 행동활성화 부분에서 도움을 받았다. 사고와 신념에 대해 작업하는 부분이 처음에는 다소 낯설게 느껴졌으나 나중에는 그것이 특히 일과 관련해서는 꼭 필요한 작업임을 깨닫게 되었다. 그녀는 2개월이 지난 후에 인터넷 정신건강의학과를 다시 방문하였는데, 이 추수면접은 치료 시작 시점부터 계획된 것이었으며 이때는 기분이 훨씬 나아져 있었다. 그녀는 대부분의 작업을 스스로 해냈다고 느꼈지만, 활성화 스케줄을 완전 망쳐서 거의 포기하고자 했던 시점에 치료자에게 받은 지원은 큰 도움이 되었다고 하였다.

가이드 ICBT를 통해 우울증은 어떻게 치료되는가

이 장에서는 우울증의 가이드 ICBT 프로그램이 어떻게 구성되었는지에 대해 좀 더 자세하게 다룬다. 아마 독자들 대부분은 DSM-IV[1]의 주요우울장애 진단 기준에 대해 잘 알고 있을 것이다. 그러나 다시 한 번 소개하면 다음과 같다. 주요우울장애를 앓는 사람은 유의미한 우울 증상을 경험해야 한다. 이 증상은 우울한 기분 또는 일상생활에서 흥미나 활력의 상실 중 하나를 포함한다(적어도 2주 이상). 기분 변동은 정상 기능으로부터 변동이 있으면서 여러 삶의 영역에 걸쳐 나타나야 한다. 기타 우울 증상으로는 다이어트를 하지 않음에도 불구하고 체중 감소가 있거나 체중이 증가, 불면이나 과다수면, 정신운동성 초조나 지체, 피로 또는 활력 상실, 무가치감 또는 과도하거나 부적절한 죄책감, 사고력이나 집중력의 감소 또는 우유부단함, 죽음에 대한 반복적인 생각 또는 구체적 계획 없이 반복되는 자살사고나 자살시도 또는 자살 수행에 대한 구체적 계획 등이 나타날 수 있다. 또한 달리 설명되지 않으며(약물로 인한 기분저하), 증상은 거의 매일 겪는 것이어야 한다. 주요우울장애는 사람을 무력하게 만드는 심각한 건강문제이다.

〈표 6-1〉에 제시되었던 추천사항들은 우울증에 대해서도 적용된다. 따라서 과제 할당, 과제에 대한 피드백 및 과제 완료에 대한 마감일 설정은 프로그램에 포함되어야 하는 중요한 측면들이다. 〈표 7-1〉에 무작위 대조연구에서 검증된 프로그램들의 개요를 제시하였다. 이 표에 소개되지 않은 다른 프로그램이나 다른 버전의 프로그램들이 있긴 하지만 여기서의 초점은 표에 제시된 것들에 한정한다.

---

1) 역자 주: DSM(Diagnostic and Statistical Manual of Mental Disorders)은 미국정신의학회가 발간한 『정신질환의 진단 및 통계 편람』을 의미한다.

디프렉시스는 5장에서 언급한 가이드 없는 프로그램인데, 가이드 있는 방식으로 검증되었을 때도 좋은 성과를 보였다(Berger et al., 2011). 무드짐 역시 가이드 있는 방식으로 검증되었으나(Farrer et al., 2011), 본래 주요 사용 방식은 가이드 없는 방식이며, 그 내용은 5장에 제시되어 있다. 여기서는 주로 가이드 ICBT 방식으로 전달되는 프로그램들에 초점을 맞춘다. 네덜란드의 컬러유어라이프 프로그램은 기존 연구에서 가이드 있는 프로그램으로 사용되었으므로 여기에 포함시켰다. 우울증의 인터넷 전달 치료에 대한 많은 연구가 있었으나(Richards & Richardson, 2012; Johansson & Andersson, 2012), 가이드 있는 방식의 ICBT로 계획된 프로그램은 그리 많지 않다. 〈표 7-1〉에서 제시한 프로그램들 각각에 대하여 간략하게 소개하고자 한다.

〈표 7-1〉 우울증 가이드 ICBT 프로그램의 요소

프로그램과 개발국가	기간과 모듈 및 강좌 수	주요 내용	제시 방식	사용지원 참고문헌 예
우울증에서 벗어나기 (Out of depression; DAVID) 스웨덴	• 8주 • 다섯 개 모듈 • 후에 Vernmark 등(2010)이 일곱 개 모듈로 개선함	• 심리교육 • 행동활성화 • 인지적 기법들 • 불면증 • 재발방지	• 다운로드 가능한 PDF 파일 • 이메일을 통한 가이드 • 과제 할당	Andersson et al. (2005)
재발방지 프로그램 (Relapse prevention program; ISIDOR) 스웨덴	• 10주 • 아홉 개 기본 모듈 및 보다 세부적 정보를 제공하는 일곱 개 선택 모듈	• 심리교육 • 정적 강화된 활동 추가하기 • 부적 강화된 활동 다루기 • 인지재구조화 • 수면 개선하기 • 마음챙김 • 불안 감소하기 • 신체활동 • 장기 목표 설정	• 다운로드 가능한 PDF 파일 및 화면 제시 문자 자료 • 보안접속 시스템을 활용하여 과제 및 가이드 제공	Holländare et al. (2011)

맞춤식 우울증 인터넷 치료(Tailored Internet intervention for depression; Taylor) **스웨덴**	• 10주 내외로 탄력적 운용 • 증상의 양상에 따라 처방된 25개 모듈 • 네 개 고정 모듈 −심리교육 −인지재구조화 −안전행동 −재발방지	• 우울, 공황, 사회불안, 걱정, 트라우마, 스트레스 관리, 집중력 문제, 문제해결, 마음챙김 및 이완 모듈	• 상동	Johansson et al. (2012a)
우울증 지원 (Depressionshjälpen) **스웨덴**	• 8주 • 일곱 개 모듈	• 심리교육 • 활동과 안녕감의 연계 • 다양한 활동 및 강화의 역할 이해하기 • 인생에 변화 만들기 • 사고와 감정 • 연습 반복하고 지속하기 • 재발방지	• 문자, 영상, 애니메이션 등으로 모듈 제작 • 양방향 웹페이지 • 마음챙김과 수용 시행방법 안내 CD • 보안접속 시스템을 활용하여 과제 및 이메일 지원	Carlbring et al. (2013)
새드니스 프로그램 (Sadness program) **호주**	• 8주 • 여섯 개 온라인 수업	• 행동활성화 • 인지재구조화 • 문제해결 • 주장훈련	• 삽화로 된 사례 이야기, 출력 가능한 요약본, 추가 읽기 자료(수면, 공황 및 기타 공병문제들)를 활용한 온라인 수업 • 이메일을 통한 치료자 지원, 자동화된 알리미	Perini et al. (2009)

웰빙프로그램 (Wellbeing program) 호주	• 10주 • 여덟 개 온라인 수업	[우울증에 초점을 맞춘 범진단 프로 그램] • 심리교육 • 인지치료 • 신체 증상 조절 • 행동활성화 • 점진적 노출 • 인지치료 부가 자료(예: 핵심 신념) • 문제해결 • 재발방지	• 상동 및 아래 내 용 추가 '현장의 목소리 (환자 사례)'와 FAQ • 각 수업에 대한 온라인 토론 포 럼	Titov et al. (2011)
우울증 인터라피 (Interapy depression) 네덜란드	• 11주 • 여덟 개 치료 국 면	[지시문이 있는 여덟 개 국면] • 인식 도입: 쓰기 • 인식 도입: 관찰 • 활동 구조화하기 • 부정적 사고에 도전하기 • 행동실험 • 긍정적인 자기 언어 • 사회기술 • 재발방지	• 참여자들을 위 한 양방향 워크 북과 치료자를 위한 지침서 • 시스템 내 이메 일을 통한 소통 • 과제 할당	Ruwaard et al. (2009)
컬러유어라이프 (Colour Your Life) 네덜란드	• 8주 • 여덟 개 수업 및 추수수업	• 심리교육 • 인지재구조화 • 행동변화 • 이완 • 사회기술 • 재발방지	• 문서, 연습, 영 상과 삽화 • 치료자의 피드백	Warmerdam et al. (2008)

스웨덴에서 개발된 최초의 프로그램인 우울증에서 벗어나기(DAVID) 프로
그램은 행동활성화와 인지재구조화에 근거한 프로그램으로, 특히 행동활성화

를 강조하였다. 이것은 순전히 문자 기반의 치료였으며, 그 문서들은 추후 자가치료 도서로 출간되었다(Andersson et al., 2007). Lewinsohn의『우울 조절하기(Control Your Depression)』(Lewinsohn et al., 1986)에서 영감을 얻어서 행동활성화와 인지적 요소를 함께 포함시키게 되었으며 인지재구조화도 포함시켰으나 핵심신념에 대해 작업하기(Beck, 1995)는 포함시키지 않았다. 우리는 또 불면증 모듈을 포함시키기로 결정하였는데, 이것은 불면증이 흔히 나타나는 공병문제이기 때문이다. 추후 개선된 버전의 치료에는 목표 설정 및 가치화 요소가 포함되었으나, 치료의 주요소는 여전히 같았다.

새로운 연구 이후 그리고 치료가 임상 장면에서 수행될 때(스톡홀름의 인터넷 정신건강의학과의 경우)는 지침서를 업데이트하는 것이 중요하다. 문서 단락이 불명확할 수도 있고, 삽화를 개선해야 할 필요성이나 또는 지침서의 길이를 늘리거나 줄여야 할 필요성, 그 밖에 개선해야 할 요소들이 있을 수 있다. 물론 이것은 치료 지침서의 안정성과 상충되기는 하지만, 치료작업을 담당한 임상가들이 알게 된 것들을 반영하는 것 또한 중요하다. 이런 식으로 우리는 맞춤식 치료를 만들어 왔는데, 맞춤식 치료의 경우 업데이트되고 새로운 치료 모듈에 대해 계속 고민해야 한다.

〈표 7-1〉에 제시된 스웨덴의 두 번째 프로그램은 재발방지 프로그램(ISIDOR)으로, 이는 기존에 적어도 한 번 이상 우울 에피소드를 겪은 사람들을 대상으로 우울의 재발을 막기 위한 목적으로 개발되었다. 마음챙김 기반의 인지치료(Segal et al., 2002)가 우울의 재발을 막는 유망한 치료법으로 밝혀지고 있기에(비록 연구 결과들이 혼재되어 있는 상태지만), 우리는 치료의 구성요소에 마음챙김을 포함시키기로 결정하였다. 이 프로그램은 부분 관해된 환자 집단에서 재발의 위험성을 감소시켜 주는 것으로 나타났다(Holländare et al., 2011)

우울은 불안장애나 건강염려와 같은 문제들과 공병률이 높으므로, 우리는 내담자의 현재 관심사, 문제, 선호도, 동기 등에 따라 치료 자료들을 재단하는 맞춤식 접근법을 개발하였다. 〈표 7-1〉에 나타난 바와 같이 다양한 치료 모듈이 이 프로그램에 포함되어 있다. 현재 이 프로그램의 시스템에는 전산화된 평가가 포함되어 있고 맞춤식 진행을 위한 임상가 전화면접이 실시된다. 세 개의 모듈은 고정되어 있는데, 이는 각각 심리교육, 인지재구조화 그리고 안전행동에 대한 것들이다. 그리고 마지막 재발방지 모듈 역시 거의 모든 내담자를 대상으로 제시된다. 그러나 이 모듈들 사이에는 다른 내용들이 맞춤식으로 제공되며, 내담자들이 정해진 시간 동안 얼마만큼의 모듈을 완료하느냐에 따라 모듈의 개수도 달라질 수 있다.

스웨덴의 네 번째 프로그램은 우울증 지원(Depressionhjälpen)이라고 불리는데, 이것은 사이콜로그파트너스(Psykologpartners)라는 회사에서 개발하였으며, 문자를 줄이고 양방향의 특징을 강화했다는 점에서 기존의 우울 프로그램과 차별화되었다. 특히 이 프로그램은 행동활성화에 초점을 맞추었는데, 행동활성화는 우울에 대한 근거기반 치료 기법으로 알려져 있다(Cuijpers et al., 2007a). 한 대조연구에서 이 프로그램의 우수한 성과가 입증되었다(Carlbring et al., 2013).

호주의 새드니스 프로그램(Sadness program)은 스웨덴식 문자 기반 프로그램들과 차별화되어 있다. [그림 7-1]에 이 프로그램의 예를 소개하였다. 다른 우울 프로그램들과 마찬가지로, 이 프로그램에는 행동적 개입과 인지적 개입 그리고 문제해결 기법이 모두 포함되어 있다.

주제 요약

여기서 다루는 주제들 목록은 다음과 같습니다.
하나씩 확인하면서 진행하시고, 각 부분을 모두 완료해 주세요.

1. 우울증에 대한 설명
2. 우울의 악순환
3. 어떻게 우울을 치료할 수 있는가?
4. 약물치료
5. 당신의 우울 증상은?
6. 요약

[그림 7-1] 호주의 새드니스 프로그램 예시
(http://thiswayup.org.au/self-help/learn-about-self-help/depression/#Depression)

보다 최근에는 범진단적 프로그램인 웰빙프로그램(Wellbeing program)이 등장하였는데(Titov et al., 2011), 이것은 불안과 우울 공병문제를 다루는 프로그램의 예이다([그림 7-2] 참조). 우울에 특화된 프로그램과 직접 비교된 적은 없지만, 이 프로그램은 효과와 수용도 측면에서 유망하다.

[그림 7-2] 웰빙프로그램 코스 예시

인터라피(Interapy)는 또 다른 개별 프로그램이다. 〈표 7-1〉에서 소개한 바와 같이 이 프로그램은 매우 길고, 상당한 치료자 접촉과 함께 많은 과제를 포함하고 있다. 그래서 이 치료에서 내담자는 22~44시간 정도를 소요하며, 치료자 시간 소요도 7~14시간 정도 된다. 이로 미루어 볼 때 인터라피에 더 많은 치료요소가 포함되어 있는 것은 놀라울 것이 없다.

그러나 어쨌든 대부분의 가이드 ICBT의 경우와 마찬가지로 치료자 접촉은 비동시적으로 이뤄지며 주로 문서 자료를 통해 작업이 진행된다.

이 밖에도 다양한 우울증 프로그램들이 있으며 그 수는 꾸준히 증가하고 있다. 그러나 가장 많이 연구된 것들은 여기서 다룬 프로그램들이다. 개관에서 확인한 바와 같이, 이 프로그램들은 내용에서 조금씩 차이가 있으나 CBT의 공통 요소들을 공유하고 있다. 이제는 우울증 ICBT의 전반적인 효과를 살펴보자.

우울증에 대한 가이드 ICBT의 효과

체계적 개관 및 메타분석

연구 수가 급속히 증가하는 것과 함께 연구 결과를 정리하려는 움직임도 병행되고 있다. 체계적인 개관 및 메타분석 연구가 몇 개 출간되었으나, 대부분은 ICBT에만 초점을 두기보다는 여타 전산화된 치료들을 함께 다루고 있다. 한 예로, 저자 및 저자의 동료인 암스테르담의 Pim Cuijpers 교수가 발표한 메타분석 개관(Andersson & Cuijpers, 2009)을 들 수 있다. 문헌 검색 및 코딩을 거쳐 우리는 총 2,446명의 참여자가 참여한 12개의 연구를 개관에 포함시켰다. 12개 연구 중 10개는 인터넷을 통해 전달된 것이었다. 사후평가에서 인터넷 기반 및 기타 전산화된 심리치료를 통제집단과 비교한 열다섯 가지 비교의 평균 효과크기(Cohen's d)는 0.41로 나타났다. 그러나 이 수치의 대표성은 떨어질 수 있는데, 지원이 있는 치료(d=0.61)와 지원이 없는 치료(d=0.25)의 유의미한 차이에 의해 효과가 조절되기 때문이다.

좀 더 최근에 Richards와 Richardson(2012)이 수행한 메타분석 개관에서도 역시 유사한 효과크기인 d=0.56이 나왔다(19개 연구에 근거함). Andersson과 Cuijpers(2009)의 연구와 일치하게 지원이 있는 치료의 성과가 더 좋았고 효과도 더 오래 유지되었다. Johansson과 Andersson(2012) 또한 체계적인 개관연구를 수행하였는데, 이들은 단지 ICBT 치료에만 초점을 맞추었다. 정식 메타분석은 하지 않았지만 이 개관연구에서 효과크기를 계산하기는 하였다. 연구 결과, 지원의 수준과 연구 성과 간에 뚜렷한 선형상관이 관찰되었다(스피어만 상관계수 p=0.64). 치료 전이나 치료 도중 치료자와 접촉이 전혀 없는 경우의 효과크기는 d=0.21이었고, 치료 전에만 내담자와 접촉한 경우의 효과크기는 d=0.44였으며, 치료 도중에만 접촉한 경우의 효과크기는 d=0.58이었고, 치료 전과 치료 도중에 모두 접촉한 경우의 효과크기는 d=0.76으로 나타났다(Johansson & Andersson, 2012).

ICBT vs. 면대면 치료

ICBT를 치료 옵션으로 제시할 때 결정적인 질문이라면 면대면 치료법과 비교하여 치료 효과가 얼마나 좋을 것이냐 하는 것이다. 이에 대한 연구는 많지 않지만 Cuijpers 등(2010)의 개관연구에서 언급한 바와 같이 효과는 거의 동등하다고 알려져 있다. Spek 등(2007)은 준 우울증 수준의 201명을 모집하여 ICBT 조건, 집단 CBT 조건 그리고 대기자 통제집단에 무선 할당하였다. 이것은 우울증의 ICBT와 면대면 치료법에 대한 가장 큰 규모의 비교연구이다. 연구 결과, 두 능동 치료법 모두 효과가 있었으며(ICBT 효과크기는 $d=1.0$, 집단 CBT 효과크기는 $d=0.65$), 두 치료법 간 의미 있는 차이는 없었다. 그리고 두 능동 치료법은 모두 통제집단에 비해 효과적이었다. 그런데 이 연구에서는 주요우울증으로 진단된 사람들이 아닌 준 우울증 수준에 초점을 맞추었다는 점이 중요하다. 저자가 속한 연구집단이 시행한 소규모 비교연구에서는 경도에서 중등도 수준의 우울증 환자들을 가이드 ICBT 조건(33명)과 면대면 집단치료 조건(36명)에 무선 할당하였다(Andersson et al., 2013b). 치료를 마친 후 1년 그리고 3년 시점에서 추수관찰이 이루어졌는데, 이것은 무선 할당이 이루어진 연구 중 가장 긴 추수관찰 기간을 가진 것이었다. 사후평가 시점에서 ICBT 조건의 집단내 효과크기는 $d=1.46$으로 큰 편이었으며, 3년 추수관찰 시점에서도 $d=1.78$로 비슷하게 큰 수준이었다. 집단 CBT 조건의 집단내 효과크기는 각각 $d=0.99$와 $d=1.34$였다. 정리하면, 가이드 ICBT는 집단 CBT에 비해 효과가 떨어지지 않는 것으로 보인다.

개별 연구

ICBT의 흥미로운 측면 중 하나는 연구가 여러 나라에서 수행된다는 점과 미국에 의해 주도되지 않는다는 점일 것이다. 우울증 가이드 ICBT의 최초 통제연구 중 하나는 저자가 속한 연구자 집단에 의해 스웨덴에서 수행되었다(Andersson et al., 2005). 이후 스웨덴 연구자들은 추가 연구들을 실시하여 유사한 결과를 얻었으며, 대기자 통제집단과 비교하여 큰 집단간 효과크기가 나왔다.

최근에 추가된 사항으로는 환자가 보고하는 증상에 따라 구성된 맞춤식 치료의 효과를 검증하는 문헌이 있다(Johansson et al., 2012). 이 연구에는 총 121명이 참여하였는데, 연구자들은 맞춤식 ICBT 조건, 맞춤식이 아닌 표준형 ICBT 조건 그리고 온라인 토론 집단의 형식으로 진행된 통제집단을 비교하였다. 참여자들은 주요우울증으로 진단되긴 하였지만 다양한 공병증상을 가지고 있었다. 이것은 우울증 환자에게는 일반적인 현상이며, 주로 호소하는 공병문제는 불면증이나 불안 등이다. 다른 ICBT 연구들과 마찬가지로 치료 기간은 10주 정도로 짧았다. 〈표 7-1〉에서 소개한 바와 같이, 맞춤식 치료에는 25개의 치료 모듈이 있으나 그중 세 개는 맞춤식 조건의 모든 참여자에게 고정으로 제공되었다. 예상한 바와 같이, 두 능동 치료 조건 모두에서 유의미한 향상이 나타났고 효과는 6개월 추수관찰 시점에서도 유지되었다. 연구자들은 좀 더 나아가 치료 하위집단들을 비교하였다. 분석 결과, 기저선에서 우울증 수준이 높았던 참여자들(공병문제들도 더 많았음)의 경우 표준형 ICBT에 비해 맞춤식 ICBT가 우울 증상 감소 및 회복률 측면에서 더 효과적이었다. 이 연구는 부가적인 증상을 호소하는 복잡한 우울증 사례의 경우 맞춤식 치료가 더 효과적일 수 있음을 시사한다.

공병증상을 다루는 또 다른 방법은 진단 특정적인 속성이 약한 치료법을 사용하는 것이다. 〈표 7-1〉에서는 범진단적 웰빙프로그램의 내용이 간략히 제시되어 있다. 범진단적 프로그램의 장점 중 하나는 공병증상이 있는 사람과 없는 사람 모두에게 공통적으로 효과적인 핵심 치료요소를 제공할 수 있다는 점이다. 〈표 7-1〉에 제시된 프로그램은 우울증에 맞게 조정된 것이기는 하지만(Titov et al., 2011), 이 프로그램에 대한 연구도 진행된 바 있다(예: Johnston et al., 2011). 웰빙프로그램의 경우 또 다른 혁신적인 특징들이 있다. 연구논문에 기술된 바와 같이 이 프로그램은 여덟 개의 온라인 수업으로 구성되어 있으며, 각 수업에 대해 요약 제시 및 할당 과제가 있고 온라인 토론 포럼도 있다. 그리고 자동화된 알림과 연락 이메일이 정기적으로 발송된다.

맞춤식과 범진단적 접근에서 흥미로운 점 하나는 연구자들이 자기주장 기술,

건강불안, 수면 개선 전략 등에 대한 부가적 읽기 자료를 제공한다는 점이다. 신뢰성을 높이고 문제점들을 해결하기 위해 연구진은 수업에서 소개한 기술 활용에 대해 자주 묻는 질문(FAQ) 및 대답을 정리하여 제시하였으며, 이전 ICBT 프로그램에서 치료 관련 주제에 대해 참여자들이 올렸던 포럼 게시글 모음인 '현장의 목소리(Stories from the Frontline)'를 제공하기도 하였다. 저자가 아는 한 이런 시도는 이전에 없었으며, 새로운 윤리적 문제가 생길 수 있으므로 게시글을 수정하여 익명성을 보장하는 방식을 고민해야 할 것이다.

Titov와 Andrews를 선임연구자로 하는 호주 연구집단이 창의적인 연구를 진행한 것도 있는데, 한 예로는 우울한 중국계 호주인 대상 ICBT의 효능 및 수용가능성을 탐색한 연구를 들 수 있다. 연구진은 새드니스 프로그램을 번안하여 중국인 집단에 맞게 적용하였다(Choi et al., 2012). 참여자들은 치료조건과 대기자 조건에 무선 할당되었다. 새드니스 프로그램을 번역하는 것에 더하여 연구진은 부가적인 읽기 모듈을 제공하였으며, 매주 표준중국어와 광둥어로 전달되는 전화지원도 제공하였다. 연구 결과, 우울증 측정치에서 집단간 치료 효과크기가 큰 것으로 나타났다(d=0.93).

우울 증상 외에도 번안된 ICBT 프로그램의 예는 더 있으며(Wagner et al., 2012), 스웨덴에서는 쿠르드인 이민자들을 위한 연구를 수행하여 우울 프로그램을 쿠르드어로 번안하기도 하였다. 연구 결과, 우울 측정치에서 집단간 효과크기는 d=1.29로 크게 나타났다.

우울증의 가이드 ICBT에 대해 중요한 주제 또 한 가지는 이 치료법이 다양한 연령대에 어떻게 활용되느냐 하는 것이다. 준 우울증 노인 집단을 대상으로 한 Spek 등(2007)의 연구 외에 호주 노인 20명이 참가한 '기분 다스리기 프로그램'이라는 단축형 ICBT 프로그램에 대한 공개연구가 있었으며, 연구 결과에서는 프로그램이 효과가 있는 것으로 나타났다(Dear et al., 2013).

청소년과 아동 대상의 우울증 가이드 ICBT에 대해 수행된 연구는 많지 않으나 예외적으로 van der Zandern 등(2012)의 연구가 있다. 이들 네덜란드 연구진은 우울 증상을 보이는 244명의 젊은 연령 집단(16~25세)에게 가이드 웹 기반 집단과정인 기분 극복하기(Master Your Mood)를 실시하고 효과성을 살펴보았다. 이 연구는 우울증으로 진단받은 참여자에게 국한된 것은 아니었다. 연구 결과, 치료를 받은 참여자들은 통제집단에 비해 더 많이 향상되었으며, 집단간 효과크기는 $d=0.94$로 크게 나타났다.

그리고 우울은 재발이 흔한 장애이다. 따라서 우울의 재발을 예방할 수 있는 비용-효과적인 치료법의 개발이 필요하다. 〈표 7-1〉에서 소개한 재발방지 프로그램(ISIDOR)은 그 예가 된다. Holländare 등(2011)은 우울증 잔류증상이 있는 84명을 대상으로 연구를 수행하였는데, 이들은 이전에 우울 에피소드로 치료받은 적이 있는 사람들이었다. 치료는 10주간 진행되었고, 참여자들은 ICBT 조건과 통제집단에 무선 할당되었다. 연구 결과, ICBT 집단의 참여자들 중 재발을 경험한 사람은 통제집단에 비해 훨씬 적었다. 효과는 6개월 및 2년 추수관찰 시점까지도 지속되었다(Holländare et al., 2013). 이 연구는 가이드 ICBT가 우울의 재발을 예방할 수 있음을 보여 주는 첫 번째 연구라는 점에서 의미가 있다.

Carlbring 등(2013)은 또 다른 스웨덴식 프로그램의 효과를 검증하였다. 〈표 7-1〉에 소개된 바와 같이, 이 치료법은 행동활성화에 기반을 두었으며, 마음챙김 및 수용 기반 CBT의 요소들을 도입하였다. 연구에서 80명의 참여자는 치료집단과 대기자 통제집단으로 무선 할당되었다. 치료는 8주간 지속되었으며, 3개월 추수평가가 시행되었다. 치료는 우리 연구집단의 기존 치료법에 비해 양방향적 요소가 좀 더 가미되면서 문자 기반 속성은 약해졌는데, 우울 성과 측정치(벡 우울 척도)에서 집단간 효과크기는 $d=0.98$로 크게 나타났다. 이 결과는 가이드 ICBT에서 문서 자료의 비중이 줄어도 효과가 감소하지 않음을 보여 주는 것이다.

네덜란드에서 개발된 우울증의 인터라피 치료에 대한 대조연구가 최소 하나는 있다. 〈표 7-1〉에 사용된 프로그램에 대해서 기술되어 있다. 연구진은 54명의 우울한 사람을 대상으로 참여시켰고 18개월 추수관찰을 하였다. 참여자들은 13주 즉각 치료조건 또는 대기자 통제집단에 무선 할당되었다. 다른 연구와 유사하게 사후평가에서 벡 우울 척도로 측정한 집단간 효과크기는 $d=0.70$으로 큰 것으로 나타났다.

컬러유어라이프는 네덜란드식 가이드 없는 치료법으로 효과가 검증된 바 있다(앞 장 참조). Warmerdam 등(2008)은 우울 증상이 있는 263명의 참여자를 모집하여 우울 대처하기 과정(CBT) 조건, 문제해결치료(Problem-Solving Therapy: PST) 조건 및 대기자 통제집단의 세 조건으로 무선 할당하였다. 12개월 추수관찰 시점에서 두 능동 치료 조건과 통제조건 사이에 중등도 수준의 효과크기가 나타났다(CBT 조건 d=0.69, PST 조건 d=0.65). 컬러유어라이프 프로그램의 변형 버전에 대한 대조연구가 당뇨병이 있는 우울증 환자들(255명)을 대상으로 진행되기도 하였다. 연구 결과, 대기자 통제집단과 비교할 때 낮은 수준의 집단간 효과크기(d=0.29)가 관찰되었다(van Bastelaar et al., 2011).

많은 프로그램에서 유사한 효과가 나오고 있지만(예: 대기자 집단과 비교할 때 중등도부터 큰 수준까지의 효과) 프로그램들 간에 직접 비교한 연구는 거의 없기 때문에 명확한 결론을 내리기에는 섣부른 감이 있다. 몇몇 연구에서 치료법들을 직접적으로 비교한 바 있다. 예를 들어, Vernmark 등(2010)은 이메일 기반 개별 치료를 시간 소요가 적은 가이드 자가치료와 비교하였다. 가이드 ICBT와 면대면 치료법을 비교한 연구들에 대해서도 앞서 언급한 바 있지만, ICBT 프로그램들 간 효과 차이에 대해서는 아직 알려진 바가 없다.

장기 효과

가이드 ICBT에 대한 대부분의 연구에는 6개월 정도로 비교적 짧은 추수관찰이 포함되었다. 그러나 상당한 기간에 걸쳐 성과를 살펴본 연구도 일부 있다. Vernmark 등(2010)의 연구에서는 치료가 완료되고 3.5년이 지난 시점에 추수관찰을 시행하였다. 58%의 참여자들(88명 중 51명)이 추수평가를 완료하였는데, 벡 우울 척도에서 낮은 점수가 유지되었으며, 대부분(56.9%)은 10점 미만의 점수를 보고하였다(Andersson et al., 2013a). 앞서 저자는 가이드 ICBT와 집단 CBT를 비교한 최근 연구에 대해 언급하였는데, 여기서는 3년 후에 추수관찰을 하였다(Andersson et al., 2013b). 인터라피 연구에서는 18개월 후 추수관찰을 하였으

며, 치료 효과가 계속 유지된다는 결과가 나왔다(Ruwaard et al., 2009). Spek과
동료들(2007)은 1년 후에 추수관찰을 하였으며(Spek et al., 2008), 치료 전과 추
수관찰 시점 간에 큰 효과크기가 나타났다(d=1.22). 전반적으로 우울증 가이드
ICBT에 대한 연구 중 추수관찰 연구가 아직은 많지 않다.

효과성

CBT 연구에 대한 비판 중 하나는 참여자들이 정규 임상 장면을 대표하지 못한
다는 것이다. 효능 연구와 효과성 연구는 차이가 있는데, 효과성 연구의 경우 정
규 치료 장면에서 정규 치료자들이 돌보는 환자를 대상으로 하는 연구이다. 효
능연구의 경우 광고를 통해 참여자를 모집하는데, 대학이나 연구소 장면에서 진
행되며 치료자 역할은 전문가 또는 대학원생들이 맡는다. ICBT에 대한 대다수
연구는 효능 연구 형태를 취하고 있으며, ICBT가 정규 진료의 일부분으로 시행
되는 정규 임상 장면의 자료를 활용한 연구는 많지 않다. 이 주제에 대해서는 추
후에 더 다룰 것이지만, 여기서는 정규 진료 장면에서의 우울증 ICBT에 대한 자
료가 많지 않다는 정도로 결론짓고자 한다.

예외적으로 Ruwaard와 동료들(2012)이 효과성 자료를 보고한 인터라피 치료
프로그램이 있다. 우울증으로 치료받는 405명의 환자가 연구에 포함되었다. 1년
추수관찰 자료 역시 보고되었다. 벡 우울 척도에서 사전-사후 집단내 효과크기
는 d=1.90으로 큰 편이었으며, 사전평가와 1년 추수관찰 시점 사이의 효과크기
는 d=1.80이었다. 우울증 ICBT에 대한 더 많은 효과성 연구가 가까운 시일 내
에 이루어질 것이라 예상한다.

또 다른 예로는 호주의 새드니스 프로그램에 대한 연구가 있다. Williams와
Andrews(2013)는 1차진료 장면에서 새드니스 프로그램을 처방받은 환자 359명
의 자료를 보고하였다. 신체건강척도 9문항(PHQ-9)에서 큰 집단내 효과크기가
나타났으며(d=0.97), 하위집단별로 분석하였을 때 우울이 심한 환자들에게서 더
큰 효과크기가 관찰되었다(d=1.49). 다른 ICBT 연구와 마찬가지로, 전체 프로그

램을 완료한 비율은 높지 않았다(54%가 여섯 개 수업을 모두 완료함). 그러나 전체 프로그램을 다 완료하지 못했다 하더라도 최소 네 개 수업을 완료한 참여자의 경우에는 효과를 보는 경향이 있었다. 2~3개 수업만을 완료한 경우 프로그램의 효과를 본 참여자는 거의 없었다. 즉, 용량−반응 관계가 존재하는 것이다.

가장 최근의 효과성 연구는 스웨덴에서 이루어졌다(Hedman et al., 2014). 우리는 스웨덴 스톡홀름 인터넷 정신건강의학과에서 2007년부터 2013년까지 우울증 가이드 ICBT를 처방받은 모든 환자(1,203명)의 성과를 조사하였다. 자기보고식 몽고메리 아스버그 우울 평정척도(Montgomery Åsberg Depression Rating Scale-Self rated)에서 사전−사후 평정 간 큰 향상이 나타났다(d=1.27). 이 연구는 아마도 우울증 ICBT에 대한 가장 대규모의 정규 진료 장면 연구일 것이다.

어떤 이에게 적합한 치료인가 그리고 우울증에 있어 특이한 점은 무엇인가

우울증 ICBT에 대한 대부분의 연구는 광고를 통해 모집한 참여자를 대상으로 한다. 연구의 선별 기준은 대개 엄격한 편이고, 이로 인해 환자의 다양성이 줄어들고 연구 성과에도 영향을 받는다. 예를 들어, 우울증 가이드 ICBT에 대한 연구는 대부분 자살사고를 보이는 참여자를 배제하였다. 이것은 물론 윤리적인 고려에 따른 것이었으며, 이들에게는 ICBT가 적절한 대안이 아닐 수 있기 때문이었다. 그러나 자살사고가 악화될 위험성 없이 ICBT를 통해 혜택을 볼 수 있을 사람들이 너무 많이 배제되었을 수 있다. 심리학적 치료는 자살시도의 위험요인인 무망감을 줄여 주는 것으로 알려져 있다(Cuijpers et al., 2013).

자살사고가 있는 사람들을 위한 ICBT 연구가 점차 진행되고 있으며, 연구들에 따르면 ICBT 이후에 자살사고가 감소되는 것으로 보이지만(Watts et al., 2012), 아직은 더 많은 연구가 필요한 실정이다. 자살사고 또는 자살계획을 가지고 있는 내담자 중 대다수는 결코 자살을 시도하지 않는다. 인터넷을 통해 자살사고와 같은 증상을 모니터링할 수 있고, 내담자에게 도움이 필요하다는 신호 탐지를 놓칠 위험성도 줄일 수 있다. 이 모니터링은 스톡홀름 카롤린스카 대학병원 인터넷 정신건강의학과의 표준화된 요소가 되었다.

우울증 ICBT의 치료 성과를 예측하는 요인에 대한 연구는 많이 이루어지지 않 았지만 일부 연구에서 자료가 산출되고 있다. 몇몇 예측요인이 성과와 관련 있 다는 몇몇 연구가 있다. Vernmark 등(2010)은 치료 전 복약 상태, 성별, 공병증 상의 존재 여부는 치료 성과와 관련이 없음을 보고하였다. 그리고 연령, 컴퓨터 활용 지식, 치료 과거력이나 다른 치료 전 변인들 모두 벡 우울 척도 점수의 변화 와 아무런 관련이 없는 것으로 나타났고, 가이드 자가치료 도중 완료한 모듈 수 역시 치료 성과와 관련이 없다는 결과가 나왔다.

첫 번째 스웨덴식 우울 연구에 대한 후속 보고(예: Andersson et al., 2005)에서 우리는 6개월 추수평가를 마친 71명의 참여자 자료를 분석하였다(Andersson et al., 2004). 그 결과, 기존 우울 에피소드 횟수와 치료 성과 간에 통계적으로 약하 기는 하지만 의미 있는 수준의 부적 상관이 나타났으며($\rho=-0.24$), 이는 기존에 우울 에피소드 횟수가 많지 않은 내담자가 ICBT에서 더 효과를 볼 수 있음을 시 사하는 것이었다. Spek 등(2008) 역시 치료 성과의 예측요인을 탐구하였는데, 높 은 기저선 벡 우울 척도 점수, 성별이 여성인 경우 그리고 낮은 신경증 척도 점수 가 더 좋은 성과와 관련됨을 보고하였다. 이 결과는 흥미로운 점이 있는데, 신경 증 성격 차원에서 높은 점수를 얻은 사람들에게는 우울증 ICBT가 덜 적합할 수 있다는 의미이기 때문이다. 그러나 최근에 기질 및 성격 척도(Temperament and Character Inventory: TCI; Cloninger et al., 1993)로 측정한 성격 차원에서 ICBT의 효과를 연구한 결과를 보면 ICBT 치료 후 위험회피(Harm avoidance)와 자기결정 성(Self-directedness) 차원이 변화한 것으로 나타났는데(Johansson et al., 2013a), 이 결과는 ICBT의 직접적 효과라기보다는 우울이 개선된 것과 관련된 효과로 추측해 볼 수 있다.

임상 경험을 통해 느낀 바에 따르면 우울증의 경우 다른 증상에 비해 가이드를 더 필요로 하는 것으로 보인다. 우울은 '포기하기'와 관련이 있을 수 있고, 따라서 분명하고 직접적인 결과를 경험하지 못할 때(흔히 치료자 접촉이 없는 경우에 그럴 수 있음), 치료를 중도에 그만둘 위험이 크다. 이런 사실이 있음에도 불구하고 우울증에서 치료적 동맹이 치료 성과와 관련 없다는 결과는 흥미롭다(6장 참조).

정규 임상 장면에서 우울증을 다룰 때 또 다른 중요한 측면은 항우울제 약물 동시 처방의 역할이다. Pim Cuijpers와 동료들은 일련의 메타분석을 진행하여, 심리치료와 약물치료의 복합치료가 단일치료에 비해 효과가 우수함을 보고하였다(Cuijpers et al., 2011). ICBT에 대한 연구들은 대부분 상태가 안정화된 경우 동시 약물 처방을 허용하고 있기는 하지만, ICBT와 항우울제 약물치료 복합 시행의 실제 효과를 대조연구에서 검증할 필요가 있다.

다른 이론 접근법

이 책이 ICBT에 초점을 두고 있기는 하지만, 다른 이론적 접근법에서 출발한 우울증 인터넷 치료법 연구도 일부 있다. 예를 들어, 우리 연구진은 정신역동적 자가치료 도서인 『메이크 더 립(Make the Leap)』(Silverberg, 2005)에 기반을 둔 인터넷 치료법에 대해 살펴보았다. 이 연구에서 우울한 사람 92명이 치료조건과 능동 통제조건에 무선 할당되었다. 치료는 정신역동적 원리에 기반을 둔 아홉 개 모듈로 구성되었으며 온라인 치료자 접촉이 있었다. 능동 통제집단에서는 계획적인 지지 개입이 이루어졌는데, 심리교육과 매주 계획된 온라인 접촉으로 구성되었다. 두 조건 모두 10주간 지속되었다. 연구 결과, 능동 통제집단에 비해 치료조건에서 크고 우수한 향상이 나타났다(집단간 효과크기 $d=1.11$). 치료 효과는 10주 추수관찰 시점에서도 유지되었다.

흥미로운 것은 CBT 전통에서 비롯된 치료 방식을 다른 이론적 접근법에 적용하는 것이 가능하다는 점이다. 진단 절차나 주로 문자 기반으로 전달되는 점 등 유사한 요소가 많기 때문에 서로 다른 접근법(예: 정신역동 vs. CBT)이 동등한 성과를 가져오는지 확인하기 위해서는 두 접근법을 직접 비교하는 연구가 요구된다.

　이 주제를 연구하는 또 다른 방법은 내담자가 선택하도록 하는 것이다. 소규모 예비연구에서 우리는 이에 대해 검증해 보았다. 정신역동 접근법 연구에서 대기자 집단이 있었는데, 우리는 이들에게 치료를 선택할 수 있도록 하였다. 절반 이상의 참여자가 정신역동적 인터넷 치료(14명)보다 ICBT(30명)를 선택하였다. 치료 접근법 간 성과의 차이가 크지는 않았으나, ICBT 집단에서 추수관찰 시점에 좀 더 나은 성과가 나타나는 경향이 관찰되었다. 탐색적 분석 결과, 치료 선호도는 치료 이행도, 전체 프로그램의 완료율 그리고 ICBT 집단의 장기 성과와 정적 상관이 있는 것으로 나타났다(Johansson et al., 2013b).

　인터넷 방식을 통해 우울을 치료하는 치료 프로그램으로, 검증된 다른 접근법들도 있다. 앞에서 소개한 바와 같이 Warmerdam 등(2008)은 ICBT와 PST(문제해결치료)를 비교하였으며, PST 역시 ICBT와 비슷하게 효과가 있다는 결과를 얻었다. PST 역시 우울증에 효과적이라는 메타분석 결과가 있으므로(Cuijpers et al., 2007b) 이것은 놀라운 일은 아니다. 그러나 정규 임상 장면에서 PST는 종종 CBT에 포함되어 제시되는 등 CBT의 한 형태로 간주되기 때문에 비슷한 효과가 나타났을 수도 있다.

실천적 함의 및 요점

- 가이드 ICBT는 경도에서 중등도 우울에 효과적인 것으로 나타났고, 여러 다양한 프로그램이 검증되었다.
- 치료 효과는 우울에 대한 면대면 치료에서 나타난 것과 유사한 수준이었으나 아직까지는 치료적 권고사항을 확립하기에는 자료가 부족할뿐더러 확실한 성과 예측요인도 충분히 파악되지 않은 상태이다.
- 가이드 ICBT 연구에서 맞춤식 치료, 정신역동적 치료 그리고 내담자 선호도에 따라 치료를 선택하는 방식 등 몇몇 새로운 아이디어가 검증되고 있다.
- 가이드 ICBT가 정규 임상 장면에서도 효과가 있다는 증거들이 쌓여 가고 있

지만 좀 더 심각한 사람들이나 양극성장애와 같은 여타 기분장애에서 어떠할 지는 아직 분명하지 않다.

• ICBT가 항우울제 약물치료와 함께 사용될 수 있는지에 대해서 그리고 면대 면 CBT에서 그랬던 것처럼 혼합치료 방식이 단독치료 방식보다 더 우수할지 에 대해서는 아직 명확히 밝혀지지 않았다.

참고문헌

American Psychiatric Association (APA). (2000). *Diagnostic and statistical manual of mental disorders* (4th ed., text revision ed.). Washington, DC: American Psychiatric Press.

Andersson G, Bergström J, Holländare F, Carlbring P, Kaldo V, Ekselius L. (2005). Internet-based self-help for depression: A randomised controlled trial. *British Journal of Psychiatry, 187,* 456–461.

Andersson G, Bergström J, Holländare F, Ekselius L, Carlbring P. (2004). Delivering CBT for mild to moderate depression via the Internet. Predicting outcome at 6-months follow-up. *Verhaltenstherapie, 14,* 185–189.

Andersson G, Bergström J, Holländare F, Lenndin J, Vernmark K. (2007). *Ut ur depression och nedstämdhet med kognitiv beteendeterapi [Out of depression and low mood].* Stockholm: Viva.

Andersson G, Cuijpers P. (2009). Internet-based and other computerized psychological treatments for adult depression: A meta-analysis. *Cognitive Behaviour Therapy, 38,* 196–205.

Andersson G, Hesser H, Hummerdal D, Bergman-Nordgren L, Carlbring P. (2013a). A 3.5-year follow-up of Internet-delivered cognitive behaviour therapy for major depression. *Journal of Mental Health, 22,* 155–164.

Andersson G, Hesser H, Veilord A, Svedling L, Andersson F, Sleman O, Mauritzson L, Sarkohi A, Claesson E, Zetterqvist V, Lamminen M, Eriksson T, Carlbring P. (2013b). Randomized controlled non-inferiority trial with 3-year follow-up of Internet-delivered versus face-to-face group cognitive behavioural therapy for depression.

Journal of Affective Disorders, 151, 986–994.

Beck JS. (1995). *Cognitive therapy: Basics and beyond.* New York: Guilford Press.

Berger T, Hämmerli K, Gubser N, Andersson G, Caspar F. (2011). Internet-based treatment of depression: A randomized controlled trial comparing guided with unguided self-help. *Cognitive Behaviour Therapy, 40*, 251–266.

Brohede D, Koshnaw K. (2012). SAFIN. En randomiserad kontrollerad studie av en KBT-baserad depressionsbehandling påkurdiska via Internet. (Examensuppsats påpsykologprogrammet). Institutionen för Beteendevetenskap och Lärande, Linköpings universitet [SAFIN. A randomized controlled trial of ICBT in the Kurdish language Sorani].

Carlbring P, Hägglund M, Luthström A, Dahlin M, Kadowaki Å, Vernmark K, Andersson G. (2013). Internet-based behavioral activation and acceptance-based treatment for depression: A randomized controlled trial. *Journal of Affective Disorders, 148*, 331–337.

Choi I, Zou J, Titov N, Dear BF, Li S, Johnston L, Andrews G, Hunt C. (2012). Culturally attuned Internet treatment for depression amongst Chinese Australians: A randomised controlled trial. *Journal of Affective Disorders, 136*, 459–468.

Cloninger CR, Svrakic DM, Przybeck TR. (1993). A psychobiological model of temperament and character. *Archives of General Psychiatry, 50*, 975–990.

Cuijpers P, Andersson G, Donker T, van Straten A. (2011). Psychological treatments of depression: Results of a series of meta-analyses. *Nordic Journal of Psychiatry, 65*, 354–364.

Cuijpers P, de Beurs DP, van Spijker BAJ, Berking M, Andersson G, Kerkhof AJFM. (2013). The effects of psychotherapy for adult depression on suicidality and hopelessness: A systematic review and meta-analysis. *Journal of Affective Disorders, 144*, 183–190.

Cuijpers P, Donker T, van Straten A, Andersson G. (2010). Is guided self-help as effective as face-to-face psychotherapy for depression and anxiety disorders? A meta-analysis of comparative outcome studies. *Psychological Medicine, 40*, 1943–1957.

Cuijpers P, van Straten A, Warmerdam L. (2007a). Behavioral activation treatments of depression: A meta-analysis. *Clinical Psychology Review, 27*, 318–326.

Cuijpers P, van Straten A, Warmerdam L. (2007b). Problem solving therapies for depression: A meta-analysis. *European Psychiatry, 22*, 9–15.

Dear BF, Zou J, Titov N, Lorian C, Johnston L, Spence J, et al. (2013). Internet-delivered cognitive behavioural therapy for depression: A feasibility open trial for older adults. *Australian and New Zealand Journal of Psychiatry, 47*, 169–176.

Farrer L, Christensen H, Griffiths KM, Mackinnon A. (2011). Internet-based CBT for depression with and without telephone tracking in a national helpline: randomised controlled trial. *PLoS ONE, 6*, e28099.

Hedman E, Ljótsson B, Kaldo V, Hesser H, El Alaoui S, Kraepelin M, Andersson E, Rück C, Svanborg C, Andersson G, Lindefors N. (2014). Effectiveness of Internet-based cognitive behaviour therapy for depression in routine psychiatric care. *Journal of Affective Disorders, 155*, 49–58.

Holländare F, Johnsson S, Randestad M, Tillfors M, Carlbring P, Andersson G, Engström I. (2011). Randomized trial of Internet-based relapse prevention for partially remitted depression. *Acta Psychiatrica Scandinavica, 124*, 285–294.

Holländare F, Johnsson S, Randestad M, Tillfors M, Carlbring P, Andersson G, Engström I. (2013). Two-year outcome for Internet-based relapse prevention for partially remitted depression. *Behaviour Research and Therapy, 51*, 719–722.

Johansson R, Andersson G. (2012). Internet-based psychological treatments for depression. *Expert Review of Neurotherapeutics, 12*, 861–870.

Johansson R, Lyssarides C, Andersson G, Rousseau A. (2013a). Personality change after Internet-delivered cognitive behavior therapy for depression. *PeerJ, 1*, e39.

Johansson R, Nyblom A, Carlbring P, Cuijpers P, Andersson G. (2013b). Choosing between Internet-based psychodynamic versus cognitive behavioral therapy for depression: A pilot preference study. *Submitted.*

Johansson R, Sjöberg E, Sjögren M, Johnsson E, Carlbring P, Andersson T, Rousseau A, Andersson G. (2012). Tailored vs. standardized Internet-based cognitive behavior therapy for depression and comorbid symptoms: A randomized controlled trial. *PLoS ONE, 7*, e36905.

Johnston L, Titov N, Andrews G, Spence J, Dear BF. (2011). A RCT of a transdiagnostic Internet-delivered treatment for three anxiety disorders: Examination of support roles and disorder-specific outcomes. *PLoS ONE, 6*, e28079.

Lewinsohn PM, Muñoz RF, Youngren MA, Zeiss MA. (1986). *Control your depression.* New York: Prentice Hall.

Perini S, Titov N, Andrews G. (2009). Clinician-assisted Internet-based treatment is effective for depression: Randomized controlled trial. *The Australian and New Zealand Journal of Psychiatry, 43,* 571–578.

Richards D, Richardson T. (2012). Computer-based psychological treatments for depression: A systematic review and meta-analysis. *Clinical Psychology Review, 32,* 329–342.

Ruwaard J, Lange A, Schrieken B, Dolan CV, Emmelkamp P. (2012). The effectiveness of online cognitive behavioral treatment in routine clinical practice. *PLoS ONE, 7*(7), e40089.

Ruwaard J, Schrieken B, Schrijver M, Broeksteeg J, Dekker J, Vermeulen H, Alfred Lange A. (2009). Standardized web-based CBT of mild to moderate depression: A randomized controlled trial with a long-term follow-up. *Cognitive Behaviour Therapy, 38,* 206-221.

Segal ZV, Williams JMG, Teasdale JD. (2002). *Mindfulness-based cognitive therapy for depression.* New York: Routledge.

Silverberg F. (2005). *Make the leap. A practical guide to breaking the patterns that hold you back.* New York: Marlowe & Company.

Spek V, Cuijpers P, Nyklicek I, Smits N, Riper H, Keyzer J, Pop V. (2008). One-year follow-up results of a randomized controlled clinical trial on Internet-based cognitive behavioural therapy for subthreshold depression in people over 50 years. *Psychological Medicine, 38,* 635–639.

Spek V, Nyklicek I, Cuijpers P, Pop V. (2008). Predictors of outcome of group and Internet-based cognitive behavior therapy. *Journal of Affective Disorders, 105,* 137–145.

Spek V, Nyklicek I, Smits N, Cuijpers P, Riper H, Keyzer J, Pop, V. (2007). Internet-based cognitive behavioural therapy for subthreshold depression in people over 50 years old: A randomized controlled clinical trial. *Psychological Medicine, 37,* 1797–1806.

Titov N, Dear BF, Schwencke G, Andrews G, Johnston L, Craske MG, McEvoy P. (2011). Transdiagnostic Internet treatment for anxiety and depression: a randomised controlled trial. *Behaviour Research and Therapy, 49,* 441–452.

van Bastelaar KM, Pouwer F, Cuijpers P, Riper H, Snoek FJ. (2011). Web-based depression treatment for type 1 and type 2 diabetic patients: A randomized, controlled trial. *Diabetes Care, 34,* 320–325.

van der Zanden R, Kramer J, Gerrits R, Cuijpers P. (2012). Effectiveness of an online group course for depression in adolescents and young adults: A randomized trial. *Journal of Medical Internet Research, 14,* e86.

Vernmark K, Lenndin J, Bjärehed J, Carlsson M, Karlsson J, Öberg J, Carlbring P, Eriksson T, Andersson G. (2010). Internet administered guided self-help versus individualized e-mail therapy: A randomized trial of two versions of CBT for major depression. *Behaviour Research and Therapy, 48,* 368–376.

Wagner B, Schulz W, Knaevelsrud C. (2012). Efficacy of an Internet-based intervention for posttraumatic stress disorder in Iraq: A pilot study. *Psychiatry Research, 195,* 85–88.

Warmerdam L, van Straten A, Twisk J, Riper H, Cuijpers P. (2008). Internet-based treatment for adults with depressive symptoms: Randomized controlled trial. *Journal of Medical Internet Research, 10,* e44.

Watts S, Newby JM, Mewton L, Andrews G. (2012). A clinical audit of changes in suicide ideas with Internet treatment for depression. *BMJ Open, 2,* e001558.

Williams AD, Andrews G. (2013). The effectiveness of Internet cognitive behavioural therapy (iCBT) for depression in primary care: a quality assurance study. *PLoS ONE, 8,* e57447.

더 읽을거리

Marks IM, Cavanagh K, Gega L. (2007). *Hands-on help. Maudsley monograph no. 49.* Hove: Psychology Press.

Martell CR, Dimidjian S, Herman-Dunn R. (2010). *Behavioral activation for depression. A clinician's guide.* New York: Guilford Press.

Persons JB, Davidson J, Tompkins MA. (2001). *Essential components of cognitive-behavior therapy for depression.* Washington, DC: American Psychological Association.

Williams C, Whitfield G. (2001). Written and computer-based self-help treatments for depression. *British Medical Bulletin, 57,* 133–144.

8장

가이드 ICBT: 불안장애

학 습 내 용

- 가이드 ICBT를 통해 불안장애를 어떻게 효과적으로 치료할 수 있는가?
- 불안장애에 대한 다양한 프로그램의 내용
- 맞춤식 ICBT의 잠재력과 통합 프로토콜에 기반을 둔 치료
- 연구 및 임상 장면에서의 효과
- 기타 접근법 및 향후 문제점

사례 및 도입

피에르는 매우 오랫동안 사회불안장애로 고통받았다. 불안이 그의 인생에 미치는 영향은 매우 심각했다. 그는 자신이 유능하지 않다는 생각이 강했고 새 직업 제안도 거절하였는데, 그 이유는 그가 발표를 못하고 동료들과의 사회 활동 참여를 회피하기 때문이었다. 스스로에게는 과분하게도 믿을 만한 여자친구를 만나서(거의 1년 동안이나 사귀었음) 곧 결혼을 앞두고 있다. 피에르는 이전에 심리치료와 약물치료를 시도해 보았는데(지금은 40대) 둘 다 효과가 없었으며, 다만 그 당시에는 우울증이 있어 항우울제를 처방받아 조금 나아지긴 하였다. 심리치료는 통찰 지향적 심리치료였으며, 그가 살았던 스위스에서는 CBT를 쉽게 접할 수 있는 게 아니었다. 심리치료는 조금은 효과가 있는 것으로 느껴졌지만 사회공포증에는 도움이 되지 않았다. 최근 그는 사회공포증에 대한 온라인 CBT 공개연구 광고를 보았고 지원하기로 결심했다. 실은 사회공포증의 CBT에 대해 조금은 알고 있었지만 시도해 보지는 않았다. 그는 정보통신기술 사업 분야에서 일하였기에 인터넷 방식에 대해서는 오히려 부담을 느끼지 않았다. 프로그램의 진행은 느리지만 꾸준하게 이뤄졌다. 피에르는 여자친구에게 치료에 대해 계속 알려 주었고 여자친구는 그를 열심히 응원하였다. 연구가 종료될 무렵 그는 할당된 과제와 노출연습을 대부분 완수하였으며, 놀랍게도 회사에서 효과가 나타났다. 회사에서 조직 재정비가 있었고 함께 일하는 동료가 바뀌면서 이전과는 다르게 행동하는 게 좀 더 쉬웠기 때문에, 어떻게 보면 그는 운이 있었다고 볼 수 있다. 그는 특히 사회 기술에 대한 조언이 효과적이라고 느꼈다. 안전행동에 대한 정보 역시 유용하였다. 그는 여전히 동료들에게 말을 걸 때 다소간 불안을 경험하지만 이전보다 훨씬 덜 하며, 더 중요하게는 불안하다고 해서 사회적 상황을 아예 회피하지는 않는다.

불안장애에 대한 가이드 ICBT

이 장에서는 불안장애 진단을 위해 개발되고 검증된 프로그램들을 개관한다. 우울 치료법들에 대한 앞 장의 내용과 마찬가지로, 많은 치료 프로그램이 존재하기는 하지만 연구를 통해 엄격하게 검증된 것은 소수이다. 이 장에서 초점을 맞추는 것이 바로 그런 검증된 프로그램들이다. 불안에 대한 모든 ICBT를 다 언급하는 것(근거기반이 없는 것들까지 다 포함하면)은 거의 불가능하다. 그러나 흔히 나타나는 불안장애들에 대해 검증이 된 불안장애 ICBT 프로그램들이 몇 가지 있다.

6장에서 언급한 바와 같이, 가이드 ICBT 치료 방식에는 치료자 정기 접촉이 포함된다. 접촉은 비동시적인 경우가 많으며, ICBT 프로그램 구성 방식은 일반적으로 불안장애 환자 대상 CBT의 구성 방식을 따르기 마련이다. 불안의 ICBT 치료법들은 불안의 CBT 치료 매뉴얼에 뿌리를 두고 있거나 최소한 그에 영감을 받아 만들어졌다.

우울증에서는 가이드 ICBT의 주요 선구자였던 문자 기반 가이드 자가치료(독서치료)와 전산화된 CBT 문헌들이 있었다. 불안장애에 대한 CBT에서도 일반적으로 치료 작업에 필요한 몇몇 구성요소가 있다. 첫 번째로, 과제가 특히 중요한데, CBT 치료자들은 이 지점에서 치료실 밖 내담자 활동의 중요성에 대해 생각해 보게 될 것이다. 두 번째 요소로는 성장을 위해 기꺼이 혐오적인 느낌들을 견뎌 낼 수 있도록(즉, 노출작업을 할 수 있도록) 치료 원리를 내담자에게 제공하는 것이 있다. 세 번째는 치료자의 역할이다. 특히 계획대로 작업이 진행되지 않을 때 치료자는 내담자의 질문을 처리하고 가이드도 해 줘야 한다.

이후에는 이 장에서 다룰 다양한 불안장애에 대해 논의할 것이다. 공존 증상이 함께 있는 경우가 더 많으며 불안장애 진단을 받은 내담자들은 가이드 ICBT에 매우 잘 반응하는 것으로 알려져 있다. 각 문제(예: 사회불안장애)에 대하여 간단한 소개가 제공되며, 다음으로 치료 프로그램들에 대해 설명할 것이다. 그리고 다양한 장애나 프로그램에 대해서 각 프로그램 효과의 연구 결과에 대해 논평할 것이다. ICBT와 면대면 CBT 중 무엇이 더 효과가 있는지 그리고 그 효과는 어디서 얻어진 것인지(예: 가이드 ICBT가 임상 장면에서 시행된 것인지)에 대해서도 언급할 것이다.

공황장애

먼저 공황장애가 무엇인지부터 시작한다. 공황장애는 반복적이고 예측 불가능한 공황발작이 특징인 불안장애이다. 공황발작은 실제 위험은 없으면서도 일정 기간 극도의 공포와 불편함을 느끼는 것으로 정의된다. DSM-IV에 의하면 공황발작은 열세 가지 신체 또는 인지 증상 중 적어도 네 가지 이상의 증상이 동반될 때 진단되며, 이 증상들은 갑자기 발생하여 10분 이내에 최고조에 이른다(APA, 2010). 증상들로는 발한, 빈맥, 몸 떨림, 숨이 막히는 느낌, 구역질, 어지러움, 이인증, 통제력을 잃어버릴 것만 같은 공포 그리고 죽을 것 같은 공포가 있다. 반복적이고 예측 불가능한 공황발작이 있어야 (광장공포증을 동반한 또는 동반하지 않은) 공황장애로 진단될 수 있다(APA, 2000). 이 밖에 적어도 한 달 이상의 기간 동안 공황발작이 발생할 것에 대한 지속적인 근심이 있고 그리고/또는 발작과 관련된 유의미한 행동 변화가 나타난다. 공황발작의 빈도와 강도는 개인에 따라 차이가 있지만, 삶의 질에 심각한 부정적 영향을 미치는 심신쇠약 상태를 개인이 겪을 때 공황장애로 진단할 수 있다(Taylor, 2006). 공황장애는 생애유병률이 1.5~3.5%에 이를 정도로 흔한 장애이다(Taylor, 2000).

공황장애에 대한 가이드 ICBT 연구는 1990년대 후반기부터 수행되어 왔기에, 공황장애는 이 분야에서 가장 오래된 연구 분야 중 하나가 되었다. 〈표 8-1〉에 연구를 통해 검증한 다섯 가지 공황장애 프로그램의 개관을 제시하였다. 호주에서 Jeff Richards와 동료들은 공황장애에 대한 초기 ICBT 프로그램 중 하나를 개발하였다(Klein & Richards, 2001). 패닉온라인(Panic Online)은 최초 버전에서부터 계속 업데이트되고 확장되어 왔다. 예를 들어, 한 버전에서는 스트레스 관리가 추가되었다(Richards et al., 2006). 이 프로그램은 여섯 개 모듈로 구성되어 있는데, 이 중에는 호흡조절, 점진적 근육이완, 인지재구조화, 자극감응훈련 및 상황노출훈련이 포함되어 있다. 프로그램의 마지막은 재발방지이다. 이 프로그램은 심리학자가 가이드를 제공하는 효능 연구에서 그리고 지역보건의가 가이드를 제공하는 효과성 연구에서 사용된 바 있다(Shandley et al., 2008).[1] 이 프로그램은 면대면 CBT와 비교했을 때도 비슷한 효과를 보였다(Kiropoulos et al., 2008). 이 연구에서는 공황장애를 겪는 86명의 참여자를 모집하여 그중 46명을 ICBT 조건에 그리고 40명을 면대면 CBT 조건에 할당하였다. 효과는 비슷하였으며 두 치료조건 모두에서 유의미한 공황장애 증상 및 관련 증상 감소가 확인되었다. 흥미롭게도, 두 조건 모두 신뢰할 수 있고 만족스럽다고 평가되었지만 치료자와의 접촉은 면대면 조건에서 좀 더 만족도가 높았다. 그러나 예상한 바와 같이 ICBT에서는 면대면 치료 조건에서보다 치료자 접촉 시간이 유의미하게 덜 소요되었다.

두 번째 연구집단(Gavin Andrews & Nick Titov)이 최근에 호주에서 패닉프로그램(Panic Program)을 개발하였고, 이를 한 대조연구에서 검증하여 효과가 있음을 보여 주었다(Wims et al., 2010). 우리가 아는 한 이 프로그램에 대한 효과성 연구나 면대면 CBT와 비교한 연구는 없다. 그러나 치료 이행도에 초점을 맞춘 한 공개실험 효과성 연구에서 공황장애를 겪는 참여자들이 포함된 적은 있다(Hilvert-Bruce et al., 2012).

호주와 비슷한 시기에 스웨덴에서도 공황장애 치료 프로그램이 개발되었는데, 패닉프로젝트(Panikprojektet)라고 불린 이 프로그램은 처음에는 6주 과정(Carlbring et al., 2001)이었다가 추후 10주(Carlbring et al., 2006)로 연장되었다. 이 프로그램은 응용이완법(Carlbring et al., 2003) 및 개별 면대면 CBT(Carlbring et al., 2005)와 비교하였을 때 동등한 효과를 나타냈다. 면대면 CBT와 비교한 연

---

1) 역자 주: 효능(efficacy) 연구는 주로 모집단에서 프로그램에 관심 있는 사람들을 모집하여 진행하는 연구를 의미하고, 효과성(effectiveness) 연구는 일반진료 장면에서 환자를 모집하여 진행하는 연구를 의미한다.

구는 참여자가 49명으로 소규모였다. 연구 결과, 집단내 효과는 큰 편이었으나 (ICBT 집단의 Cohen's d=0.80; 면대면 치료집단의 Cohen's d=0.93), 두 치료조건 간 차이는 유의미하지 않았다.

스웨덴의 또 다른 연구집단은 별도의 공황장애 10주 프로그램을 개발하여 이를 임상 장면에서 검증하였다. 처음에는 소규모 공개실험으로 시작하였으며 (Bergström et al., 2009), 이후에 좀 더 큰 규모의 대조연구를 실시하여 가이드 ICBT가 집단 면대면 CBT만큼이나 효과적임을 보여 주었다(Bergström et al., 2010). 이 두 연구 모두 정규 의료 장면에서 참여자를 모집하였다. 최근에는 대규모 효과성 연구에서 이 프로그램을 사용하였다. 최근 자료에 의하면 도합 562명이 카롤린스카의 인터넷 정신건강의학과(Internet Psychiatry Unit)에서 공황장애 치료 프로그램을 이수하였다(Hedman et al., 2013). 결과는 집단내 효과크기가 d=1.07~1.55에 이를 정도로 큰 효과가 나타났다.

마지막으로, 인터라피(Interapy) 치료의 연구자들 역시 공황 증상 및 공황장애 프로그램을 개발한 것이 있는데, 한 개의 대조연구(Ruwaard et al., 2010)와 한 개의 효과성 연구(Ruwaard et al., 2012)에서 이 프로그램을 검증하여 성과가 있음을 보여 주었다. 앞 장에서 소개된 인터라피 치료는 치료자 접촉 시간을 좀 더 요구한다는 점에서 다른 공황장애 프로그램과 차이가 있다. 인터라피 공황장애 프로그램은 웹 기반의 양방향 워크북을 활용하여 숙제를 할당하고 점검하는 식으로 보면 된다. 치료자는 이 워크북을 활용하여 피드백을 제공하고 다른 지시사항을 전달한다. 치료자들이 참여자의 과제를 읽고 피드백을 준비하는 데는 대략 20~40분의 시간이 걸린다고 알려져 있다. 전체 프로그램을 통해 치료자 소요 시간은 5~9시간 정도이며, 이는 여기서 소개하는 다른 공황장애 프로그램들의 경우보다 상당히 긴 시간이다. Ruwaard와 동료들은 58명을 참가시킨 한 대조연구에서, 집단간 효과크기를 d=0.70으로 보고한 바 있다. 흥미로운 점은 참여자들의 3년 후 추수평가에서 이 효과가 유지되었다는 것이다. 이 프로그램은 실제 환자를 대상으로 한 효과성 연구(참여자 135명)에서도 검증되었는데, 여기서도 큰 집단내 효과크기(d=1.20)가 확인되었다(Ruwaard et al., 2012).

요약하면, 몇몇 경험적 연구가 공황장애에 대한 ICBT 효과를 확인해 주었으며, ICBT는 면대면 장면에서 치료자를 만나는 것만큼이나 효과적임을 알 수 있다.

〈표 8-1〉 공황장애 및 공황 증상에 대한 프로그램의 내용

프로그램과 개발국가	기간과 모듈 및 강좌 수	주요 내용	제시 방식	사용지원 참고문헌 예
패닉온라인 (Panic Online) 스웨덴	• 12주 • 여섯 개 모듈	• 심리교육 • 호흡조절 • 이완 • 인지재구조화 • 노출 • 재발방지	• 표준화된 문자 기반 정보 및 안내 • 다운로드 가능한 음성 자료 및 슬라이드 사진 자료 • 스트레스 관리 프로그램은 선택사항	Klein & Richards (2001); Richards et al. (2006)
패닉프로그램 (Panic Program) 호주	• 8주 • 여섯 개 온라인 수업	• 심리교육 • 점진적 노출 • 인지재구조화 • 생리적 탈각성화 • 재발방지	• 삽화로 된 사례 이야기, 출력 가능한 요약본을 활용한 온라인 수업 • 이메일을 통한 치료자 지원, 온라인 토론 포럼 참여	Wims et al. (2010)
패닉프로젝트 (Panikprojektet) 스웨덴	• 10주 • 열 개 모듈	• 심리교육 • 호흡조절 • 이완 • 인지재구조화 • 노출	• 다운로드 가능한 PDF 파일 및 화면 제시 문자 자료 • 보안접속 시스템을 활용하여 과제 및 가이드 제공 • 과제 할당	Carlbring et al. (2001, 2006)
인터넷 정신건강 의학과(Internet Psychiatry Unit) 스웨덴	• 10주 • 열 개 모듈	• 심리교육 • 인지재구조화 • 노출 • 재발방지	• 상동 및 아래 내용 추가 • 치료 전후 정신과적 면접 추가	Bergström et al. (2009)

인터라피
(Interapy)
네덜란드
	• 11주	• 심리교육
		• 인식훈련
		• 응용이완법
		• 인지재구조화
		• 노출
			• 참여자들을 위한 양
			  방향 워크북과 치료
			  자를 위한 지침서
			• 시스템 내 이메일을
			  통한 소통
			• 과제 할당
				Ruwaard et
				al. (2010)

사회불안장애

사회불안장애(Social Anxiety Disorder: SAD)는 이전에는 사회공포증(social phobia)으로 불렸는데, DSM-Ⅳ에서는 당황스러울 수 있는 사회적 수행 상황에 대한 뚜렷하고 지속적인 공포라고 정의하고 있다(APA, 2000). 낯선 타인 앞에 노출되거나 또는 타인이 관찰할 수 있는 상황은 불안을 유발하므로 피하려고 하며, 참는다 하더라도 극도의 고통을 겪게 된다. 사회불안장애와 사회불안의 증상들은 연속선상에 존재하여, 심각도나 증상의 종류가 다양할 수 있다. 문헌에 의하면 사회불안장애는 삶의 질에 심각한 손상을 가져오며(Hofmann et al., 2004), 매우 흔해서 유병률이 10%를 넘는다(Furmark, 2002). 대규모 역학 자료에 의하면 사회불안장애의 생애유병률과 12개월 유병률은 각각 12.1%와 7.1%이다(Ruscio et al., 2008). 사회불안장애의 심각도는 다양하며, 대부분의 연구자는 좀 더 제한되고 특정적인 사회공포(예: 청중 앞에서 연설하기)와 일반화된 사회공포를 구별한다(Hofmann et al., 2004). 사회공포증 치료 프로그램에 대한 개관은 〈표 8-2〉에 제시하였다. 사회불안장애 가이드 ICBT에 대해 많은 대조연구가 진행되었는데(Andersson et al., 2014), 적어도 다섯 개의 별도 프로그램이 존재한다. 최초의 ICBT 프로그램은 스웨덴에서 개발되고 검증되었다(Andersson et al., 2006).[2] 이 프로그램은 2003년에 완성된 이후 10개 이상의 연구에서 검증되어 왔다. 원래 이 치료 프로그램은 아홉 개 모듈로 구성되어 9주 동안 진행되

---

2) 역자 주: 이 프로그램의 명칭은 소피프로그램(SOFIE program)이다.

는 것이었는데, 추후에는 15주 버전이 검증되었다. 이 프로그램의 최신 버전으로 스마트폰에서 활용할 수 있는 좀 더 짧은 형식이 개발된 바 있다(Dagöö et al., 2014).

루마니아에서는 한 대조연구에서 이 프로그램을 번안하여 효과를 검증한 바 있다(Tulbure et al., 2013). 첫 번째 연구 이후, 소피프로그램은 여섯 개의 다른 공개연구에서 검증되었으며(Andersson et al., 2013), 그중 가장 최근의 것은 200명이 참여한 대규모의 연구였다. 이 연구에서는 사회자가 있는 온라인 토론 포럼 조건과 치료조건을 비교하였다. 뿐만 아니라 치료자의 숙련도 및 지식 습득의 역할도 살펴보았다(Andersson et al., 2012b). 연구 결과, 사후평가에서 집단간 효과크기(Hedges' g=0.75)[3]는 중간 정도였으며, 효과는 1년 추수평가에서도 유지되었다. 사회불안장애에 대한 지식 그리고 그 지식에 대한 확신은 치료를 받음에 따라 증가하였다. 효과 측면에서는 숙련된 치료자나 초보 치료자 간 차이가 없었으나, 숙련된 치료자는 내담자를 가이드하면서 시간을 덜 소요하였다.

소피프로그램은 집단 CBT 조건과 비교하는 효과성 연구에서 검증된 바도 있는데(Hedman et al., 2011a), 집단 CBT와 동등한 효과를 보이면서 비용－효과는 더 큰 것으로 나타났다(Hedman et al., 2011b). 전화로 지원을 하는 것(Carlbring et al., 2007) 또는 실제 집단노출을 추가하는 것(Tillfors et al., 2008) 등 가이드를 제공하는 방식의 차이에 대해서도 연구된 바 있다. 소피프로그램은 장기적인 효과를 내는 것으로 나타났는데(Carlbring et al., 2009; Hedman et al., 2011c), 치료 종결 이후 5년 동안 효과가 유지되었다. 루마니아에서 번안되고 검증된 프로그램 역시 비슷한 고무적인 성과를 보여 주었다(Tulbure et al., 2013).

Berger와 동료들은 자신들의 프로그램을 만들어 세 개의 대조연구에서 검증하였다. 사회공포증 자가치료 프로그램(social phobia self-help program)은 스웨덴 프로그램과 유사하였지만, 온라인의 양방향적 특징을 더 많이 지니고 있었다. 참여자들은 총 57개의 웹사이트를 자유롭게 이용할 수 있고, 치료는 5회기

---

3) 역자 주: Hedges' g는 효과크기를 보여 주는 통계치로, Larry Hedges(1981)가 만든 것이다. 두 집단 평균의 편차점수에 기초한다는 점에서 Cohen's d와 유사하지만 구하는 공식에 차이가 있다.

로 구성되어 총 10주에 걸쳐 진행되는 것이었다. 첫 번째 연구에서 연구자들은 직접 또는 전화 인터뷰를 통해 사회불안장애로 진단받은 52명의 참여자를 무선 할당하였다(Berger et al., 2009). 연구 결과, 사회불안 성과 측정치에서 집단간(치료집단 vs. 대기자 통제집단) 효과크기는 d=0.82로 나타났다. 두 번째 연구(Berger et al., 2011)에서는 사회불안장애로 진단받은 81명의 참여자를 가이드 없는 치료, 가이드 있는 치료, 참여자 요구에 따라 지지를 제공하는 치료의 세 조건에 무선 할당하였다. 이 연구에 대한 논평은 추후 가이드와 지지의 역할을 다룬 절에서 다룰 것이다. 여기서는 이 세 조건 모두에서 사회불안장애 증상이 유의미하게 감소하였으며(집단내 효과크기 d=1.47), 집단간 차이는 작았다는 정도만 언급하면 될 것이다. 치료 시작 전 진단 인터뷰를 하는 것의 영향력을 살펴본 연구도 있었다(Boettcher et al., 2012). 면대면 치료와 비교한 연구 및 치료 효과성을 살펴본 연구는 없었다.

세 번째 프로그램은 샤이니스(Shyness)로 호주에서 개발되었다(Totiv et al., 2008). 이 프로그램은 온라인 수업으로 제공되며 8주 동안 진행된다. 치료자가 지원하는 여섯 개의 온라인 수업이 있는데, 수업 내용은 사회불안장애를 겪는 젊은이의 이야기 사례를 따라 진행된다. 이 프로그램은 적어도 일곱 개 연구에서 검증되었으며, 대기자 통제조건에 비해 효과적임(집단간 효과크기는 항상 크게 나타남)이 확인되었다. 효과성 연구도 이루어졌으며(Aydos et al., 2009), 면대면 CBT 집단과의 비교연구(Andrews et al., 2011)에서는 동등한 성과를 보이는 것으로 나타났다.

스페인에서 개발하여 발표불안에 초점을 맞춘 프로그램도 있다(Botella et al., 2010). 이 프로그램을 여기서 자세히 소개하지는 않겠지만, 앞에서 소개한 세 개의 프로그램과 내용이나 효과 면에서 유사한 결과를 보였다.

공황장애와 비교해 볼 때, 사회불안장애에서 ICBT의 효과가 더 좋다는 연구결과들이 많은데, 사실 공황장애에 대한 연구보다 사회불안장애에 대한 연구가 더 많고 대규모로 이루어졌다. 아직 ICBT와 면대면 CBT의 효과를 비교한 연구는 많지 않고 효과성 연구도 별로 없는 실정이다. 그러나 종합적으로 볼 때 연구 결과들은 ICBT가 단기적으로 그리고 장기적으로 효과가 있음을 분명히 보여 주고 있다.

〈표 8-2〉 사회불안장애에 대한 프로그램의 내용

프로그램과 개발국가	기간과 모듈 및 강좌 수	주요 내용	제시 방식	사용지원 참고문헌 예
소피프로그램 (SOFIE program) 스웨덴 사회불안장애	• 9~15주 • 아홉 개 모듈	• 심리교육 • 인지재구조화 • 노출 • 주의전환훈련 • 재발방지 • 사회기술	• 다운로드 가능한 PDF 파일 및 화면 제시 문자 자료 • 보안접속 시스템을 활용하여 과제 및 가이드 제공 • 스마트폰용 단축형 버전이 있음	Andersson et al. (2006)
사회공포증 자가치료 프로그램(Social phobia self-help program) 스위스	• 10주 동안 가능한 5회기	• 심리교육 • 인지재구조화 • 노출 • 주의전환훈련 • 재발방지 • 사회기술	• 57개의 웹사이트 • 포털 내에서 치료자 접촉 및 과제 수행이 이루어짐	Berger et al. (2011)
샤이니스 (Shyness) 호주 사회불안장애	• 10주 • 여섯 개 온라인 수업	• 심리교육 • 노출 • 인지재구조화 • 재발방지 정보	• 삽화로 된 사례 이야기, 출력 가능한 요약본을 활용한 온라인 수업 • 이메일을 통한 치료자 지원, 온라인 토론 포럼 참여 • 다양한 버전 존재	Titov et al. (2008)

범불안장애

범불안장애(Generalised Anxiety Disorder: GAD)는 유병률이 높은 장애로, 매일의 생활사건에 대한 과도한 걱정과 불안이 특징이다. 여기서 생활사건은 내적 사건이거나 외적 사건일 수 있고, 과거, 현재 또는 미래의 어느 시점에서 기인한 것일 수 있다(APA, 2000). 많은 상황이나 자극이 걱정을 유발하므로 범불안장애는 개인이 일상의 중요 영역들에 참여하고 즐기는 것을 방해하게 된다(Tyrer & Baldwin, 2006). 범불안장애의 생애유병률은 대략 1.3~5.9% 정도이며, 12개월 유병률은 1.2~1.9% 정도이다(Tyrer & Baldwin, 2006). 약물치료가 가능하지만 다양한 심리치료법의 효과도 검증되었는데, 심리치료는 주로 개인 면대면 CBT의 형태로 이루어졌다.

범불안장애를 위해 고안된 ICBT 프로그램으로는 두 개가 있다. 첫 번째는 호주 시드니의 Titov와 Andrews 연구집단이 개발한 걱정프로그램(Worry program)이다(〈표 8-3〉 참조). 두 번째는 스웨덴에서 개발된 것으로, 3년에 걸친 추수평가 자료가 모여진 뒤에 출간되었다.

걱정프로그램은 두 개의 대조연구에서 검증되었고, 효과성 연구는 한 개 있었다. 호주의 걱정프로그램에 대한 첫 번째 대조연구에서는 범불안장애 환자 48명을 치료조건과 대기자 통제집단에 각각 무선 할당하였다. 사후평가에서 범불안장애 측정치로 측정한 집단간 차이 효과크기는 d=1.10이었다(Titov et al., 2009a). 총 39명(81%)이 사후평가 측정치를 작성하였고, 치료집단 참여자 중 18명(75%)은 정해진 기간 동안 여섯 개의 수업을 모두 완료하였다. 두 번째 연구에서는 임상가 지원 조건, 테크니션(technician)[4] 지원 조건 및 대기자 통제집단의 차이를 살펴보았다(Robinson et al., 2010). 이 연구에는 150명이 참가하였는데, 연구 결과 두 치료조건 모두 효과가 있었으며, 통제집단과 비교해서는 효과크기가 매우 컸고, 두 치료조건 간에는 차이가 별로 나타나지 않았다. 이 프로그램은 588명을 참여시킨 대규모 효과성 연구에서도 검증되었는데, 기존 대조연구들과

---

4) 역자 주: 기술자란 의미로, 여기서는 치료와 관련된 훈련을 받기는 했지만 실제 의료나 개업 현장에서 일하는 임상가가 아닌 사람을 의미한다.

마찬가지로 비슷하게 큰 효과크기를 보여 주었다(Mewton et al., 2012).

오리고(ORIGO)는 범불안장애에 대한 스웨덴판 ICBT이며, 두 개의 대조연구에서 검증되었다. 첫 번째 연구는 Paxling 등(2011)이 실시하였는데, 참여자는 89명이었고, 1년 추수평가, 3년 추수평가까지 진행되었다. 치료는 8주간 진행된다. 전체 여덟 개 모듈 중 완료된 치료 모듈의 평균 개수는 4.8개였다. 범불안장애의 주요 측정치에서 사후평가 시 집단간 효과크기는 d=1.11이었다. 3년 추수평가에서도 치료 효과는 유지되는 것으로 나타났다.

한 연구에서 오리고 프로그램과 정신역동적 인터넷 치료의 효과를 비교한 바 있다(Andersson et al., 2012c). 이 연구에는 81명이 참여하였고, 두 조건 모두 집단내 효과크기는 크게 나타났으며, 두 치료조건 간에는 큰 차이가 없었다. 대기자 통제집단의 경우 치료 기간이 끝난 후 일시적으로 향상되는 모습을 보였지만, 3개월 추수평가 시점에는 ICBT가 통제집단에 비해 더 우수한 효과를 나타냈고(d=0.76), 역동치료 역시 통제집단에 비해 효과가 좋았다(d=0.64). 18개월 추수평가에서는 걱정 증상의 감소가 계속 유지되었다.

요약하면, 범불안장애 ICBT의 효과에 대한 근거 자료는 많지 않은 편이라 할 수 있고, ICBT와 면대면 치료를 직접 비교하여 출간된 연구는 없는 실정이다. 그러나 현재까지의 결과는 ICBT가 대체로 효과적임을 보여 주며, 실생활에서도 활용 가능할 것임을 시사한다.

〈표 8-3〉 범불안장애에 대한 프로그램의 내용

프로그램과 개발국가	기간과 모듈 및 강좌 수	주요 내용	제시 방식	사용지원 참고문헌 예
걱정프로그램 (Worry program) 호주	• 9주 • 여섯 개 온라인 수업	• 심리교육 • 인지치료 • 걱정에 대한 신념 다루기 • 점진적 노출 • 핵심신념 다루기 • 재발방지	• 삽화로 된 사례 이야기, 출력 가능한 요약본을 활용한 온라인 수업 • 이메일을 통한 치료자 지원, 온라인 토론 포럼 참여	Titov et al. (2009)

오리고(ORIGO) 스웨덴	• 8주 • 여덟 개 모듈	• 심리교육 • 응용이완법 • 걱정 타임 • 인지재구조화 • 걱정 노출 • 문제해결 • 수면 관리 • 재발방지	• 다운로드 가능한 PDF 파일 및 화면 제시 문자 자료 • 보안접속 시스템을 활용하여 과제 및 가이드 제공	Paxling et al. (2011)

외상후스트레스장애

외상후스트레스장애(Posttraumatic Stress Disorder: PTSD)는 반복적인 플래시백, 외상사건에 대한 기억의 회피나 마비 그리고 과각성을 특징으로 하는 장애이다. 외상후스트레스장애는 기능을 손상시키는 비교적 흔한 장애로, 12개월 기간 성인 유병률은 6% 정도이다(APA, 2000). 근거기반 치료법들이 존재하기는 하지만 치료를 받으러 오는 사람은 많지 않다. 외상 증상 및 외상후스트레스장애에 대한 ICBT의 효과가 몇몇 연구에서 검증되었으며, 〈표 8-4〉에 프로그램들을 소개하였다.

인터라피는 외상후스트레스장애 ICBT 프로그램 중 가장 널리 타당화된 것이며, 몇몇 연구에서 검증되어 왔다. 5주 치료 기간에는 왕성한 치료자 접촉, 온라인 자료를 활용하는 구조화된 글쓰기 과제가 포함되어 있다. 치료자와 환자 간 의사소통은 문자 기반이며 비동시적으로 이루어진다. Lange 등(2003)의 연구에서는 외상 노출 경험이 있는 사람들을 인터라피 조건(122명)과 대기자 통제집단(62명)에 무선 할당하였다. 사후평가 및 6주 추수평가에서 외상 증상들은 극적으로 감소하였다(사후평가에서 침투 증상에 대한 집단간 효과크기는 d=1.20, 회피 증상에 대한 효과크기는 d=1.30이었음). 인터라피는 복합비애의 치료에서도 사용되고 검증되었다(Wagner et al., 2006). 이 프로그램은 아랍어로 번안되어 이라크 참여자들을 대상으로 한 연구에서도 사용되었다(Wagner et al., 2012). 클리닉에서 치료받은 외상후스트레스장애 환자의 대규모 표본에 대한 자료 역시 프로그램이 효과적임을 보여 주었다(Ruwaard et al., 2012). 외상후스트레스장애 인터라피 치료법이 면대면 CBT와 직접 비교된 바는 아직 없다. 그러나 이 프로그램은 인터라피 클리닉에 보급 및 사용되고 있으며, Ruwaard 등(2012)이 외상후스트레스장애로 진단받은 477명의 대규모 표본을 활용하여 보고한 바에 의하면 집단내 효과크기는 상당히 큰 것으로 나타났다($d \geq 1.0$).

　다른 프로그램으로, 외상 관련 후유증에 대한 자가치료(self-help program for traumatic event-related consequences)가 있는데, 이는 한 소규모 대조연구에서 검증되었다(Hirai & Clum, 2005). 프로그램은 8주간 진행되며, 우리가 아는 바로는 36명이 참여하여 치료조건에 18명, 대기자 통제집단에 18명을 무선 할당한 소규모 공개실험 연구에서 검증된 바 있다. 연구 결과, 낮은 검정력으로 인해 외상 측정치들에서 상호작용은 나타나지 않았다고 한다. 그러나 회피 증상에 대한 집단간 효과크기는 $d=0.85$였고, 침투 증상에 대한 집단간 효과크기는 $d=0.62$였다.

　Litz와 동료들은 디스트레스(DE-STRESS)를 개발하였다. 단 하나의 무작위 대조연구에서 이 프로그램을 검증하였는데(Litz et al., 2007), 이 8주 프로그램은 여타의 외상후스트레스장애 프로그램들과 구성요소가 비슷하였다. 연구자들은 통제집단으로 적극적 통제집단을 사용하였는데, 이는 이 연구 분야에서는 흔하지 않은 일이었다. 참여자들은 자기관리 ICBT 조건(24명)과 지지적 상담 인터넷 치료 조건(21명)으로 무선 할당되었다. 지지적 상담 인터넷 치료는 외상과 관련 없는 걱정이나 고민들을 다루었으며, 이 경험들에 대해 글쓰기를 하도록 하였다. 탈락률은 27%였으며, 45명 중 33명이 치료를 완료하였다. 치료는 순전히 인터넷 기반은 아니었으며, 초기의 두 회기는 면대면으로 이루어졌다. 참여자들은 또 전화나 이메일로도 치료자와 접촉할 수 있었다. 비교조건이 둘 다 적극적 치료였기에 집단간 효과크기는 대기자 통제집단을 사용한 기존 연구들에 비해 크지 않을 것으로 예상되었다. 그러나 집단간 효과크기는 $d=0.41$로 ICBT가 더 효과가 좋은 것으로 나타났다. 연구자들은 또 추수평가를 실시하였는데, 치료 완료자들을 대상으로 한 6개월 추수평가에서 집단간 효과크기는 모든 외상 증상 측정치에서 $d=0.95$로 나타났다. 치료의향자(intent-to-treat) 분석[5]을 시도하였을 때, 6개월 추수평가에서 더 이상 PTSD 진단 기준을 충족시키지 않게 된 참여자 수는 ICBT 참여 집단에서 더 많았다. 6개월 추수평가의 자료는 사후평가 결과와 비슷하였다.

호주에서 개발된 PTSD 프로그램은 한 대조연구에서 검증되었다(Spence et al., 2011). 일곱 개 모듈로 구성된 프로그램은 외상후스트레스장애용 CBT의 공통요소를 담고 있고, 42명의 외상후스트레스장애 환자가 참여한 대조연구에서 상당한 효과를 보여 주었다. 사후평가에서 통제집단과의 비교효과는 작은 편이었으나($d=0.47$), 집단내 효과크기는 컸다. 효과성 연구나 면대면 치료와의 비교연구는 아직 출간된 바 없다.

저자가 속한 스웨덴 연구집단에서는 텔어스(Tellus)라고 불리는 외상후스트레스장애 프로그램을 개발하고 검증하였다(Ivarsson et al., 2014). 61명의 참여자가 공개실험에 참가하였으며, 사후평가에서 큰 집단간 효과크기가 나타났다($d=1.25$). 1년 추수평가에서 치료 효과는 잘 유지되는 것으로 나타났다.

지금까지 소개한 프로그램들은 대조연구를 통해 검증된 것들인데, 이 밖에도 외상후스트레스장애에만 초점을 맞춘 것은 아니나 공개실험에서 한 차례 검증한 연구가 하나 있었고(Ruggierio et al., 2006), 외상후스트레스장애에 직접 초점을 맞추고 Klein과 동료들(2009)이 개발한 프로그램이 공개실험에서 검증된 경우도 있다.

요약하면, ICBT가 다양한 집단을 대상으로 한 외상후스트레스장애의 치료에 효과적임을 여러 연구에서 입증하고 있다. 한편, 외상후스트레스장애로 진단받은 사람들을 대상으로 한 대규모 대조연구가 아직은 부족하며, 면대면 치료와 효과를 직접 비교한 연구도 아직은 부족한 편이다.

---

5) 역자 주: 치료 완료자만을 대상으로 한 분석이 초래하는 편향을 최소화하기 위해 중도 탈락 여부에 상관없이 치료집단에 참여한 모든 참여자 자료를 분석하는 방법을 의미한다.

〈표 8-4〉 외상후스트레스장애에 대한 프로그램의 내용

프로그램과 개발국가	기간과 모듈 및 강좌 수	주요 내용	제시 방식	사용지원 참고문헌 예
인터라피(Interapy) 네덜란드	• 5주 동안 매주 두 개의 45분 쓰기 과제를 냄 (에세이 총 10개 쓰기)	• 심리교육 • 구조화된 쓰기 과제 할당 • 자기직면 • 인지재평가 • 나누기와 작별 의식	• 참여자들을 위한 양방향 워크북과 치료자를 위한 지침서 • 시스템 내 이메일을 통한 소통 • 과제 할당	Lange et al. (2003)
외상 관련 후유증에 대한 자가치료 (self-help program for traumatic event-related consequences) 미국	• 8주	• 심리교육 • 이완 • 호흡법 훈련 • 인지재구조화 • 쓰기 노출	• 양방향 인지행동 프로그램 • 지원은 이메일을 통해 기술지원만 함	Hirai & Clum (2005)
디스트레스 (DE-STRESS) 미국	• 8주(총 56회, 즉 매일 접속 가능)	• 심리교육 • 자기관찰 • 스트레스 관리 • 노출 • 글쓰기 회기	• 초기 면대면 미팅 • 이메일을 통한 지원 • 계획된 전화 소통	Litz et al. (2007)
PTSD 프로그램 (PTSD program) 호주	• 8주 • 일곱 개 수업	• 심리교육 • 신체감각 조절 • 인지치료 • 점진적 노출 • 인지재구조화 • 재발방지	• 온라인 수업 -각 수업에서 요약 및 과제 할당 -각 수업에서 치료자가 중재하는 온라인 토론 포럼 -정기적인 자동 알림 및 알림 이메일 -치료자에게 보안 이메일을 보낼 수 있는 즉각 메시지 시스템	Spence et al. (2011)

		• 심리교육	• 자기주장 기술, 분노조절, 공황, 수면향상 전략, 식이요법, 운동, 약물과 알코올 남용 줄이기, 노출 예시에 대한 정보를 담고 있는 추가 읽기 자료에 대한 접근	
텔어스 프로그램 (Tellus program) 스웨덴	• 8주 • 여덟 개 모듈	• 심리교육 • 호흡법 훈련 • 상상노출과 실제노출 • 인지재구조화 • 재발방지	• 다운로드 가능한 PDF 파일 및 화면 제시 문자 자료 • 보안접속 시스템을 활용하여 과제 및 가이드 제공	Ivarsson et al. (2014)

강박장애, 건강불안, 특정공포증

앞에서 소개한 것들은 모두 대조연구의 대상이었다. 비록 많은 연구가 이루어지지 않았지만 몇가지 추가 프로그램들을 소개하면 다음과 같다(〈표 8-5〉 참조).

강박장애(Obsessive-Compulsive Disorders: OCD)에 대한 두 개의 프로그램이 연구에서 평가되었다. 첫 번째로, 스웨덴의 프로그램인 강박장애용 ICBT(ICBT for OCD)는 먼저 예비연구에서 그리고 그 이후에는 대조연구에서 평가되었다 (Andersson et al., 2012a). 강박장애로 진단받은 101명의 참여자는 치료조건과 관심 통제조건, 즉 온라인 지지치료 조건으로 무선 할당되었다. 맹검된 평가자들이 예일-브라운 강박장애 척도(Yale-Brown Obsessive Compulsive Scale: YBOCS)를 이용하여 평가하였는데, 그 결과 사후평가에서 집단간 효과크기는 $d=1.12$였다. 이런 효과는 4주 추수평가 시에도 유지되었다.

두 번째로, 강박장애코스(OCD course)는 호주에서 만들어진 것이다. 스웨덴의 프로그램과 같이 처음에는 예비연구로 평가되었다. 대조연구에서는 세 집단을 포함시켰다. 강박장애로 진단받은 56명의 참여자를 ICBT 조건, 독서치료 CBT 조건 또는 대기자 통제집단에 할당하였다(Wootton et al., 2013). YBOCS 측정 결과, 사후평가에서 두 치료조건은 모두 향상이 있었으며 집단간 효과크기는 $d=1.57$이었다(ICBT vs. 통제집단). 독서치료와 ICBT는 효과 차이가 없었으며(미묘하게 ICBT가 좀 더 나음), 3개월 후 추수평가 시점에서도 두 치료조건의 효과는 유지되었다.

중도건강불안(Severe Health Anxiety, 기존에는 건강염려증으로 알려짐)은 몇몇 시범연구 이후 Hedman 등(2011c)이 개발한 프로그램에서 다루어졌다. 건강불안프로그램(Health anxiety program)은 강박장애 치료의 요소들을 공유하였으며, 중도건강불안으로 진단된 81명의 참여자를 ICBT 조건과 대기자 통제집단 조건(온라인 토론 포럼)에 무선 할당하여 프로그램의 효과를 검증하였다. 사후평가에서 건강불안척도(Health Anxiety Inventory)로 측정했을 때, 집단간 효과크기는 $d=1.62$로 나타났다. 6개월 추수평가 시점에도 프로그램의 효과는 지속되었다.

특정공포증(Specific Phobia)에 있어서는 가이드 ICBT에 대한 연구가 거의 없다. 저자가 속한 연구진이 두 개의 소규모 연구를 시도하였는데, 생생한 단회 노출 조건과 가이드 ICBT 조건을 비교한 것이었다(Andersson et al., 2009, 2013). 첫 번째 연구는 거미공포증을 다루었으며 30명의 참여자가 참여하였다. 예상했던 바와 같이 단회 노출치료는 효과가 있었는데, 이는 ICBT 조건에서도 마찬가지였다. 주요 성과 측정치는 행동접근검사(Behavioral Approach Test: BAT)였으며, 2차 측정치로는 불안 및 우울 증상을 측정하는 척도들을 사용하였다. 연구 결과, 두 집단은 사후평가나 추수평가에서 차이가 없었는데, 다만 BAT 점수에서 임상적으로 유의미한 변화가 나타나는 비율에서는 차이가 있었다. 사후평가에서 인터넷 조건의 46.2%가 유의미한 변화를 보인 반면, 생생한 노출 조건에서의 변화율은 85.7%였다. 두 번째 연구(Andersson et al., 2013)는 뱀공포증을 가진 30명의 참여자를 대상으로 하였는데, 여기서도 유사한 결과가 나타났다. 사후평가 BAT 점수에서 임상적으로 유의미한 향상이 나타난 것은 인터넷 조건의 경우에는 61.5%였으나 단회 노출 조건에서는 84.6%로 나타났다. 따라서 이런 결과만 놓고 보면 면대면 치료가 ICBT에 비해 조금은 더 나은 것으로 보인다.

전반적으로 볼 때, 강박장애 연구와 건강불안 연구의 경우 반복검증이 필요할 것이다. 특정공포증 치료는 전도 유망하며, 아동을 대상으로 하는 새로운 버전의 경우 예비연구에서 효과가 있는 것으로 나타났다(Vigerland et al., 2013). 그럼에도 불구하고 좀 더 대규모의 연구들이 필요할 것으로 보인다.

〈표 8-5〉 강박장애, 중도건강불안, 특정공포증에 대한 프로그램의 내용

프로그램과 개발국가	기간과 모듈 및 강좌 수	주요 내용	제시 방식	사용지원 참고문헌 예
강박장애용 ICBT(ICBT for OCD) 스웨덴	• 10주 • 10개 모듈	• 심리교육 • 인지재구조화 • 노출과 반응억제 • 계획 수립 및 추후 실제노출 • 강박장애 하위유형에 따른 맞춤식 • 가치 작업 • 재발방지	• 다운로드 가능한 PDF 파일 및 화면 제시 문자 자료 • 보안접속 시스템을 활용하여 과제 및 가이드 제공 • 모듈은 음성 파일로도 제공됨	Andersson et al. (2012a)
강박장애코스 (OCD course) 호주	• 다섯 개 온라인 수업	• 심리교육 • 인지오류 • 노출 및 반응억제 • 재발방지	• 온라인 수업과 매주 2회 전화지원	Wootton et al. (2013)
건강불안프로그램(Health anxiety program) 스웨덴	• 12주 • 12개 모듈	• 심리교육 • 마음챙김훈련 • 인지재구조화 • 노출 및 반응억제 • 재발방지	• 스웨덴의 OCD 프로그램과 같음	Hedman et al. (2011d)
특정공포증 (Specific phobia; 거미, 뱀) 스웨덴	• 5주 • 4~5개 모듈	• 심리교육 • 노출 지도 • 인지치료 • 유지 프로그램	• 다운로드 가능한 PDF 파일 및 화면 제시 문자 자료 • 노출연습이 제시되는 비디오 • 보안접속 시스템을 활용하여 과제 및 가이드 제공	Andersson et al. (2009, 2013)

혼합된 불안과 우울

최근까지도 범진단치료 및 맞춤식 ICBT 프로그램이 개발 및 검증되고 있다. 프로그램 예들을 〈표 8-6〉에 제시하였다. 또한 7장에서 제시했던 맞춤식 우울 중 인터넷 치료도 예가 될 것이다(〈표 7-1〉 참조).

범진단 ICBT에 대해서는 두 가지 접근법이 있다. 첫째는 모든 환자에게 똑같은 재료를 제공한다는 개념에 기반을 둔 것이며(부록으로 선택적 맞춤식은 가능함),

〈표 8-6〉 통합치료 또는 맞춤식 ICBT에 기반을 둔 프로그램의 내용

프로그램과 개발국가	기간과 모듈 및 강좌 수	주요 내용	제시 방식	사용지원 참고문헌 예
웰빙프로그램 (Wellbeing program) 호주	• 10주 • 여덟 개 온라인 수업	• 범진단 심리교육 • 인지치료 • 신체 증상 조절 • 행동활성화 • 단계적 노출 • 인지치료 심화(예: 핵심신념) • 문제 해결하기 • 재발방지 • 활용 가능한 부가 모듈들	• 온라인 수업 • 온라인 토론 포럼, 자동 알리미, 문자 메시지 • 현장의 목소리 (FAQ) • 치료자 가이드	Titov et al. (2011)
맞춤식 불안장애 인터넷 치료(Tailored Internet intervention for anxiety; NOVA) 스웨덴	• 10주 내외로 탄력적 운용 • 증상의 양상에 따라 처방된 25개 모듈 • 네 개 고정 모듈 −심리교육 −인지재구조화 −안전행동 −재발방지	• 우울, 공황, 사회불안, 걱정, 트라우마, 스트레스 관리, 집중력 문제, 문제해결, 마음챙김 및 이완 모듈	• 다운로드 가능한 PDF 파일 및 화면 제시 문자 • 보안접속 시스템을 통한 과제 및 가이드 제공	Carlbring et al. (2010)

둘째는 처음과 마지막 모듈을 제외한 나머지 모든 모듈을 맞춤식으로 제공하는 것이다. 첫째 접근은 호주식이며, 둘째 접근은 스웨덴식이다.

호주의 Titov와 동료들은 치료자가 가이드하는 범진단 ICBT에 대해 최소 세 개의 대조연구를 수행한 바 있다(앞 장에서 제시한 우울 프로그램도 있음). 연구대상은 혼합된 불안과 우울을 겪는 집단이었다. 첫 번째 연구에서는 혼합된 불안/우울을 겪는 86명의 참여자를 치료집단과 통제집단에 무선 할당하였다. 사후평가에서 치료집단이 더 우세한 쪽으로 중등도의 집단간 효과크기가 나타났다(Titov et al., 2010).

이후 연구에서는 77명의 참여자를 치료집단과 대기자 통제집단에 무선 할당하였는데(Titov et al., 2011), 처음 연구에서의 프로그램을 약간 개선하여 사용하였다. 역시 중등도의 집단간 효과크기가 관찰되었으나(일반적 불안 측정치에서 $d=0.56$), 집단내 효과크기가 더 컸다. 치료 이행도는 매우 좋았으며, 치료집단 참여자 중 81%가 10주 치료 기간에 할당된 여덟 개의 모듈을 완료하였다.

세 번째 연구는 연구설계를 조금 달리하였다. 연구자들은 다양한 불안장애를 겪는 131명의 참여자를 세 조건으로 무선 할당하였다. 임상가 지원 조건, 코치 지원 조건, 대기자 통제조건이 그것이다(Johnston et al., 2011). 지원 제공 유형에서 주요한 차이는, 코치는 임상적 조언 제공을 하거나 프로그램에서 제공되는 정보나 기술에 대해 더 정교하게 설명하지는 못한다는 것이었다. 결과 분석에서 연구자들은 두 능동 조건의 자료를 합쳐서 분석하였다(코치 집단이 다소 우세한 경향성이 나타남). 이 연구에서 집단간 효과크기(치료집단 vs. 통제집단)는 큰 편이었다. 앞의 연구에서처럼 이 프로그램은 개선된 버전으로 몇몇 추가 자료를 포함하고 있었다(예: 기분조절, 수면 향상 등에 대한 안내를 담은 읽기 자료 추가). 치료 이행도는 높은 편이어서 70% 이상의 참여자들이 여덟 개의 수업을 완료하였다.

종합적으로 볼 때 범진단적 ICBT는 유망한 치료 접근법이라 할 수 있는데, 다만 몇몇 연구에서는 진단 특정적 접근보다 효과크기가 작게 나타났다. 프로그램의 개요에 대해서는 [그림 8-1]을 참조하라.

증상 사이클

다음과 같은 증상들을 인식할 수 있습니다.

1. 건설적이지 못한 생각들

2. 신체 증상

3. 쓸모없는 행동들

이 세 가지 증상은 서로 상호작용하여 악순환을 만듭니다.

증상들이 서로 영향을 미치는 방식을 학습해야 악순환을 깨뜨릴 수 있습니다.

증상 사이클

신체 증상

정서적 웰빙

쓸모없는 행동들

쓸모없는 생각들

이제 조와 글렌의 설명을 들어 봅시다.

[그림 8-1] 웰빙프로그램 예시

공병증상 및 불안과 우울에 공통된 문제를 다루는 두 번째 접근법은 환자의 프로파일에 따라 치료를 맞춤식으로 제공하는 것이다. 이 아이디어는 저자가 속한 연구진이 몇몇 연구를 완료하고 특정 장애들에 대한 프로그램을 개발하면서 나왔다. 즉, 치료 모듈을 재작성하여 좀 더 전반적인 내용으로 구성한 후 자기보고 및 임상면접에 따라 맞춤식 프로그램을 처방할 수 있도록 했다. 이것은 숙련된 임상가들에게는 전혀 이상하게 들리지 않을 것인데, 임상가들은 환자의 문제와 요구에 따라(그리고 종종 사례개념화에 근거하여) 치료를 조금씩 변형시키기 때문이다. 그러나 맞춤식 ICBT라도 치료 시작점, 이론 그리고 치료 종결법 등이 고정되는 구조화가 필요할 것이다. 시작으로서 심리교육 그리고 종결로서 재발방지 사이에 다양한 모듈을 추천할 수 있다. 이는 임상가가 중요한 역할을 맡는다는 것이며, 맞춤작업은 환자와 협조하여 하거나 환자 혼자 할 수도 있다(Andersson et al., 2011).

맞춤식 ICBT에 대한 첫 번째 대조연구에서는 54명의 참여자를 10주 치료 프로그램과 통제집단에 각각 무선 할당하였다. 불안, 우울, 삶의 질 사후평가 측정치에서 집단간 평균 효과크기는 $d=0.69$로 나타났다. 이 연구에서는 1년 및 2년 시점에서 장기 추수평가를 계획했다(Carlbring et al., 2010). 치료 이행도는 고정 모듈 프로그램에서처럼 계산이 단순하지 않았지만, 평균적으로 아홉 개 모듈이 처방되었으며 여덟 개가 완료되었다. 그러나 처방된 모듈을 모두 완료한 참여자들은 60% 정도였다.

이 연구자의 연구집단은 불안장애용 맞춤식 ICBT에 대해 두 번째 대조연구를 실시하였다. 이 연구는 공황 증상을 대상으로 하였으며, 57명의 참여자를 8주 치료 프로그램 또는 통제조건에 무선 할당하였다. 연구 결과, 사후평가 시점에 큰 집단간 효과크기가 관찰되었으며, 효과는 1년 후 추수평가에도 유지되었다(Silfvernagel et al., 2012). 또 이 연구에서는 연령대의 중요성에 대해 조사해 보았는데(18~30세 vs. 31~45세), 연령대별 유의미한 차이는 나타나지 않았다. 불안장애용 맞춤식 ICBT에 대해 두 개의 미출간 연구가 더 있다. 하나는 1차진료 장면에서 이루어진 연구이고, 다른 하나는 불안장애를 겪는 노인을 대상으로 이루어진 연구이다. 두 연구 모두에서 의미 있는 결과가 나타났으며, 효과크기는 중등도(moderate) 내지 큰(large) 수준이었다.

맞춤식 치료와 관련하여 중요한 의문이 있는데, 그것은 장애 특정적 치료보다 맞춤식이 더 유용하냐는 것이다. 우울증에 대해서 살펴보면, 심한 우울증 환자에게 맞춤식 치료가 더 유용하다는 기초적인 증거가 있다(7장 참조). 저자가 알기로는 오직 Berger 등(2014)의 연구만이 불안장애 영역에서 이를 검증하였는데, 그들은 132명의 참여자를 맞춤식 가이드 ICBT 조건과 표준 장애 특정적 ICBT 조건 그리고 대기자 통제조건에 무선 할당하였다. 이 연구에서 맞춤식 조건의 치료 효과는 장애 특정적 치료조건에 비해 더 우월하지도 열등하지도 않았다. 통제집단과 비교할 때 맞춤식 치료의 평균 집단간 효과크기는 $d=0.80$이었으며, 표준 장애 특정적 치료의 효과크기는 $d=0.82$였다. 이는 맞춤식 치료가 ICBT의 효과를 떨어뜨리지 않는다는 점에서 중요한 결과이다. 흥미롭게도 치료 만족도 평가에서는 서로 차이가 없었다. Johansson 등(2012)의 연구와 다른 점은 심각한 증상을 보이는 환자들에게 표준 ICBT 치료에 비해 맞춤식 치료가 더 낫다는 뚜렷한 증거는 나오지 않았다는 것이다. 아마도 참여자 대부분의 주 진단이 사회불안장애였고, 맞춤식 치료가 Johansson 등(2012)의 연구에서 이루어진 것과 똑같은 방식이 아니었기 때문일 수 있다. 그러나 장애 특정적 치료의 효과크기가 큰 점 그리고 공병증상들이 장애 특정적 치료에 반응하는 점(예를 들어, 공황장애 치료 후 걱정도 감소함; Titov et al., 2009 참조)을 감안할 때, 불안 외에도 다양한 혼합증상(예: 건강문제, 불면, 주요우울증 등)을 보이는 임상 및 하위임상 사례들에 있어 맞춤 방식을 고려해 볼 필요가 있다.

흥미로운 점은 호주식 접근과 스웨덴식 접근 간에 어느 정도 중첩되는 부분이 있다는 것이다. 호주식 접근에서는 개별 자료를 제공하고 스웨덴식 접근에서는 고정된 모듈 방식을 사용하지만 실제 프로그램 내용은 별반 다르지 않다. 그보다는 자료 제시 방식이 다른데, 스웨덴식 맞춤식 접근은 호주식 온라인 수업에 비해 훨씬 더 문서 자료에 의존하고 있다. 우리 연구집단에서는 고정 모듈들을 다양한 형식으로 전달하도록(예: 스마트폰으로도 가능) 만들어 차이를 더욱 감소시켰다.

요약하면, 맞춤식 및 범진단적 ICBT 접근은 전도 유망하며, ICBT로 혜택을 볼 수 있는 환자 층을 확대시킬 수 있다. 아직까지는 범진단적 ICBT가 장애 특정적 ICBT에 비해 얼마나 나은지 명확하지는 않으며, 불안장애에서 맞춤식 ICBT와 표준 ICBT를 비교한 단 하나의 연구만 존재한다. 환자들의 선호 및 선택이 미치는 영향에 대해서는 연구된 것이 별로 없지만, 한 공개연구에서 환자들이 선택할 모듈에 대한 설명을 읽고 나서 치료 내용을 결정할 수 있게 한 바 있다 (Andersson et al., 2011).

다양한 대상 집단

이 장에서 우리는 주로 불안장애를 겪는 성인을 대상으로 한 ICBT에 대해 다루었지만, 아동 및 청소년을 대상으로 하는 ICBT에 대한 문헌들도 증가하고 있다. Spence 등(2011)은 불안장애 청소년을 대상으로 한 연구에서 ICBT가 면대면 치료와 동등하게 효과적이라는 것을 보여 주었다. 동일 연구집단은 아동을 대상으로 한 ICBT의 효과도 살펴보았다(March et al., 2009). 효과는 성인 대상 연구에서처럼 크지는 않았지만 그래도 결과는 고무적이었으며, 8~12세의 특정공포증 아동을 대상으로 한 스웨덴의 예비연구에서는 큰 집단내 효과크기가 관찰되었다(Vigerland et al., 2013). 그러나 종합적으로 볼 때 불안장애 아동 및 청소년들의 ICBT 사용에 대한 연구는 많지 않은 실정이다.

상대적으로 연구가 소홀한 두 번째 대상 집단은 노년층이다. Zou 등(2012)은 22명의 참여자를 대상으로 공개연구를 진행하여 큰 집단내 효과크기를 보여 주었다. Mewton 등(2013)이 연구한 바에 의하면 노년층은 젊은 연령대에 비해 치료 프로그램에 제시되는 온라인 수업들을 완료하는 경향이 더 강하다. 그러나 이 결과는 자동화된 프로그램에 대한 것이어서 가이드 ICBT 형식에 연구 결과를 적용하기엔 무리가 있다. 앞에서 언급한 것처럼 스웨덴에서는 노년층을 위한 맞춤식 ICBT 대조연구를 진행하였으며 고무적인 결과를 얻었다. 그러나 이 분야에서는 아직 더 많은 연구가 필요할 것이다.

다른 연구대상으로는 외국에 거주하는 사람들(Wagner et al., 2012 참조)이 있고, 또 CBT가 아닌 다른 치료 접근법을 사용하는 임상가가 연구대상이 될 수 있다. 이 연구자 집단에서는 정신역동적 치료 접근법에 대해(앞의 범불안장애 부분에서 언급함) 두 개의 대조연구를 수행한 바 있다. 최근에 Johansson 등(2013)은 혼합된 불안과 우울을 다루는 정서초점치료(affect-focused therapy)에 대해 연구한 바 있다. 이 연구에서 우울 증상에 대해서는 큰 효과크기가 나타났으나 불안 측정치들에서는 다소 작은 효과크기가 나타났다.

불안장애 가이드 ICBT 효과에 대한 논의

종합적으로 볼 때, 이 장에서 소개한 많은 연구는 가이드 ICBT가 불안장애 치료에 효과적임을 보여 주고 있으며, 이를 개관한 연구들(예: Cuijpers et al., 2009)도 있다. 직접 비교한 연구는 많지 않지만, 우리가 메타분석한 바에 의하면 ICBT

와 면대면 치료 간에 효과 차이는 없는 것으로 나타났다(Andersson et al., 2014). 이 장에서 언급한 것처럼 ICBT가 정규 임상 세팅에서 활용 가능한가에 대한 연구(Andersson & Hedman, 2013)도 있으며, 장기 추수관찰 연구들도 있다. 부가적으로 ICBT의 경제성에 대한 연구도 있는데 대부분 ICBT가 비용-효과적임을 보여 주고 있다(6장 참조).

또 인터넷이 널리 활용되기 전에 개발된 전산화된 프로그램으로 공황과 불안을 다루는 피어파이터(FearFighter)와 같은 프로그램도 있는데, 이것은 영국의 일부 지역에서 활용 가능하다(http://www.fearfighter.com). 이 프로그램은 본래 CD-ROM 방식으로 개발되어 일반진료 장면에서 컴퓨터를 활용해 제시되는 것이었으나, 추후 이 프로그램을 인터넷 실시 방식으로 바꿔서 연구(Schneider et al., 2005)를 했을 때도 효과는 좋았다.

그러나 여전히 몇 가지 문제가 남아 있다. 우리는 여전히 치료 성과의 예측요인들에 대해서 그리고 좋은 성과를 산출하는 메커니즘에 대해서는 잘 알지 못한다. 따라서 조절변인과 중재변인에 대한 연구들이 더 이뤄져야 할 것이다. 현존하는 연구들은 일관된 결과를 산출하지 못하고 있다(예: Andersson et al., 2008; 6장 참조). 또 여러 ICBT 연구에서와 같이 불안장애 연구들은 종종 고학력의 참여자를 대상으로 하고 있는데, 많은 유럽 국가에서는 다수의 대중이 인터넷을 사용하기는 하지만 모든 이가 인터넷을 이용할 수 있는 것은 아니고, 인터넷 이용 인구가 대다수가 아닌 국가도 존재한다.

그리고 사용자들이 ICBT를 어떻게 경험하는지에 대한 지식을 질적 연구를 통해 얻을 수도 있다. 우울에 대해서는 몇몇 연구가 이루어졌지만 불안장애 환자들에 대해서는 아직 연구가 이루어지지 않았다. 또 가이드 ICBT와 면대면 치료가 동등한 효과를 보인다고는 하지만 이들이 같은 메커니즘을 통해 작동하는 것 같지는 않다. 예를 들어, 공포 대상에 노출하는 것은 두려운 일인데, ICBT는 환자들이 노출 단계를 자신에게 맞는 속도로 헤쳐 나가도록 돕는 방법이 되는 것 같다. 어쨌든 ICBT의 경우 근거중심 치료에서 벗어나는 치료자 표류를 피하는 것이 훨씬 쉽다.

다른 이론 접근법

정신역동적 인터넷 치료는 이미 앞에서 언급한 바 있는데, 가이드 ICBT와 여러 측면에서 유사하고 다만 이론적 근거 및 치료 모듈의 내용에선 차이가 있다. 치료자 역할도 다소 차이가 있다. 그리고 불안장애를 치료하기 위해 인터넷을 사용한 전혀 다른 방식이 또 하나 있는데, 그것은 사회불안장애에 대한 주의편향수정훈련(Attention Bias Modification)이다. 우리가 이 치료 방식에 대해 연구한 바로는 적어도 둘 이상의 다른 연구집단에서도 부정적인 결과를 보여 주었는데, 주의편향수정은 사회불안장애에는 잘 맞지 않는 것 같다(예: Carlbring et al., 2012; Neubauer et al., 2013). 주의편향수정을 인터넷으로 실시하는 것이 불확실한 결과를 보여 주었으므로, 이에 대해 더 언급하는 것은 적절하지 않고 후속 연구가 더 필요하다고만 하겠다.

실천적 함의 및 요점

- 가이드 ICBT는 다양한 불안장애에 효과적인 것으로 나타났고, 시간이 지나도 효과는 유지되었다.
- 불안장애용 ICBT는 면대면 CBT만큼이나 효과적으로 보이며, 이는 환자가 선호할수록 더욱 그런 것 같다.
- 대부분의 연구 및 임상 경험은 성인을 대상으로 얻어진 것이며, 불안장애를 겪는 아동이나 청소년 또는 노년층에 대한 ICBT에 대해서는 아직 알려진 바가 많지 않다.
- 최근 연구에 의하면 범진단적 또는 맞춤식 ICBT가 불안장애 치료에 유용한 것으로 보이지만, 이런 형태의 ICBT와 장애 특정적 ICBT 간에 어떤 차이가 있는지는 아직 분명하지 않다.
- 불안장애용 ICBT의 치료 성과에 대해 예측요인 및 중재요인을 탐구하는 더

많은 연구가 필요할 것이다.

- 사회불안장애에 대해 인터넷으로 주의편향수정을 실시하는 것은 현재까지는 분명히 효과가 있다고 보기 어렵다.

참고문헌

Andersson E, Enander J, Andrén P, Hedman E, Ljótsson B, Hursti T, Bergström J, Kaldo V, Lindefors N, Andersson G, Rück C. (2012a). Internet-based cognitive behaviour therapy for obsessive-compulsive disorder: A randomised controlled trial. *Psychological Medicine, 42,* 2193–2203.

Andersson G, Carlbring P, Furmark T. (In press). Internet-delivered treatments for social anxiety disorder In J Weeks, editor. *Handbook of Social Anxiety Disorder.* New York: Wiley-Blackwell.

Andersson G, Carlbring P, Furmark T, and on behalf of the SOFIE Research Group. (2012b). Therapist experience and knowledge acquisition in Internet-delivered CBT for social anxiety disorder: A randomized controlled trial. *PloS ONE, 7*(5), e37411.

Andersson G, Carlbring P, Furmark T. (2014). Internet-delivered treatments for social anxiety disorder In J. Weeks (ed.), *Handbook of Social Anxiety Disorder* (pp. 569–587). New York: Wiley-Blackwell.

Andersson G, Carlbring P, Grimlund A. (2008). Predicting treatment outcome in Internet versus face to face treatment of panic disorder. *Computers in Human Behavior, 24,* 1790–1801.

Andersson G, Carlbring P, Holmström A, Sparthan E, Furmark T, Nilsson-Ihrfelt E, Buhrman M, Ekselius L. (2006). Internet-based self-help with therapist feedback and in-vivo group exposure for social phobia: A randomized controlled trial. *Journal of Consulting and Clinical Psychology, 74,* 677–686.

Andersson G, Cuijpers P, Carlbring P, Riper H, Hedman E. (In press). Internet-based vs. face-to-face cognitive behaviour therapy for psychiatric and somatic disorders: A systematic review and meta-analysis. *World Psychiatry.*

Andersson G, Estling, F, Jakobsson E, Cuijpers P, Carlbring P. (2011). Can the patient decide which modules to endorse? An open trial of tailored Internet treatment of anxiety disorders. *Cognitive Behaviour Therapy, 40,* 57-64.

Andersson G, Hedman E. (2013). Effectiveness of guided Internet-delivered cognitive behaviour therapy in regular clinical settings. *Verhaltenstherapie, 23,* 140-148.

Andersson G, Paxling B, Roch-Norlund P, Östman G, Norgren A, Almlöv J, Georén L, Breitholtz E, Dahlin M, Cuijpers P, Carlbring P, Silverberg F. (2012c). Internet-based psychodynamic vs. cognitive behavioural guided self-help for generalized anxiety disorder: A randomised controlled trial. *Psychotherapy and Psychosomatics, 81,* 344-355.

Andersson G, Waara J, Jonsson U, Malmaeus F, Carlbring P, Öst L-G. (2009). Internet-based self-help vs. one-session exposure in the treatment of spider phobia: A randomized controlled trial. *Cognitive Behaviour Therapy, 38,* 114-120.

Andersson G, Waara J, Jonsson U, Malmeus F, Carlbring P, Öst L-G. (2013). Internet-based vs. one-session exposure treatment of snake phobia: A randomized controlled trial. *Cognitive Behaviour Therapy, 42,* 284-291.

Andrews G, Davies M, Titov N. (2011). Effectiveness randomized controlled trial of face to face versus Internet cognitive behaviour therapy for social phobia. *Australian and New Zealand Journal of Psychiatry, 45,* 337-340.

Aydos L, Titov N, Andrews G. (2009). Shyness 5: The clinical effectiveness of Internet-based clinician-assisted treatment of social phobia. *Australasian Psychiatry, 17,* 488-492.

Berger T, Boettcher J, Caspar F. (In press). Internet-based guided self-help for several anxiety disorders: A randomized controlled trial comparing a tailored with a standardized disorder-specific approach. *Psychotherapy.*

Berger T, Caspar F, Richardson R, Kneubühler B, Sutter D, Andersson G. (2011). Internet-based treatment of social phobia: A randomized controlled trial comparing unguided with two types of guided self-help. *Behaviour Research and Therapy, 48,* 158-169.

Berger T, Hohl E, Caspar F. (2009). Internet-based treatment for social phobia: A randomized controlled trial. *Journal of Clinical Psychology, 65,* 1021-1035.

Bergström J, Andersson G, Karlsson A, Andreewitch S, Rück C, Carlbring P, Lindefors N. (2009). An open study of the effectiveness of Internet treatment for panic disorder delivered in a psychiatric setting. *Nordic Journal of Psychiatry, 63,* 44-50.

Bergström J, Andersson G, Ljótsson B, Rück C, Andréewitch S, Karlsson A, Carlbring P, Andersson E, Lindefors N. (2010). Internet-versus group-administered cognitive behaviour therapy for panic disorder in a psychiatric setting: A randomised trial. *BMC Psychiatry, 10,* 54.

Boettcher J, Berger T, Renneberg B. (2012). Does a pre-treatment diagnostic interview affect the outcome of Internet-based self-help for social anxiety disorder? A randomized controlled trial. *Behavioural and Cognitive Psychotherapy, 40,* 513–528.

Botella C, Gallego MJ, Garcia-Palacios A, Guillen V, Banos RM, Quero S, Alcaniz M. (2010). An Internet-based self-help treatment for fear of public speaking: A controlled trial. *Cyberpsychology, Behavior and Social Networking, 13,* 407–421.

Carlbring P, Apelstrand M, Sehlin H, Amir N, Rousseau A, Hofmann S, Andersson G. (2012). Internet-delivered attention training in individuals with social anxiety disorder–a double blind randomized controlled trial. *BMC Psychiatry, 12,* 66.

Carlbring P, Bergman Nordgren L, Furmark T, Andersson G. (2009). Long term outcome of Internet delivered cognitive-behavioural therapy for social anxiety disorder: A 30-month follow-up. *Behaviour Research and Therapy, 47,* 848–850.

Carlbring P, Bohman S, Brunt S, Buhrman M, Westling BE, Ekselius L, Andersson G. (2006). Remote treatment of panic disorder: A randomized trial of Internet-based cognitive behavioral therapy supplemented with telephone calls. *American Journal of Psychiatry, 163,* 2119–2125.

Carlbring P, Ekselius L, Andersson G. (2003). Treatment of panic disorder via the Internet: A randomized trial of CBT vs. applied relaxation. *Journal of Behavior Therapy and Experimental Psychiatry, 34,* 129–140.

Carlbring P, Gunnarsdóttir M, HedensjöL, Andersson G, Ekselius L, Furmark T. (2007). Treatment of social phobia: Randomized trial of Internet delivered cognitive behaviour therapy and telephone support. *British Journal of Psychiatry, 190,* 123–128.

Carlbring P, Maurin L, Törngren C, Linna E, Eriksson T, Sparthan E, Strååt M, Marquez von Hage C, Bergman-Nordgren L, Andersson G. (2011). Individually-tailored, internet-based treatment for anxiety disorders: a randomized controlled trial. *Behaviour Research and Therapy, 49,* 18–24.

Carlbring P, Nilsson-Ihrfelt E, Waara J, Kollenstam C, Buhrman M, Kaldo V, Söderberg M, Ekselius L, Andersson G. (2005). Treatment of panic disorder: Live therapy vs. self-help via Internet. *Behaviour Research and Therapy, 43,* 1321-1333.

Carlbring P, Westling BE, Ljungstrand P, Ekselius L, Andersson G. (2001). Treatment of panic disorder via the Internet-a randomized trial of a self-help program. *Behavior Therapy, 32,* 751-764.

Cuijpers P, Marks I, van Straten A-M, Cavanagh K, Gega L, Andersson G. (2009). Computer-aided psychotherapy for anxiety disorders: A meta-analytic review. *Cognitive Behaviour Therapy, 38,* 66-82.

DagööJ, Persson Asplund R, Andersson Bsenko H, Hjerling S, Holmberg A, Westh S, Öberg L, Ljótsson B, Carlbring P, Furmark T, Andersson G. (2014). Cognitive behavior therapy versus interpersonal psychotherapy for social anxiety disorder delivered via smartphone and computer: a randomized controlled trial. *Journal of Anxiety Disorders, 28,* 410-417.

Furmark T. (2002). Social phobia: Overview of community surveys. *Acta Psychiatrica Scandinavica, 105,* 84-93.

Hedman E, Andersson E, Ljótsson B, Andersson G, Rück C, Lindefors N. (2011b). Cost-effectiveness of Internet-based cognitive behavior therapy vs. cognitive behavioral group therapy for social anxiety disorder: Results from a randomized controlled trial. *Behaviour Research and Therapy 49,* 729-736.

Hedman E, Andersson G, Ljótsson B, Andersson E, Rück C, Asmundson GJG, Lindefors N. (2011d). Internet-based cognitive-behavioural therapy for severe health anxiety: Randomised controlled trial. *British Journal of Psychiatry, 198,* 230-236.

Hedman E, Andersson G, Ljótsson B, Andersson E, Rück C, Mörtberg E, Lindefors N. (2011a). Internet-based cognitive behavior therapy vs. cognitive behavioral group therapy for social anxiety disorder: A randomized controlled non-inferiority trial. *PloS ONE, 6*(3), e18001.

Hedman E, Furmark T, Carlbring P, Ljótsson B, Rück C, Lindefors N, Andersson G. (2011c). Five-year follow-up of Internet-based cognitive behaviour therapy for social anxiety disorder. *Journal of Medical Internet Research, 13*(2), e39.

Hedman E, Ljótsson B, Rück C, Bergström J, Andersson G, Kaldo V, Jansson L, Andersson E, Blom K, El Alaoui S, Falk L, Ivarsson J, Nasri B, Rydh S, Lindefors

N. (2013). Effectiveness of Internet-based cognitive behaviour therapy for panic disorder in routine psychiatric care. *Acta Psychiatrica Scandinavica, 128,* 457–467.

Hilvert-Bruce Z, Rossouw PJ, Wong N, Sunderland M, Andrews G. (2012). Adherence as a determinant of effectiveness of Internet cognitive behavioural therapy for anxiety and depressive disorders. *Behaviour Research and Therapy, 50,* 463–468.

Hirai M, Clum GA. (2005). An Internet-based self-change program for traumatic event related fear, distress, and maladaptive coping. *Journal of Traumatic Stress, 18,* 631–636.

Hofmann SG, Heinrichs N, Moscovitch DA. (2004). The nature and expression of social phobia: toward a new classification. *Clinical Psychology Review, 24,* 769–797.

Ivarsson D, Blom M, Hesser H, Carlbring P, Enderby P, Nordberg R, Andersson G. (2013). Guided Internet-delivered cognitive behaviour therapy for post-traumatic stress disorder: A randomized controlled trial. *Submitted manuscript.*

Ivarsson D, Blom M, Hesser H, Carlbring P, Enderby P, Nordberg R, Andersson G. (2014). Guided Internet-delivered cognitive behaviour therapy for post-traumatic stress disorder: A randomized controlled trial. *Internet Interventions, 1,* 33–40.

Johansson R, Björklund M, Hornborg C, Karlsson S, Hesser H, Ljótsson B, Rousseau A, Frederick RJ, Andersson G. (2013). Affect-focused psychodynamic psychotherapy for depression and anxiety through the Internet: A randomized controlled trial. *PeerJ, 1,* e102.

Johansson R, Sjöberg E, Sjögren M, Johnsson E, Carlbring P, Andersson T, Rousseau A, Andersson G. (2012). Tailored vs. standardized Internet-based cognitive behavior therapy for depression and comorbid symptoms: A randomized controlled trial. *PLoS ONE, 7*(5), e36905.

Johnston L, Titov N, Andrews G, Spence J, Dear BF. (2011). A RCT of a transdiagnostic Internet-delivered treatment for three anxiety disorders: Examination of support roles and disorder-specific outcomes. *PLoS ONE, 6,* e28079.

Kiropoulos LA, Klein B, Austin DW, Gilson K, Pier C, Mitchell J, Ciechomski L. (2008). Is Internet-based CBT for panic disorder and agoraphobia as effective as face-to-face CBT? *Journal of Anxiety Disorders, 22,* 1273–1284.

Klein B, Mitchell J, Gilson K, Shandley K, Austin D, Kiropoulos L, Abbott J, Cannard G. (2009). A therapist-assisted Internet-based CBT intervention for posttraumatic stress disorder: Preliminary results. *Cognitive Behaviour Therapy, 38,* 121–131.

Klein B, Richards JC. (2001). A brief Internet-based treatment for panic disorder. *Behavioural and Cognitive Psychotherapy, 29,* 113–117.

Lange A, Rietdijk D, Hudcovicova M, van den Ven J-P, Schrieken B, Emmelkamp PMG. (2003). Interapy: A controlled randomized trial of the standardized treatment of posttraumatic stress through the Internet. *Journal of Consulting and Clinical Psychology, 71,* 901–909.

Litz BT, Engel CC, Bryant RA, Papa A. (2007). A randomized, controlled proof-of-concept trial of an Internet-based, therapist-assisted self-management treatment for posttraumatic stress disorder. *American Journal of Psychiatry, 164*(11), 1676-1683.

March S, Spence SH, Donovan CL. (2009). The efficacy of an Internet-based cognitive-behavioral therapy intervention for child anxiety disorders. *Journal of Pediatric Psychology, 34,* 474–487.

Mewton L, Sachdev PS, Andrews G. (2013). A naturalistic study of the acceptability and effectiveness of Internet-delivered cognitive behavioural therapy for psychiatric disorders in older Australians. *PLoS ONE, 8,* e71825.

Mewton L, Wong N, Andrews G. (2012). The effectiveness of Internet cognitive behavioural therapy for generalized anxiety disorder in clinical practice. *Depression and Anxiety, 29,* 843–849.

Neubauer K, von Auer M, Murray E, Petermann F, Helbig-Lang S, Gerlach AL. (2013). Internet-delivered attention modification training as a treatment for social phobia: A randomized controlled trial. *Behaviour Research and Therapy, 51,* 87–97.

Paxling B, Almlöv J, Dahlin M, Carlbring P, Breitholtz E, Eriksson T, Andersson G. (2011). Guided Internet-delivered cognitive behavior therapy for generalized anxiety disorder: A randomized controlled trial. *Cognitive Behaviour Therapy, 40,* 159–173.

Richards JC, Klein B, Austin DW. (2006). Internet CBT for panic disorder: Does the inclusion of stress management improve end-state functioning? *Clinical Psychologist, 10,* 2–15.

Robinson E, Titov N, Andrews G, McIntyre K, Schwencke G, Solley K. (2010). Internet treatment for generalized anxiety disorder: A randomized controlled trial comparing clinician vs. technician assistance. *PloS ONE, 5,* e10942.

Ruggiero KJ, Resnick HS, Acierno R, Coffey SF, Carpenter MJ, Ruscio AM, Stephens RS,

Kilpatrick DG, Stasiewicz PR, Roffman RA, Bucuvalas M, Galea S. (2006). Internet-based intervention for mental health and substance use problems in disaster-affected populations: A pilot feasibility study. *Behavior Therapy, 37,* 190–205.

Ruscio AM, Brown TA, Chiu WT, Sareen J, Stein MB, Kessler RC. (2008). Social fears and social phobia in the USA: Results from the National Comorbidity Survey Replication. *Psychological Medicine, 38,* 15–28.

Ruwaard J, Broeksteeg, J, Schrieken B, Emmelkamp, P, Lange, A. (2010). Web-based therapist-assisted cognitive behavioral treatment of panic symptoms: A randomized controlled trial with a three-year follow-up. *Journal of Anxiety Disorders, 24,* 387–396.

Ruwaard J, Lange, A, Schrieken B, Dolan CV, Emmelkamp P. (2012). The effectiveness of online cognitive behavioral treatment in routine clinical practice. *PLoS ONE, 7*(7), e40089.

Schneider AJ, Mataix-Cols D, Marks IM, Bachofen M. (2005). Internet-guided self-help with or without exposure therapy for phobic and panic disorders. *Psychotherapy and Psychosomatics, 74,* 154–164.

Shandley K, Austin DW, Klein B, Pier C, Schattner P, Pierce D, Wade V. (2008). Therapist-assisted, Internet-based treatment for panic disorder: Can general practitioners achieve comparable patient outcomes to psychologists? *Journal of Medical Internet Research, 10*(2), e14.

Silfvernagel K, Carlbring P, Kabo, J, Edström, S, Eriksson J, Månson L, Andersson G. (2012). Individually tailored Internet-based treatment of young adults and adults with panic symptoms: A randomized controlled trial. *Journal of Medical Internet Research, 14*(3), e65.

Spence J, Titov N, Dear BF, Johnston L, Solley K, Lorian C, Wootton B, Zou J, Schwenke G. (2011). Randomized controlled trial of Internet-delivered cognitive behavioral therapy for posttraumatic stress disorder. *Depression and Anxiety, 28,* 541–550.

Spence SH, Donovan CL, March S, Gamble A, Anderson RE, Prosser S, Kenardy J. (2011). A randomized controlled trial of online versus clinic-based CBT for adolescent anxiety. *Journal of Consulting Clinical Psychology, 79,* 629–642.

Taylor CB. (2006). Panic disorder. *British Medical Journal, 332,* 951–955.

Taylor S. (2000). *Understanding and treating panic disorder. Cognitive-behavioral approaches.* Chichester: Wiley.

Tillfors M, Carlbring P, Furmark T, Lewenhaupt S, Spak M, Eriksson A, Ekselius L, Westling B, Andersson G. (2008). Treating university students with social phobia and public speaking fears: Internet delivered self-help with or without live group exposure sessions. *Depression and Anxiety, 25,* 708–717.

Titov N, Andrews G, Johnston L, Robinson E, Spence J. (2010). Transdiagnostic Internet treatment for anxiety disorders: A randomized controlled trial. *Behaviour Research and Therapy, 48,* 890–899.

Titov N, Andrews G, Robinson E, Schwencke G, Johnston L, Solley K, Choi I. (2009a). Clinician-assisted Internet-based treatment is effective for generalized anxiety disorder: Randomized controlled trial. *Australian and New Zealand Journal of Psychiatry, 43,* 905–912.

Titov N, Andrews G, Schwencke G, Drobny J, Einstein D. (2008). Shyness 1: Distance treatment of social phobia over the Internet. *The Australian and New Zealand Journal of Psychiatry, 42,* 585–594.

Titov N, Dear BF, Schwencke G, Andrews G, Johnston L, Craske MG, McEvoy P. (2011). Transdiagnostic Internet treatment for anxiety and depression: A randomised controlled trial. *Behaviour Research and Therapy, 49,* 441–452.

Titov N, Gibson M, Andrews G, McEvoy P. (2009b). Internet treatment for social phobia reduces comorbidity. *The Australian and New Zealand Journal of Psychiatry, 43,* 754–759.

Tulbure BT, Szentagotai A, David O, Stefan S, Månsson KNT, David D, Andersson G. (2013). Internet-delivered cognitive-behavioral therapy for social anxiety disorder in Romania: A randomized controlled trial. Under review.

Tyrer P, Baldwin D. (2006). Generalised anxiety disorder. *Lancet, 368,* 2156–2166.

Vigerland S, Thulin U, Svirsky L, Öst L-G, Ljótsson B, Lindefors N, Andersson G, Serlachius E. (2013). Internet-delivered CBT for children with specific phobia: A pilot study. *Cognitive Behaviour Therapy, 42,* 303–314.

Wagner B, Knaevelsrud C, Maercker A. (2006). Internet-based cognitive-behavioral therapy for complicated grief: A randomized controlled trial. *Death Studies, 30,* 429–453.

Wagner B, Schulz W, Knaevelsrud C. (2012). Efficacy of an Internet-based intervention for posttraumatic stress disorder in Iraq: A pilot study. *Psychiatry Research, 195*, 85–88.

Wims E, Titov N, Andrews G, Choi I. (2010). Clinician-assisted Internet-based treatment is effective for panic: A randomized controlled trial. *Australian and New Zealand Journal of Psychiatry, 44*(7), 599–607.

Wootton BM, Dear BF, Johnston L, Terides MD, Titov N. (2013). Remote treatment of obsessive-compulsive disorder: A randomized controlled trial. *Journal of Obsessive-Compulsive and Related Disorders, 2*, 375–384.

Zou JB, Dear BF, Titov N, Lorian CN, Johnston L, Spence J, Knight RG, Anderson T, Sachdev P. (2012). Brief Internet-delivered cognitive behavioral therapy for anxiety in older adults: A feasibility trial. *Journal of Anxiety Disorders, 26*, 650–655.

더 읽을거리

Andersson G, Carlbring P, Ljótsson B, Hedman E. (2013). Guided Internet-based CBT for common mental disorders. *Journal of Contemporary Psychotherapy, 43*, 223–233.

Hedman E, Ljótsson B, Lindefors N. (2012). Cognitive behavior therapy via the Internet: A systematic review of applications, clinical efficacy and cost-effectiveness. *Expert Review of Pharmacoeconomics and Outcomes Research, 12*, 745–764.

Marks IM, Cavanagh K, Gega L. (2007). *Hands-on help. Maudsley monograph no. 49.* Hove: Psychology Press.

9장

가이드 ICBT: 신체적 문제

학 습 내 용

- 가이드 ICBT를 통해 심리적 요인과 관련된 신체적 장애를 효과적으로 치료하는 방법
- 신체적 장애에 대한 프로그램을 위한 내용의 선택
- 연구와 임상 장면에서의 효과
- 그 외의 접근들과 후속 과제

사례 및 도입

마리아는 비서로서 내내 일해 왔고 행복한 결혼 생활을 하며, 이제 분가해서 사는 두 자녀를 두고 있다. 그녀와 남편은 가끔 동네 술집에서 시간을 보내곤 했고 2년 전에 그곳에 지역 록 밴드의 연주를 들으러 갔다. 마리아는 스피커 옆에 약간 붙어 앉았고, 그 일이 있은 후 귀에 지속적인 울림(이명)이 생겼다. 처음에 그녀는 충격을 받았으나 얼마 후에 조금 익숙해지는 것 같았다. 그러나 2년이 지난 현재까지 문제는 계속되었고 약간 악화되기까지 했다. 그녀는 피로를 느꼈고 이전과 같이 일을 하기 어려워했다. 병원에서 몇 가지 조언을 듣고 청력검사를 했지만, 청력에는 전혀 이상이 없었기에 그뿐이었다. 또한 그녀는 소음에 민감해져서 시끄러울 법한 술집에는 전혀 가지 않게 되었다. 어느 날 아주 우연히 오랜 친구를 길에서 만났는데, 그는 자신의 이명에 대해 이야기하며 지역의 대학병원에서 연구 프로젝트를 시행하는 인터넷 치료를 받기 시작했다고 했다. 마리아는 연구자에게 연락하여 인터뷰 약속을 잡았다. 결국 그녀는 ICBT를 받게 되었고, 이명 소리의 크기에는 별 변화가 없었지만 그에 익숙해지는 데 도움이 되었다. 치료를 받는 동안 그녀는 이완과 대처에 대해 배웠고 일상생활에 이런 방법들을 적용할 수 있었다.

신체적 문제에 대한 가이드 ICBT

저자가 ICBT에 대해 한 첫 연구는 두통과 관련된 것이었고(Ström et al., 2000), 이후 1990년대 후반까지 우리는 신체적 장애에 대해 계속 연구했다. 우리 외에도 가이드 ICBT 연구를 하면서 신체적 장애를 주로 다룬 연구집단이 존재한다.

실제로 신체적 문제에 대한 다양한 형태의 ICBT가 개발되고 검증되었지만(Hedman et al., 2012), 그중 다수가 CBT에 기반을 둔 치료가 아니었고, 5장에 언급한 SHUT-i와 같은 불면 프로그램의 예와 같이 지원과 지도가 포함되지 않은 것들도 많았다.

이 장에서 우리는 가이드 ICBT라는 주제에 해당하는 프로그램이나 접근을 선정하여 다룰 것이다. 전반적으로 우울과 불안을 다룬 지난 두 장에서 살펴본 접근이나 연구들과 크게 다르지는 않다. 정신적인 문제와 신체적인 문제를 다루는 CBT에 중복되는 부분이 있고, 과민성대장증후군과 같은 특정한 신체문제에 적합하게 ICBT를 다듬는 것 같은 일부 각색도 필요하다.

일반적인 신체문제에 대한 심리적 치료에서는 다학제적 환경과 해당 의학적 문제에 대한 적절한 평가와 진단이 필수적이다. 이러한 이유로 의료 전문가가 치료과정에 함께 해야 한다. 비록 많은 신체적 문제가 의학적인 설명이 불가할지라도, 치료 가능한 원인과 복합적인 요인들이 관련되는 것이 보통이기 때문에 생물-심리-사회적 관점이 요구된다. 예를 들어, 과민성대장증후군의 경우 악성적 인원에 따른 위험성이 있는 사례를 밝혀내는 것은 중요하다. 이명, 만성 통증, 불면이나 그 외의 문제 역시 마찬가지이다. 하지만 보통 환자들은 의학적인 측면에서 검사를 마친 경우가 많다. 암과 같은 문제에서는 의학적 치료를 적용한 후에 ICBT를 시행한다.

이 절에서는 신체적 문제에 대한 몇 가지 프로그램을 개관해 볼 것이다. 이 분야의 발전이 빠르게 이뤄지고 있기에 일부 다루지 못하는 부분도 있을 것이다. 신체적 문제에 대해 가이드 ICBT를 최초로 적용한 임상가 중 하나가 우리이고 의료 장면에서 ICBT를 정규 치료로 적용(이명 치료)한 임상가 중 하나도 아마 우리일 것이기에 여기서 다룰 정보들은 우리의 경험에 기초한 것이다.

두통

우리 연구집단에서 처음 개발한 프로그램은 만성두통에 대한 것이었다. 이는 다분히 원시적인 IT 솔루션을 통해 문서 파일을 이메일로 보내고 매체를 통해 교신하는 형태였다(Ström et al., 2000). 프로그램의 내용은 이완, 시간 관리, 문제해결 등이었다. 프로그램은 6주간 진행되었다. 인터넷을 이용해서 신청서와 서류들을 받았고, 곧바로 이것이 전통적인 방식의 자료 수집에 비해 이점이 많다는 것을 알게 되었다. 이 첫 번째 시행에서는 102명의 참여자를 치료집단과 대조집단에 무선 할당하였다. 불행하게도 이 시행에서는 탈락률이 높았지만(치료집단에서 52%), 이 책에 기술한 대로 이후 방지책을 찾게 되었고, 신체적 문제 관련 연구에서 ICBT를 시행할 때 전체적인 지도와 분명한 마감을 통해 탈락률을 크게 줄일 수 있게 되었다. 두통에 대한 첫 연구 효과는 중간 정도였지만 치료를 전달하는 데 있어 아주 유망하고 새로운 방식이었기에 연구를 지속해 나갔다.

두통 연구의 두 번째 시도에서는 거의 유사한 프로그램을 시행하였고 정기적인 전화 통화를 추가하여 효과와 이행도를 증진시키고자 했다(Andersson et al., 2003). 이때는 소규모의 연구로 44명이 참여하였고 대기자 대조집단은 두지 않았다. 전화 지지 집단에서는 29%, 대조집단에서는 35%로 탈락률도 줄일 수 있었다. 두통 관련 장애가 유의미하게 감소하기는 했지만, 우리가 받은 인상으로는 이때 더 심하고 만성적인 집단을 대상으로 하였기 때문에 두통 지표(첫 번째 연구에서는 효과가 나타났음)라 불리는 측정치에서는 효과가 두드러지지 않았다. 우리는 이후 두통에 대해서는 더 연구를 진행하지 않았고 리반다(Livanda)라는 사기업에서 이 치료 방식을 활용하게 되었다.

미국의 다른 연구집단에서는 우리의 작업에서 영감을 얻어 독자적 연구를 시행하였다(Devineni & Blanchard, 2005). 이 프로그램에는 점진적 이완, 자율훈련과 함께하는 제한된 바이오피드백, 스트레스 관리 등이 포함된다. 139명의 참여자가 치료 또는 대기자 대조군에 할당되었다. 탈락률은 38%로 스웨덴에서 시행한 두통 연구들의 탈락률과 비슷한 정도이다(즉, 가장 최신 연구보다 높은 정도임). 두통 지표에서 큰 효과가 나타났고($d=0.88$), 38.5%가 임상적으로 의미 있는 변화(두통 지표의 50% 감소로 정의함)를 보인 것이다.

두통에 대해 ICBT를 개발하고 검증한 세 번째 연구집단은 아동과 청소년을 대상으로 하였다(Trautmann & Kröner-Herwig, 2010). 68명이 연구에 참여하였고, 치료의 효과를 지지하는 결과가 나왔다. 탈락자도 아주 적었다(ICBT 조건에서 5명만 탈락함).

저자가 확인한 바로는 편두통에 초점을 둔 두통 연구가 두 가지 더 있다 (Bromberg et al., 2012; Hedborg & Muhr, 2011). 두 연구 모두에서 긍정적인 결과 가 나타났다. 전체적으로 볼 때, 비용이 많이 들고 사회적으로 흔한 문제가 되고 있는데도 약물치료 외에는 별다른 치료가 없는 두통에 대해서 더 많은 ICBT 연 구가 필요하다는 점이 분명하다.

만성 통증

만성 통증도 그간 ICBT 연구 주제 중 하나였고 우리 연구집단(Buhrman et al., 2004)에서도 초기 연구 중 하나를 시행했다. 여러 프로그램과 프로그램의 버전 이 존재한다는 것은 이제 메타분석(Macea et al., 2010)이 충분히 가능할 정도의 연구들이 이뤄졌다는 점에서 잘 알 수 있다. 통증 프로그램의 내용에는 통증 관 리 치료의 다학제적 특징이 반영되는 경우가 많다. 따라서 이완훈련, 인지치료, 물리치료적 훈련 등이 흔히 포함된다.

우리 연구집단에서는 만성 통증에 대해 여러 가지 연구를 진행했다. 첫 번째 연구(N=56)는 6주차 치료와 대기자 대조집단을 대상으로 통증 재앙화가 줄어드 는 결과(Buhrman et al., 2004)를 얻었고 탈락률이 9%(n=5)로 낮았는데, 참여자 에게 정기적으로 전화 연락을 한 것이 영향을 주었다고 생각한다. 따라서 두 번 째 연구에서는 정기 전화 연락 대신 진단을 확실히 하기 위한 실제 면담을 추가 하였다. 이 연구(N=54)에서는 통증 재앙화 치료 성과에서 전보다 약간 약하기는 했으나 여전히 유의미한 효과가 나타났다. 첫 번째 연구보다 치료 기간이 길고 복잡했으나 탈락률은 여전히 낮았다(n=5).

치료의 효과는 만성 통증의 재활 이후에도 확인할 수 있으며 흔히 문제가 되 는 것은 재발률이다(Williams et al., 2012). 우리는 일찍이 재활 단계를 거쳤으나 잔존 통증 문제가 남아 있는 통증 환자를 통증 클리닉에서 선발하여 이런 문제 를 다루는 연구를 해 보았다(Buhrman et al., 2013a). 8주간 치료를 받는 치료집단 과 중재자가 있는 온라인 토론 집단에 초대되는 대조집단으로 72명을 무선 할당하였다. 치료 프로그램은 이들이 이전에 클리닉에서 받은 재활 프로그램에 맞게 조정해서 적용했다. 그 결과, 통증 재앙화 측정치에서 효과가 나타났고 6개월 후의 추수측정에서도 개선이 유지되고 있었다. 이 연구를 통해 통증과 같이 만성적인 문제에서 지속적인 치료가 필요하지만 자원은 한정되어 있으므로 ICBT가 비용-효과적인 선택이 될 수 있다는 점을 확인할 수 있었다.

우리의 통증 연구(그리고 만성 통증에 대한 CBT 연구 전반)에서 상대적으로 약한 결과가 나왔다는 사실을 고려해서, 우리는 다른 접근을 시도할 필요가 있다고 결정했고 수용전념치료에 기초한 프로그램을 개발하였다(Buhrman et al., 2013b). 〈표 9-1〉에 이 프로그램이 소개되어 있다.

〈표 9-1〉 신체적 장애에 대한 프로그램의 내용

프로그램과 개발국가	기간과 모듈 및 강좌 수	주요 내용	제시 방식	사용지원 참고문헌 예
만성 통증에 대한 수용전념치료(ACT for chronic pain) 스웨덴	• 7주 • 여덟 개 모듈	• 심리교육 • 마음챙김 • 탈융합 • 목표설정 • 가치 • 기꺼이 경험하기 • 유지 • 과제 할당	• 다운로드 가능한 PDF 파일 및 화면 제시 문자 자료 • 지시가 포함된 음성 파일 • 보안접속 시스템을 활용하여 과제 및 가이드 제공	Buhrman et al. (2013b)
통증 코스 (Pain Course) 호주	• 8주 이상 • 다섯 개 온라인 수업	• 심리교육, 인지치료, 조절호흡, 활동계획, 조율, 재발방지 등의 내용을 다루는 강좌 • 과제 할당과 수면위생, 만성 통증 치료, 문제해결, 자기주장, 주의와 핵심신념 관리에 대한 정보를 제공하는 아홉 가지 읽기 자료	• 온라인 강의, 자동화된 이메일, 매주 전화 통화, 보안 이메일 연락	Dear et al. (2013)

과민성대장 증후군 치료 (IBS treatment) 스웨덴	• 5단계로 구분 되는 10주차 모듈	• 심리교육, 마음챙김, 노출 훈련에 대한 모듈 • 과제	• 다운로드 가능한 PDF 파일 및 화면 제시 문자 자료 • 보안접속 시스템을 활용하여 과제 및 가이드 제공	Ljótsson, Falk et al. (2011b)
이명 ICBT(ICBT for tinnitus) 스웨덴	• 11개 모듈과 다섯 개 선택 모듈로 구성 된 6~9주 치 료	• 6단계 응용이완, 긍정 적 심상, 집중훈련 • 이명에 대한 노출, 음 향치료, 2단계 재구조 화, 수면 관리, 집중력 관리, 소리에 대한 과 민성, 듣기 방략 • 재발방지	• 상동	Kaldo et al. (2008)

　우리는 76명의 만성 통증 환자를 7주차 치료 프로그램 또는 중재자가 있는 온라인 토론 포럼에 참여하는 대조집단으로 무선 할당하였다. 그 결과, 통증 관련 고통, 불안과 우울 증상 측정치, 활동 참여도, 통증 수용도 그리고 통증 감소에 있어 유의미한 효과가 나타났다. 6개월 후의 추수평가에서도 개선이 유지되었다. 그러나 불안과 우울의 치료에서 흔히 우리가 보았던 결과와 비교하면 효과는 약하거나 중간 범위였다. 스웨덴의 다른 통증 관리 프로그램을 평가한 결과에서는 긍정적인 결과가 나왔고(Brattberg, 2006), 전반적으로 볼 때 해당 분야의 연구는 아주 활발하게 이뤄지고 있다.

　만성 통증에 대한 ICBT의 결과가 다소 불만족스럽다는 점(다른 문제와 비교했을 때)에서 보자면, Blake Dear와 Nick Titov가 이끄는 호주 연구집단의 연구에서 큰 치료 효과가 나타났다는 점은 흥미롭다. 통증 코스(Pain Course)는 〈표 9-1〉에 소개되어 있고 [그림 9-1]에 예시가 있다. 이들의 연구에서는 통증을 겪고 있는 63명을 즉각적 치료와 대기자 대조집단에 무선 할당하였고 3개월 후에 추수평가도 하였다. 통증 관련 고통 측정치와 함께 심리적인 안녕감에 대

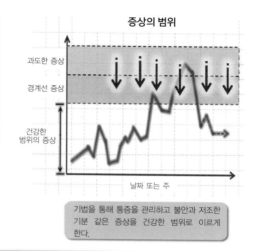

통증 코스

우리는 만성 통증이 정서적 안녕을 위협하며, 증상이 과도하고 건강을 해치는 단계에 이르게 한다는 점을 알고 있습니다. 또한 이것이 여러모로 상황을 더욱 악화시킨다는 점도 알고 있습니다.

통증 코스의 목표는 만성 통증, 불안, 우울을 관리할 수 있도록 정보를 제공하고 기술을 가르쳐서 건강한 범위에 증상을 가둬 두는 것입니다.

서서히, 하지만 지속적으로 통증 코스의 기법을 연습하는 것이 많은 만성 통증 환자에게 도움이 되었습니다. 이 기법들은 통증, 불안 또는 우울을 다루는 데 있어 실질적이고 증명이 완료된 기법들입니다.

당신에게도 도움이 되기를 바랍니다.

[그림 9-1] Dear와 Titov의 통증 코스

한 표준 측정치도 포함시켰다. 중간 내지 큰 정도 범위에서 효과가 나타났고, 통증 재앙화, 움직임 공포증과 장애 정도에서 강한 효과가 나타났다. 지금까지의 연구로는 이것이 만성 통증 가이드 ICBT에서 가장 유망한 결과를 낸 연구라 할 수 있다.

통증이나 통증 관련 다른 연구로는 좋은 결과가 나온 다발성 경화증의 피로 증상에 대한 대조연구(Moss-Morris et al., 2012), 아동과 부모에게 시행하는 CBT에 기초한 가족 개입에 대한 연구(Palermo et al., 2009), 통증을 경험하는 아동과 청소년에 대한 연구(Hicks et al., 2006) 등이 있다. 전체적으로 볼 때 만성 통증 문제에 대한 ICBT 연구는 유망한 분야이다.

과민성대장증후군

과민성대장증후군(Irritable Bowel Syndrome: IBS)은 대부분 국가 내 성인의 5~11%가 경험하는 기능성 위장관 계통 장애이다. 과민성대장증후군의 증상에는 설사 및 변비가 동반되는 복통이나 복부 불편감이 포함된다(Blanchard, 2001).

과민성대장증후군의 ICBT는 두 개별 연구집단에 의해 개발되었다. 첫 번째는 Hunt 등(2009)으로, 5주 프로그램의 소규모 대조연구를 진행하였다. 총 31명의 참여자를 치료 또는 대기자 대조집단으로 무선 할당하였다. 치료는 심리교육, 인지치료, 재앙적 사고, 노출치료, 행동실험 등의 모듈로 구성되었다. 연구 결과, 치료 효과는 컸지만 탈락률이 높았다(치료집단에서 38%). 저자가 아는 바로는 이 프로그램에 대한 더 최신의 연구는 진행되지 않았다.

미국에서 프로그램을 개발한 것과 비슷한 시점에 스웨덴에서 우리 연구자들도 프로그램을 개발하여서 맨 처음 연구에서는 공개 면대면 치료를 통해 검증하였고(Ljótsson et al., 2010a), 이후에는 인터넷 방식으로 전환하여서(Ljótsson, Falk et al., 2011b) ICBT의 효과를 검증하고자 하였다(⟨표 9-1⟩ 참조). 총 86명이 참여하여 치료조건과 대조조건(온라인 토론 포럼)으로 무선 할당되었으며 낮은 탈락률을 보였다(5%). 과민성대장증후군과 그 밖의 치료 성과에 대한 집단간 효과는 중간 내지 큰 정도였다. 일차적 치료 성과는 과민성대장증후군에 맞게 개정된 위장관 증상 평정척도(Gastrointestinal Symtom Rating Scale modified for IBS: GSRS-IBS)에 있어서 집단간 효과가 컸고(Cohen's d=1.21), 효과는 3개월 후 그리고 1년 후 이루어진 추수평가까지 유지되었다.

스웨덴 과민성대장증후군 프로그램은 후속 연구에서도 검증되었다. 한 효과 연구에서 우리는 위장관 클리닉을 통해 참여자를 모집하였다(Ljótsson et al., 2011a). 61명의 환자를 10주간의 ICBT 또는 대기자 통제집단으로 무선 할당하였고, 보건경제 자료도 수집하였다. GSRS-IBS에서 집단간 효과는 d=0.77로 나타났다. ICBT 집단의 개선은 12주 추수평가까지 유지되었고, 임상적 효과성과 결합된 사회적 비용의 절감 가능성이 ICBT에서 87%로 ICBT의 비용-효과가 대기자 집단에 비해 더 우수한 것으로 나타났다.

여태까지 출판된 것 중 가장 대규모의 연구를 통해 Ljótsson 등(2011b)은 ICBT 프로그램을 신뢰성 있는 인터넷 기반 스트레스 관리 조건과 비교해 보았다. 이 연구는 신뢰할 수 있는 통제조건(그리고 이는 이 연구의 신뢰도 평정에서 유사한 점수를 받는 것으로 증명됨)과 ICBT를 비교 검증한 몇 안 되는 연구 중 하나이다.

195명이 연구에 참여하여 노출에 중점을 둔 ICBT 치료(〈표 9-1〉) 조건 또는 이완 기법, 식이조절, 문제해결 기술 등을 통한 증상 조절을 강조하는 스트레스 관리 치료조건으로 무선 할당되었다. 그 결과 ICBT가 유의하게 이점이 있는 것으로 나타나서, GSRS-IBS에서 집단간 효과는 사후평가에서 $d=0.38$, 6개월 후 추수평가에서 $d=0.44$였다. 두 치료 모두 개선이 나타났으나 ICBT 조건이 더 나았다는 점에서 연구를 통해 프로그램의 특정성이 분명히 드러났다고 할 수 있다. 그러므로 과민성대장증후군의 ICBT는 타당성이 잘 증명되었다고 할 수 있으나, 추가적인 재검증 연구나 변화 기제에 대한 후속 연구는 여전히 더 필요하다 (Ljótsson et al., 2013).

이명

이명은 아무런 외부적 근원 없이 귀에서 울림 또는 다른 소리가 들리는 것을 말한다(Baguley et al., 2013). 대부분의 이명 사례에서 치료법이 듣지 않아서 CBT가 개발되었고, 이명 관련 고통 측정치에서 중간 내지 큰 효과를 보이는 것으로 검증되었다. 이명은 저자의 주요 연구 분야이고 20년 이상 임상가로 활동한 영역이기도 하다. 그리하여 1990년대 후반 두통에 대해 첫 연구를 한 직후 이명은 우리 ICBT 연구의 두 번째 주제가 되었다.

이명은 ICBT가 거의 곧바로 보급되어, 스웨덴 웁살라 대학병원의 청각학과에서는 1990년대 후반 이래 정규 임상치료로 시행되고 있는 분야라는 점이 흥미롭다. 첫 번째 연구는 이 무렵 광고를 통해 참여자를 모집하는 방식으로 실시되었다(Andersson et al., 2002). 이것이 우리 프로그램의 첫 번째 버전이며, 117명의 표본을 치료조건과 대기조건에 무선 할당하여 검증하였다. 치료집단에서 다수(51%)가 탈락했지만, 이들 중 일부는 1년 후 추수평가 시 연구로 복귀했다. 6주차 프로그램은 응용이완(5단계), 음향치료(sound enrichment), 불면 관리, 인지치료, 집중과 신체 활동에 대한 조언 그리고 재발방지를 포함한 열 가지 요소로 구성된다.

치료 후 효과크기는 작았다. 동일한 프로그램의 효과 연구(*N*=77)에서는 효과
가 약간 커졌으나 대조집단이 없었다(Kaldo-Sandström et al., 2004). 이후 프로그
램이 업데이트되고 내용도 추가되었다. 이 새 버전은 〈표 9-1〉에 나와 있고 예
시는 [그림 9-2]에서 확인할 수 있다. 이명 ICBT(ICBT for tinnitus)는 실제 집단
치료와 비교하여 소규모 대조연구로 진행되었다(Kaldo et al., 2008). 이명이 있는
51명의 참여자를 가이드 ICBT 또는 면대면 집단치료 조건에 무선 할당하였다.
두 치료 간에 유의미한 차이가 나타나지 않았고 인터넷 치료와 집단치료의 집단
내 효과크기는 각각 *d*=0.73, *d*=0.64였다. 인터넷 치료에서 치료자 시간이 덜 소
요되었으며, 집단치료에 비해 비용-효과가 1.7배 우수한 것으로 밝혀졌다.

　호주에서는 이 ICBT 이명 치료를 약간 단축하고 영어로 번역하여 정보 제공
대조집단과 비교 검증하였다(Abbott et al., 2009). 치료조건이 대조조건에 비해

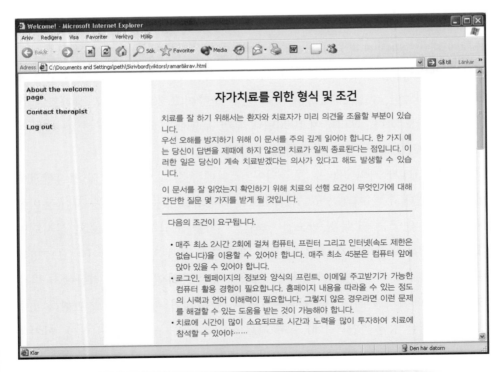

[그림 9-2] 스웨덴의 웁살라 이명 프로그램 예시

나은 바 없었고 탈락률은 높았다.

가장 최근의 대조연구에서 우리는 수용-전념치료(ACT)에 기반을 둔 새로운 이명 치료를 개발했다(Hesser et al., 2012). 이 프로그램을 99명의 참여자를 대상으로 이전 ICBT 프로그램과 대조조건으로 비교해 보았다. 그 결과, 대조집단과 비교하여 두 치료집단에서 중간 내지 큰 효과가 나타났고 결과는 1년 후 이루어진 추수평가까지 유지되었다. 따라서 인터넷을 통한 ACT 역시 효과가 있는 것으로 볼 수 있다. ICBT 프로그램의 효과 연구(N=293)에서는 중등도의 효과(d=0.58)가 나타났다(Kaldo et al., 2013).

마지막으로, 최근 발병한 이명을 위한 별도 프로그램이 독일 연구집단에서 개발되고 검증되었는데, 304명의 참여자를 대상으로 한 대규모 연구에서 유망한 결과가 나타났다. 요약하면, 대조연구와 임상 장면 모두에서 이제 이명의 고통을 덜어 주는 성과 있는 치료가 나오기는 했지만 그 대부분의 치료 성과는 약한 수준이다. 흔한 결론이 되겠지만, 이 분야에서도 더 대규모의 연구가 시행될 필요가 있다.

불면증

불면증은 정신병리 및 삶의 질 손상과 관련이 있는 흔한 문제이다(Espie, 2002). 자동화된 ICBT 연구(예: Ritterband et al., 2009)와 더불어 가이드 ICBT 관련 연구도 존재한다. 불면증의 경우 흥미로운 점은 중등도 우울(연구에 따르면 가이드 프로그램이 가이드 없는 프로그램에 비해 우월한 효과가 있음) 같은 정신건강 문제와는 달리 자동화된 프로그램이 더 적합할 수도 있다는 점이다.

불면증에 대한 첫 대조연구는 스웨덴에서 우리가 한 연구이다(Ström et al., 2004). 우리는 불면증이 있는 109명의 참여자를 치료 또는 대기자 통제집단에 무선 할당하였다. 치료는 5주간 진행되었고, 수면제한, 자극통제 그리고 인지재구조화로 구성되었다. 탈락률은 24%였고, 치료집단에서 총 수면시간, 침대에서 깨어 있는 시간, 수면 효능성 등의 다양한 성과 측정치상 통계적으로 유의미한 개선이 나타났다. 하지만 대조집단에서도 약간의 개선이 나타났다.

치료자 접촉을 최소화한 대조연구는 Vincent와 Lewycky(2009)가 진행하였다. 118명이 참여했고 이탈률은 33%였지만 치료에 지지적인 결과(치료 참여자의 35%가 자신이 크게 개선되었다고 답함)가 나왔다.

Lancee 등(2013)은 지원의 역할에 대해 조사했다. 129명의 참여자를 최소한의 지원이 포함된 ICBT 조건에, 133명은 지원이 없는 동일한 치료에 무선 할당하였고, 대부분의 수면 측정치와 이차적 측정치에서 지원받은 집단이 유리하다는 결과가 나왔다(d=0.30~0.50).

van Straten과 동료들(2014)은 일반인 모집단에서 118명의 환자를 모집하여 불면증 가이드 ICBT에 대한 무작위 대조연구를 시행하였다. 참여자들은 즉각적 치료 또는 대기자 대조집단으로 무선 할당되었다. 치료 참여자의 대부분(72.9%)이 치료를 끝마쳤고, 집단간 효과크기는 중간 내지 큰 정도였다.

결론적으로, 불면증의 가이드 ICBT에 대한 대조연구와 가이드 없는 ICBT 치료에 대한 그 외 연구들이 다양하게 진행되고 있다. 불면증 관련 문헌들을 보면 가이드 개입이 가이드가 없는 것보다는 우월하다는 것이 일반적인 결론이기는 하지만, 불면증 유병률이 매우 높고 근거기반 심리학적 치료의 접근성이 낮다는 점을 감안한다면 가이드가 없는 개입의 잠재력도 아주 크다고 할 수 있다.

암

다양한 종류의 암이 존재하며 암 생존자의 경우 심리적 고충으로 고통받을 가능성이 높다는 점을 생각하면 심리학적 개입의 역할이 분명하다고 할 수 있다(Moorey & Greer, 2002). 저자가 아는 한도에서 아직까지 암 관련 고통에 대한 가이드 ICBT 프로그램이나 연구가 많지 않지만, 온라인 지지 집단에 대한 몇몇 연구와 가이드 없는 프로그램에 대한 소수의 연구가 존재한다(예: Owen et al., 2005; Ritterband et al., 2012).

혈액암 환자를 대상으로 David 등(2013)은 가이드 ICBT 대조연구를 시행하였다. 이들은 186명의 환자를 4주 치료집단 또는 대기자 집단으로 무선 할당하였다. 연구 탈락률이 꽤 높기는 했지만(치료집단에서 44%), 암 관련 고통에서는 유의미한 개선이 나타났다.

스웨덴에서는 우리 연구진이 유방암과 잔존 심리적 고통을 경험하는 여성을 대상으로 가이드 ICBT의 대조연구를 시행하였다. 통제집단은 대기자 집단에 오르는 대신 중재자가 있는 온라인 토론 집단에 참여하였다. 70명의 환자를 대상으로 한 연구에서 치료 후 측정 시 집단간 효과크기의 평균은 $d=0.50$이었다.

기타 건강문제

그 외 몇몇 건강문제에 대해서도 ICBT가 개발되고 검증되었다. 그중 하나는 발기부전으로 최소 두 가지의 개별 프로그램과 대조연구가 진행되었다. 한 프로그램은 호주에서 개발 및 진행되었고 긍정적인 성과가 나타났다(McCabe & Price, 2008). 다른 하나는 스웨덴에서 우리가 개발한 것이며 78명이 참여한 연구를 통해 검증하였다. 초반에는 집단간 차이가 나타나지 않았지만($d=0.10$), 6개월 후의 추수평가 시에는 효과가 증진($d=0.88$)되었다(Andersson et al., 2011). 네덜란드의 연구진이 스스로 개발한 프로그램에 대해 대조연구를 한 결과, 인터넷 기반 성치료가 남성의 발기장애에 효과적이었지만 조기사정에 있어서는 효과가 나타나지 않았다(Hucker & McCabe, 2014; Jones & McCabe, 2011).

이보다 다소 연구가 부족한 분야는 당뇨이다. van Bastelaar 등(2011)이 진행한 대조연구에서는 1형 또는 2형 당뇨와 함께 우울 증상이 공병하는 사람들을 대상으로 가이드 ICBT를 평가하였다. 이들은 255명의 참여자를 각각 치료집단과 대기자 집단의 두 조건으로 나눴다. 전체 참여자를 대상으로 분석했을 때는 ICBT가 작은 효과크기가 있는 것으로 나타났으나($d=0.29$), 치료 완료자를 대상으로 했을 때는 효과크기가 더욱 커졌다($d=0.70$). 사후평가에서 연구 이탈률은 32%였고 치료집단에서 더 높은 이탈률이 나타났다. 당뇨와 공병 우울 증상이라는 문제만 놓고 보았을 때 의미 있는 결과이기는 하지만, 다른 문제들과 비교하면 이것이 낙관적인 결과라 보기는 어렵다. 이 분야에 대해 그 외에도 인터넷 치료 연구가 있기는 하지만 CBT를 기반으로 한 것은 아니다(개관은 Beatty & Lambert, 2013 참조).

세 번째 사례는 심장질환으로, 이에 대해 인터넷을 활용한 연구가 존재하기는 하지만 저자가 아는 한 가이드 ICBT 대조연구는 존재하지 않는다(Munro et al., 2013). Beatty와 Lambert(2013)가 개관한 바에 따르면 뇌전증과 피로를 다룬 연구도 있다. 이 분야의 발전이 아주 빠른 속도로 이뤄지고 있기 때문에 그 외 여러 건강문제에 관련된 연구가 계속 진행되고 있으리라 생각한다.

스트레스

가이드 ICBT는 스트레스 관련 문제에 적합한 치료이지만 우리의 2003년 연구가 최초일 정도로 많은 연구가 이뤄지지는 않았다(Zetterqvist et al., 2003). 이 연구에서 우리는 85명의 참여자를 치료 또는 대기자 대조집단으로 무선 할당하였다. 치료 내용은 응용이완, 문제해결, 시간 관리, 인지재구조화로 이뤄졌다. 두 집단 모두에서 개선이 나타났지만 ICBT 집단이 더 크게 개선되는 효과가 있었다.

최근 Morledge 등(2013)의 대조연구에서는 인터넷 기반 마음챙김훈련을 검증하였는데, 괜찮은 결과가 나오기는 하였으나 탈락률이 높았다. 청소년(Vliet & Andrews, 2009)이나 직업 관련 스트레스를 겪는 집단(Ruwaard et al., 2007)과 같은 특정 집단을 대상으로 하는 연구를 포함하여 더 다양한 연구가 나올 것이라 생각한다.

중독

알코올 사용(Riper et al., 2011), 흡연(Civljak et al., 2013) 그리고 대마 사용(Tait et al., 2013)을 포함하여 중독 치료와 관련된 연구들도 존재한다. 대부분의 연구는 가이드 ICBT에 대한 것은 아니며, 전반적으로 약하거나 중간 정도의 효과 크기가 있는 정도였다. 그 외 대조연구가 진행된 분야는 병적 도박(Carlbring & Smit, 2008)으로 긍정적인 성과가 나타났다.

섭식장애와 비만

섭식장애, 특히 폭식장애(Binge Eating Disorder)와 신경성 폭식증(Bulimia Nervosa)에는 가이드 자가치료가 적합한 것으로 밝혀졌고(Fairburn, 2013), 여러 연구집단에서 인터넷을 통해 가이드 자가치료를 검증하는 연구를 진행하였다.

영국의 Sanchez-Ortiz 등(2011)은 신경성 폭식증 또는 달리 분류되지 않은 섭식장애가 있는 76명의 참여자를 대상으로 한 대조연구에서 '온라인 폭식 극복하기(Overcoming Bulimia Online)'라는 프로그램의 효과를 검증하였다. 이 프로그램은 이메일을 통한 지원을 포함하였고 치료 기간은 3개월이었다. 대기자 대조집단과 비교한 결과 치료의 효과가 좋은 것으로 나타났다. 그보다 먼저 이뤄진 스웨덴 연구집단의 연구에서는 치료자와 인터넷을 통해 상호작용하되 자가치료에 Fairburn의『신경성 폭식증 극복하기(Overcoming Binge Eating)』를 활용하여 긍정적인 효과를 얻었다(Ljótsson et al., 2007). 세 번째 사례는 인터라피와 관련이 있는 네덜란드 연구집단이 진행한 연구이며, 이들은 폭식 증상에 대한 프로그램을 개발한 후 105명의 참여자를 대상으로 한 대조연구에서 이들을 온라인 CBT, 독서치료 또는 대기자 집단에 무선 할당하여 효과검증을 하였다(Ruwaard et al., 2013). 이 연구에서는 온라인 CBT가 다른 집단에 비해 우월한 효과가 있었고 1년 후의 추수평가 시까지 개선이 유지되었다. 다른 연구에서는 155명을 대상으로 가이드 ICBT와 가이드 독서치료를 직접 비교하였다. 이 연구에서는 치료 양식 간 차이가 나타나지 않았다(Wagner et al., 2013).

이 외에도 섭식장애가 있는 사람이나 섭식장애의 위험이 있는 사람을 대상으로 한 여러 연구가 있기는 하지만(Zabinski et al., 2003), 이들이 모두 CBT에 기초한 연구는 아니다. Aardoom 등(2013)은 섭식장애 인터넷 치료를 체계적으로 개관하였다. 이들이 21개의 연구를 찾아내서 개관한 결과, 인터넷 기반 치료는 섭식장애 병리 및 폭식 행동과 제거 행동의 빈도를 감소시키는 데 있어 대기자 통제조건보다 우월한 것으로 나타났다. 이 책에서도 여러 차례 언급한 바 있듯이 면대면 평가와 치료자 지원을 함께 포함시키는 경우 연구 순응도는 높아졌다.

그 외 최근 개관연구에서는 적은 수의 연구만을 포함시키기는 하였지만(Dolemeyer et al., 2013), 이들 역시 섭식장애 병리에 있어 ICBT가 우월하다는 증거가 충분하다는 결론을 지었다. 저자가 아는 한도에서 신경성 거식증(Anorexia Nervosa)에 ICBT를 적용한 연구는 존재하지 않는다. 전반적으로 보아 섭식장애의 ICBT는 성장 추세에 있는 연구 분야이고, 근거기반 치료에 대한 수요를 감안한다면 정규 클리닉에까지 보급될 것으로 기대된다.

인터넷을 통해 전달되는 비만 치료 관련 연구가 몇몇 존재하고 그중 일부는 CBT 프로토콜에 기반하고 있다. Tate 등(2011)이 개관한 바에 따르면 이메일, 자동 메시지, 대화방 등을 통한 지원을 제공한 개입에서 6개월에서 1년 사이에 4~7kg 정도의 체중 감량이 있었다. 비만의 ICBT를 연구한 다른 연구집단도 존재한다(예: Morgan et al., 2009, 개관은 Arem & Irwin, 2011 참조). 전체적으로 보아 순응도와 장기 효과라는 문제가 있어 연구가 용이한 분야라 하기는 어렵지만, 비만과 관련된 건강문제를 생각할 때 후속 연구가 긴히 요구된다.

건강문제에 대한 ICBT의 효과에 관한 논의

이 장에서 함께 보았듯이, 다양한 건강 그리고 생활양식 관련 문제에 있어 ICBT가 어떻게 활용되고 있는지에 대해서는 여러 사례가 있다. 몇 년 전에 우리가 개관하기는 하였지만(Cuijpers et al., 2008), 그때는 이 분야가 급속도로 확장되는 중이었다. 좀 더 최근에 이루어진 Beatty와 Lambert(2013)의 개관에는 훨씬 많은 연구가 포함되었고 아직 출간되지 않은 것들도 더 많이 있다.

이러한 열정적인 연구 활동에도 불구하고 이 분야 연구의 일관성은 부족하다. 예를 들어, 연구에서 가이드의 역할을 다루지 않는 경우도 많고, 공병문제에 대해 초점을 맞춘 연구도 별로 없다. 면대면 치료와 ICBT에 대한 최근 메타분석 (Andersson et al., 2014)에 근거하여 이른 감이 있는 결론을 내리자면, 건강문제에 있어서 ICBT는 면대면 방식의 CBT만큼 효과적이라 생각된다. 하지만 직접적인 비교연구는 아직까지 부족하다. 또한 건강문제에 대한 ICBT의 첫 시도가 15년이 넘었다는 점을 생각할 때, 어떤 분야는 발전 속도가 더디다.

이 장에서 다룬 각각의 문제와 관련해 치료 성과의 조절변인과 중재변인에 대한 후속 연구도 필요하다. ICBT가 누구에게 적합한지 알아야 하고, 치료의 기제에 대한 연구도 환영받을 것이다. 건강문제 ICBT의 장기 효과에 관련된 연구가 있기는 하지만 대부분 치료 1년 후 평가에 그치고 있다. 따라서 장기 효과에 대해 알려진 바가 많지 않다. 연구 활동에서 신체문제 관련 분야가 뒤처져 있듯이 효과성 문제에서도 마찬가지이고(Andersson & Hedman, 2013), 관련 자료가 출판된 임상 장면 적용 사례도 많지 않다.

정신건강 문제의 ICBT와 마찬가지로 신체적 문제에 대한 ICBT의 보급과 관련해서도 몇 가지 도전과 요구 사항이 존재한다. 관심을 가져야 할 부분 중 하나는 적절한 의학적 진단이 필수적이라는 것으로, 면대면 상호작용 없이 자기보고된 문제의 경우 오진으로 이어질 수 있다는 것이다. 예를 들어, 흔하지는 않으나 편측성 이명은 미리 발견하여 즉각적인 수술을 실시해야 하는 전정신경초종(청신경종이라고도 불림)이라는 양성 종양의 징후일 수 있다. 두통 역시 더 심각한 신경학적 문제의 징후일 수 있고, 복통 역시 심각한 질병의 징후일 수 있다. 이런 문제 일부는 ICBT 참여 전에 환자로 하여금 최소 자신의 담당의는 만나 보게 함으로써 해결할 수 있지만, 어떤 식으로든 환자를 만나고 진단할 수 있는 장면에 ICBT를 보급하는 것도 하나의 선택 가능한 해법이 될 것이다.

두 번째 관심사는 태도에 대한 것으로 다른 서비스와 ICBT를 어떻게 배치할 것인가 하는 문제이다. 이 부분은 전에 언급한 바가 있지만, 신체건강 분야에서 일반적인 의미의 심리학적 치료는 표준치료가 아닌 경우가 많기에 ICBT라는 것이 CBT의 한 형태이고 완전히 다른 것이 아니라는 점에 대해 자세한 설명이 필요하다.

세 번째로 치료 보급 전에 고려할 점은 서비스를 제공하는 임상가의 역할이다. ICBT에 대해 특별히 훈련이 필요하기는 하지만 다른 전문가가 환자와의 접촉 부분을 담당한다면 슈퍼비전 전략을 잘 개발하는 것이 중요할 것이다.

네 번째 ICBT 관련 사항은 기술적 해결책이다. 스웨덴에서 환자들은 흔히 인터넷을 통해 보건 관련 서비스에 연락을 취하고 인터넷을 통해 ICBT 포털에 접속하기도 하지만, 다른 국가들에서는 이런 방식이 여의치 않을 수 있다. 환자 관련 보안문제도 중요하며 특히 정규 치료에 보급된 경우에는 더욱 중요한 문제가 될 것이다.

실천적 함의 및 요점

- 다양한 건강문제 및 생활양식 문제에 대해 ICBT가 개발되고 검증되었다.
- 여러 문제에 걸쳐서, 예를 들어 이명 관련 고통 치료 등의 사례에서 보듯이 ICBT는 면대면 CBT만큼 효과가 있는 것으로 보인다.
- 두통과 같은 건강문제 외에 섭식장애나 비만, 중독과 스트레스 등에 대한 ICBT도 개발되었다.
- 정규 보건 장면에 ICBT를 보급하는 경우 고려해야 할 문제들이 있으며 ICBT를 추천하기 전에 적절한 진단 절차가 필수적이다.

참고문헌

Aardoom JJ, Dingemans AE, Spinhoven P, Van Furth EF. (2013). Treating eating disorders over the Internet: A systematic review and future research directions. *International Journal of Eating Disorders, 46,* 539–552.

Abbott JM, Kaldo V, Klein B, Austin D, Hamilton C, Piterman L, Andersson G. (2009). A cluster randomised controlled trial of an Internet-based intervention program for tinnitus distress in an industrial setting. *Cognitive Behaviour Therapy, 38,* 162–173.

Andersson E, Walén C, Hallberg J, Paxling B, Dahlin, M, Almlöv J, Källström R, Wijma K, Carlbring P, Andersson G. (2011). A randomized controlled trial of guided Internet-delivered cognitive behavioral therapy for erectile dysfunction. *Journal of Sexual Medicine, 8,* 2800-2809.

Andersson G, Cuijpers P, Carlbring P, Riper H, Hedman E. (2014). Internet-based vs. face-to-face cognitive behaviour therapy for psychiatric and somatic disorders: A systematic review and metaanalysis. *World Psychiatry.*

Andersson G, Hedman E. (2013). Effectiveness of guided Internet-delivered cognitive behaviour therapy in regular clinical settings. *Verhaltenstherapie, 23,* 140-148.

Andersson G, Lundström P, Ström L. (2003). Internet-based treatment of headache. Does telephone contact add anything? *Headache, 43,* 353-361.

Andersson G, Strömgren T, Ström L, Lyttkens L. (2002). Randomised controlled trial of Internet based cognitive behavior therapy for distress associated with tinnitus. *Psychosomatic Medicine, 64,* 810-816.

Andrasik F. (2007). What does the evidence show? Efficacy of behavioural treatments for recurrent headaches in adults. *Neurogical Sciences, 28*(Suppl 2), S70-S77.

Arem H, Irwin M. (2011). A review of web-based weight loss interventions in adults. *Obesity Review, 12,* e236-e243.

Baguley DM, Andersson G, McKenna L, McFerran DJ. (2013). *Tinnitus: A multidisciplinary approach* (2nd ed.). Chichester: Wiley.

Beatty L, Lambert S. (2013). A systematic review of Internet-based self-help therapeutic interventions to improve distress and disease-control among adults with chronic health conditions. *Clinical Psychology Review, 33,* 609-622.

Blanchard EB. (2001). *Irritable bowel syndrome. Psychosocial assessment and treatment.* Washington, DC: American Psychological Association.

Brattberg G. (2006). Internet-based rehabilitation for individuals with chronic pain and burnout: A randomized trial. *International Journal of Rehabilitation Research, 29,* 221-227.

Bromberg J, Wood ME, Black RA, Surette DA, Zacharoff KL, Chiauzzi EJ. (2012). A randomized trial of a web-based intervention to improve migraine self-management and coping. *Headache, 52,* 244-261.

Buhrman M, Fältenhag S, Ström L, Andersson G. (2004). Controlled trial of Internet-based treatment with telephone support for chronic back pain. *Pain, 111,* 368–377.

Buhrman M, Fredriksson A, Edström G, Shafiei D, Tärnqvist C, Ljótsson B, Hursti T, Gordh T, Andersson G. (2013a). Guided Internet-delivered cognitive-behavioral therapy for chronic pain patients who have residual symptoms after rehabilitation treatment: Randomized controlled trial. *European Journal of Pain, 17,* 753–765.

Buhrman M, Nilsson-Ihrfelt E, Jannert M, Ström L, Andersson G. (2011). Guided Internet-delivered cognitive-behavioral treatment for chronic back pain reduces pain catastrophizing: A randomized controlled trial. *Journal of Rehabilitation Medicine, 43,* 500–505.

Buhrman M, Skoglund A, Husell, J, Bergström, K, Gordh T, Hursti T, Bendelin N, Furmark T, Andersson G. (2013b). Guided Internet-delivered acceptance and commitment therapy for chronic pain patients: A randomized controlled trial. *Behaviour Research and Therapy, 51,* 307–315.

Carlbring P, Smit F. (2008). Randomized trial of Internet-delivered self-help with telephone support for pathological gamblers. *Journal of Consulting and Clinical Psychology, 76,* 1090–1094.

Civljak M, Stead LF, Hartmann-Boyce J, Sheikh A, Car J. (2013). Internet-based interventions for smoking cessation. *Cochrane Database of Systematic Reviews, 7,* CD007078.

Cuijpers P, van Straten A-M, Andersson G. (2008). Internet-administered cognitive behavior therapy for health problems: A systematic review. *Journal of Behavioral Medicine, 31,* 169–177.

David N, Schlenker P, Prudlo U, Larbig W. (2013). Internet-based program for coping with cancer: A randomized controlled trial with hematologic cancer patients. *Psychooncology, 22,* 1064–1072.

Dear BF, Titov N, Perry KN, Johnston L, Wootton BM, Terides MD, Rapee RM, Hudson JL. (2013). The Pain Course: a randomised controlled trial of a clinician-guided Internet-delivered cognitive behaviour therapy program for managing chronic pain and emotional well-being. *Pain, 154,* 942–950.

Devineni T, Blanchard EB. (2005). A randomized controlled trial of an Internet-based treatment for chronic headache. *Behaviour Research and Therapy, 43,* 277–292.

Dolemeyer R, Tietjen A, Kersting A, Wagner B. (2013). Internet-based interventions for eating disorders in adults: A systematic review. *BMC Psychiatry, 13,* 207.

Espie CA. (2002). Insomnia: conceptual issues in the development, persistence, and treatment of sleep disorders in adults. *Annual Review of Psychology, 53,* 215–243.

Fairburn CG. (2013). *Overcoming binge eating* (2nd ed.). New York: Guilford Press.

Hedborg K, Muhr C. (2011). Multimodal behavioral treatment of migraine: an Internet-administered, randomized, controlled trial. *Upsala Journal of Medical Sciences, 116,* 169–186.

Hedman E, Ljótsson B, Lindefors N. (2012). Cognitive behavior therapy via the Internet: A systematic review of applications, clinical efficacy and cost-effectiveness. *Expert Review of Pharmacoeconomics and Outcomes Research, 12,* 745–764.

Hesser H, Gustafsson T, Lundén C, Henriksson O, Fattahi KEJ, Zetterqvist Westin V, Carlbring P, Mäki-Torkko E, Kaldo V, Andersson G. (2012). A randomized controlled trial of Internetdelivered cognitive behavior therapy and acceptance and commitment therapy in the treatment of tinnitus. *Journal of Consulting and Clinical Psychology, 80,* 649–661.

Hicks CL, von Baeyer CL, McGrath PJ. (2006). Online psychological treatment for pediatric recurrent pain: A randomized evaluation. *Journal of Pediatric Psychology, 31,* 724–736.

Hucker A, McCabe MP. (2014). An online, mindfulness-based, cognitive-behavioral therapy for female sexual difficulties: Impact on relationship functioning. *Journal of Sex and Marital Therapy.*

Hunt MG, Moshier S, Milonova M. (2009). Brief cognitive-behavioral Internet therapy for irritable bowel syndrome. *Behaviour Research and Therapy, 47,* 797–802.

Jones LM, McCabe MP. (2011). The effectiveness of an Internet-based psychological treatment program for female sexual dysfunction. *Journal of Sexual Medicine, 8,* 2781–2792.

Kaldo V, Haak T, Buhrman M, Alfonsson S, Larsen, HC, Andersson G. (2013). Internet-based cognitive behaviour therapy for tinnitus patients delivered in a regular clinical setting-outcome and analysis of treatment drop-out. *Cognitive Behaviour Therapy, 42,* 146–158.

Kaldo V, Levin S, Widarsson J, Buhrman M, Larsen HC, Andersson G. (2008). Internet versus group cognitive-behavioral treatment of distress associated with tinnitus. A randomised controlled trial. *Behavior Therapy, 39,* 348−359.

Kaldo-Sandström V, Larsen HC, Andersson G. (2004). Internet-based cognitive-behavioral self-help treatment of tinnitus: Clinical effectiveness and predictors of outcome. *American Journal of Audiology, 13,* 185−192.

Lancee J, van den Bout J, Sorbi MJ, van Straten A. (2013). Motivational support provided via email improves the effectiveness of Internet-delivered self-help treatment for insomnia: a randomized trial. *Behaviour Research and Therapy, 51,* 797−805.

Ljótsson B, Andersson G, Andersson E, Hedman E, Lindfors P, Andréewitch S, Rück C, Lindefors N. (2011a). Acceptability, effectiveness, and cost-effectiveness of Internet-based exposure treatment for irritable bowel syndrome in a clinical sample: a randomized controlled trial. *BMC Gastroenterology, 11,* 110.

Ljótsson B, Andréewitch S, Hedman E, Rück C, Andersson G, Lindefors N. (2010a). Exposure and mindfulness based therapy in the treatment of irritable bowel syndrome−an open pilot study. *Journal of Behavior Therapy and Experimental Psychiatry, 41,* 185−190.

Ljótsson B, Falk L, Wibron Vesterlund A, Hedman E, Lindfors P-J, Rück C, Hurst T, Andréewitcha, S, Jansson L, Lindefors N, Andersson G. (2010b). Internet-delivered exposure and mindfulness based therapy for irritable bowel syndrome−a randomized controlled trial. *Behaviour Research and Therapy, 48,* 531−539.

Ljótsson B, Hedman E, Andersson E, Hesser H, Lindfors P, Hursti T, Rydh S, Rück C, Lindefors N, Andersson G. (2011b). Internet-delivered exposure based treatment vs. stress management for irritable bowel syndrome: A randomized trial. *American Journal of Gastroenterology, 106,* 1481−1491.

Ljótsson B, Hesser H, Andersson E, Lindfors P-J, Hursti T, Rück C, Lindefors N, Andersson G, Hedman E. (2013). Mechanisms of change in exposure-based Internet-treatment for irritable bowel syndrome. *Journal of Consulting and Clinical Psychology, 81,* 1113−1126.

Ljótsson B, Lundin C, Mitsell K, Carlbring P, Ramklint M, Ghaderi A. (2007). Remote treatment of bulimia nervosa and binge eating disorder: A randomized trial of Internet-assisted cognitive behavioural therapy. *Behaviour Research and Therapy, 45,* 649−661.

Macea DD, Gajos K, Daglia Calil YA, Fregni F. (2010). The efficacy of Web-based cognitive behavioral interventions for chronic pain: A systematic review and meta-analysis. *Journal of Pain, 11,* 917–929.

McCabe M, Price E. (2008). Internet-based psychological and oral medical treatment compared to psychological treatment alone for ED. *Journal of Sexual Medicine, 5,* 2338–2346.

Moorey S, Greer S. (2002). *Cognitive behaviour therapy for people with cancer.* Oxford: Oxford University Press.

Morgan PJ, Lubans DR, Collins CE, Warren JM, Callister R. (2009). The SHED-IT randomized controlled trial: evaluation of an Internet-based weight-loss program for men. *Obesity, 17,* 2025–2032.

Morledge TJ, Allexandre D, Fox E, Fu AZ, Higashi MK, Kruzikas DT, Pham SV, Reese PR. (2013). Feasibility of an online mindfulness program for stress management–a randomized, controlled trial. *Annals of Behavioral Medicine, 46,* 137–148.

Moss-Morris R, McCrone P, Yardley L, van Kessel K, Wills G, Dennison L. (2012). A pilot randomised controlled trial of an Internet-based cognitive behavioural therapy self-management programme (MS Invigor8) for multiple sclerosis fatigue. *Behaviour Research and Therapy, 50,* 415–421.

Munro J, Angus N, Leslie SJ. (2013). Patient focused Internet-based approaches to cardiovascular rehabilitation–a systematic review. *Journal of Telemedicine and Telecare, 19,* 347–353.

Nyenhuis N, Zastrutzki S, Weise C, Jager B, Kroner-Herwig B. (2013). The efficacy of minimal contact interventions for acute tinnitus: A randomised controlled study. *Cognitive Behaviour Therapy, 42,* 127–138.

Owen JE, Klapow JC, Roth DL, Shuster JL Jr, Bellis J, Meredith R, Tucker DC. (2005). Randomized pilot of a self-guided Internet coping group for women with early-stage breast cancer. *Annals of Behavioral Medicine, 30,* 54–64.

Palermo TM, Wilson AC, Peters M, Lewandowski A, Somhegyi H. (2009). Randomized controlled trial of an Internet-delivered family cognitive-behavioral therapy intervention for children and adolescents with chronic pain. *Pain, 146,* 205–213.

Riper H, Spek V, Boon B, Conijn B, Kramer J, Martin-Abello K, Smit F. (2011). Effectiveness of E-self-help interventions for curbing adult problem drinking: a meta-analysis. *Journal of Medical Internet Research, 13,* e42.

Ritterband LM, Bailey ET, Thorndike FP, Lord HR, Farrell-Carnahan L, Baum LD. (2012). Initial evaluation of an Internet intervention to improve the sleep of cancer survivors with insomnia. *Psychooncology, 21,* 695-705.

Ritterband LM, Thorndike FP, Gonder-Frederick LA, Magee JC, Bailey ET, Saylor DK, Morin CM. (2009). Efficacy of an Internet-based behavioral intervention for adults with insomnia. *Archives of General Psychiatry, 66,* 692-698.

Ruwaard J, Lange A, Bouwman M, Broeksteeg J, Schrieken B. (2007). E-mailed standardized cognitive behavioural treatment of work-related stress: a randomized controlled trial. *Cognitive Behaviour Therapy, 36,* 179-192.

Ruwaard J, Lange A, Broeksteeg J, Renteria-Agirre A, Schrieken B, Dolan CV, Emmelkamp P. (2013). Online cognitive-behavioural treatment of bulimic symptoms: A randomized controlled trial. *Clinical Psychology and Psychotherapy, 20,* 308-318.

Sanchez-Ortiz VC, Munro C, Stahl D, House J, Startup H, Treasure J, Williams C, Schmidt U. (2011). A randomized controlled trial of Internet-based cognitive-behavioural therapy for bulimia nervosa or related disorders in a student population. *Psychological Medicine, 41,* 407-417.

Ström L, Pettersson R, Andersson G. (2000). A controlled trial of self-help treatment of recurrent headache conducted via the Internet. *Journal of Consulting and Clinical Psychology, 68,* 722-727.

Ström L, Pettersson R, Andersson G. (2004). Internet-based treatment for insomnia: A controlled evaluation. *Journal of Consulting and Clinical Psychology, 72,* 113-120.

Tait RJ, Spijkerman R, Riper H. (2013). Internet and computer based interventions for cannabis use: a meta-analysis. *Drug and Alcohol Dependence, 133,* 295-304.

Tate DF. (2011). A series of studies examining Internet treatment of obesity to inform Internet interventions for substance use and misuse. *Substance Use and Misuse, 46,* 57-65.

Trautmann E, Kröner-Herwig B. (2010). A randomized controlled trial of Internet-based self-help training for recurrent headache in childhood and adolescence. *Behaviour Research and Therapy, 48,* 28-37.

van Bastelaar KM, Pouwer F, Cuijpers P, Riper H, Snoek FJ. (2011). Web-based depression treatment for type 1 and type 2 diabetic patients: A randomized, controlled trial. *Diabetes Care, 34,* 320-325.

van Lankveld JJ, Leusin P, van Diest S, Gijs L, Slob AK. (2009). Internet-based brief sex therapy for heterosexual men with sexual dysfunctions: A randomized controlled pilot trial. *Journal of Sexual Medicine, 6,* 2224–2236.

van Straten A, Emmelkamp J, de Wit J, Lancee J, Andersson G, van Someren EJW, Cuijpers P. (2014). Guided Internet-delivered cognitive behavioral treatment for insomnia: A randomized trial. *Psychological Medicine, 44,* 1521–1532.

Vincent N, Lewycky S. (2009). Logging on for better sleep: RCT of the effectiveness of online treatment for insomnia. *Sleep, 32,* 807–815.

Vliet HV, Andrews G. (2009). Internet-based course for the management of stress for junior high schools. *Australian and New Zealand Journal of Psychiatry, 43,* 305–309.

더 읽을거리

Beatty L, Lambert S. (2013). A systematic review of Internet-based self-help therapeutic interventions to improve distress and disease-control among adults with chronic health conditions. *Clinical Psychology Review, 33,* 609–622.

10장

인터넷의 기타 응용

학 습 내 용

- 실시간 ICBT
- ICBT에서 최신 휴대전화의 활용
- 웹 기반 지원 시스템의 활용
- 훈련과 슈퍼비전
- 서비스를 세팅하고 기존 서비스와 통합하는 방법에 대한 조언

사례 및 도입

레이첼은 한 달간 우울증과 성격장애로 치료를 받아 왔다. 그녀는 상담센터에서 멀리 떨어진 곳에 살았기 때문에 웹 카메라로 면대면 치료를 하였다. 그녀와 치료자 모두 과제와 심리교육이 제공되는 웹 포털을 활용했고, 연락 메신저 시스템도 활용하였다. (자살시도는 아니지만) 자해가 일부 있었기 때문에, 이 방식은 치료자와 레이첼이 변증법적 행동치료 프로토콜에 따라 작업하는 데 유용하였다(Linehan, 1993). 레이첼은 행동활성화에 사용되는 응용 프로그램 형태로 치료에도 휴대전화를 사용하였다. 그녀의 치료자는 유사한 환자들을 만난 경력이 있고, 매주 인터넷으로 슈퍼비전을 받았으며, 2회의 인터넷 CBT 추가 과정을 완료했다. 따라서 레이첼에 대한 치료는 일반적인 면대면 치료는 아니었지만 혼합형태로서 그녀에게 더 적합했으며, 그 결과 치료에 진전이 있었다.

실시간 인터넷 기반 CBT와 이메일 치료

이 책은 경험적 증거가 풍부한 가이드 자가치료에 초점을 맞추었다. 한편, CBT를 웹 카메라[예: 스카이프(Skype) 또는 유사한 프로그램]를 활용하여 실시간으로 직접 제공할 수 있는 가능성에 대한 연구는 그리 많지 않다. 실시간 ICBT가 치료자 시간을 많이 줄여 주지는 못하겠지만, 가이드 자가치료 ICBT와 여러 가지 장점을 공유하고 있다. 예를 들어, 치료자 사무실까지 이동할 필요가 없고, 자료도 사용할 수 있다. 또 치료자가 환자와 상호작용하면서 고통이나 문제의 징조를 잡아낼 수 있는 등의 독특한 장점을 가지고 있다. 단점이라면 일반 CBT의 단점과 동일할 것이다. 정기적인 면대면 CBT와 마찬가지로 회기를 예약해야 하며, 어려운 문제가 발생할 경우 치료자가 쉽게 동료에게 자문을 구할 수 없고, 면대면 치료와 마찬가지로 실시간 ICBT 치료 역시 문자 및 영상 클립을 기반으로 하지 않는다(물론 사용은 가능함).

모든 임상가나 연구자가 전화 기반 CBT(Telephone-based CBT) 연구에 대해 잘 알고 있지는 않지만, 몇몇 대조연구에서 좋은 성과가 확인된 바 있다(Leach & Christensen, 2006). 전화 기반 CBT는 실시간 온라인 CBT와 여러 면에서 유사하다. 그러나 실시간 온라인 CBT에 대한 연구는 여전히 별로 없다. 유일하게 뛰어난 연구로『Lancet』[1]에서 발표된 Kessler 등(2009)의 대규모 우울증 연구가 있다. 그들은 이 연구에서 우울증 환자 297명을 실시간 ICBT에 더해 기존 치료조건과 일반의 기존 치료 비교집단에 무선 할당하였다.[2] 그 결과 집단간 효과크기가 $d=0.61$으로 ICBT 조건의 성과가 더 우수하였고, 이 성과는 4개월 및 8개월 추수관찰 시점에도 유지되었다. 이러한 치료 형식, 특히 화상회의에 대한 연구를 제외한다면 유사한 연구는 거의 없다(Richards & Viganó, 2013). 면밀히 검토한 결과 여섯 개의 대조연구가 있는 것으로 나타났지만(Dowling & Rickwood, 2013), 이 중 CBT를 기반으로 한 연구는 별로 없었다. 일반적으로 임상가는 실시간으로 CBT를 제공하기 위해 스카이프와 같은 인터넷을 사용하고 있지만, 지금까지의 연구는 충분하지 않다. 예외적으로 강박장애 청소년을 대상으로 한 웹카메라 기반 CBT에 대한 소규모 대조연구(Storch et al., 2011)가 있는데, $d=1.36$으로 큰 집단간 효과크기를 보고하였다.

앞에서 저자는 이메일 기반 CBT를 언급한 적이 있는데,[3] 인터라피 프로그램과 같은 것은 치료자-환자 상호작용에 많은 중점을 두고 있기는 하지만(Lange et al., 2003), 실시간으로 진행되지 않고 편지 이외에 다른 자료도 포함한다. 전반적으로 이메일 기반 CBT에 대한 연구는 거의 없으며, 지금까지의 제한된 연구 결과로는 이 치료 형식이 효과적이기는 하지만 가이드 자가치료보다 시간이 더 소요된다는 것을 알 수 있다. 이 형식에 대한 유일한 연구에서 이메일 치료가 우울증 치료로는 효과적이었지만(Vernmark et al., 2010), 치료자 시간이 상당히 길

---

1) 역자 주: 영국에서 발간되는 주간 의학 종합 학회지이다.
2) 역자 주: 일반의 기존 치료 비교집단은 8개월 후에 실시간 온라인 CBT를 받는 것으로 예약되었다(대기자 집단).
3) 역자 주: Venmark 등(2010)의 연구에선 인터넷으로 시행되는 가이드 자가치료와 개별적 이메일 치료를 비교한 바 있다.

어졌기 때문에 더 이상 이 방식을 사용하지 않게 되었다. 어쨌든 이메일 치료는 지침서대로 시행되었고, 그 매뉴얼은 우울증을 치료하는 CBT 원리에 기초를 두고 있다. 따라서 우울증 CBT에서 공통적으로 사용되는 행동활성화 및 인지재구조화와 같은 구성요소의 적용 및 사례개념화가 핵심이었다. 이메일 치료에서는 각 치료가 환자별로 맞춤화되었다. 대기자 통제집단과 비교하여 집단간 효과크기는 $d=0.96$이었다. 저자가 아는 한 이메일 치료와 인터넷 형식의 가이드 자가치료를 직접 비교한 연구는 거의 없다. 그러나 이메일 치료는 전 세계적으로 널리 시행되고 있으며, 이러한 치료 방식에 대해 더 많은 과학적 연구가 있어야 할 것이다.

휴대전화 기반 CBT

저자가 이 책을 집필할 때 심리치료에 최신식 휴대전화(스마트폰)를 사용한 연구가 많이 진행되었으며, 이들은 주로 CBT에 기반을 둔 것이었다(Donker et al., 2013). 모바일 기술의 한 가지 특징은 치료실 밖에서도 환자와 연락할 수 있다는 것이며, 그래서 환자는 컴퓨터 앞에 앉아 있을 필요가 없다(Boschen & Casey, 2008). 생태학적 순간평가법(ecological momentary assessment: EMA)을 통한 실시간 자료 수집 및 생리학적 자료와 활동 모니터링 기록도 활용 가능하다(Warmerdam et al., 2012). 이는 새로운 분야이지만, 초기 연구 결과에 따르면 스마트폰과 컴퓨터 전달 방식은 효과 면에서 차이가 없는 것으로 보인다(Watts et al., 2013). 그러나 스마트폰 형식은 화면이 작아서 문서 자료나 비디오 프레젠테이션을 축소시킬 필요가 있다.[4]

두 개의 스마트폰 애플리케이션이 [그림 10-1]에 제시되어 있다. 오른쪽 프로그램은 Viary라고 불리는 것으로, 스웨덴에서 우리가 실시한 연구를 기반으로 개발되었다(Ly et al., 2012, 2014). 초기 개발 이후에 우리는 행동활성화 앱인

---

4) 역자 주: 이 책을 저술할 시점에 비해 현재 스마트폰 화면 기술은 엄청나게 발전하였음을 일러 둔다.

Viary와 상업적으로 이용 가능한 마음챙김 앱을 비교 검증하였다. 우리는 81명의 참여자를 Viary(행동활성화) 혹은 마음챙김 앱에 무선 할당하였다. 두 치료 모두 치료자 가이드 방식이었다. 연구 결과, 두 집단 모두에서 큰 집단내 효과크기가 나타났으나, 집단과 시간의 상호작용 효과는 나타나지 않았다. 하위집단을 분석한 결과, 우울증의 초기 심각도가 높은 참여자들에게는 행동활성화 앱이 마음챙김 앱보다 효과적인 것으로 나타났다. 반대로, 초기 심각도가 낮은 참여자들에게는 마음챙김 앱이 행동활성화 앱보다 효과적이었다.

[그림 10-1] 두 개의 스마트폰 앱(마음챙김 앱과 행동활성화 앱)

스마트폰 치료에 대한 또 다른 연구는 호주 연구팀에 의해 실시되었다. 마이컴퍼스(myCompass)라고 불리는 이 프로그램은 720명의 참여자를 분석하였다(Proudfoot et al., 2013). 이는 자동화된 프로그램이었다. 이전의 ICBT 연구와 견주었을 때 효과는 가이드 치료보다 다소 작게 나타났으나, 관심 통제집단(attention control group)을 사용한 것이 연구의 강점이다.

스마트폰 앱과 정규 ICBT 혹은 면대면 치료가 혼합된 혼합치료에 대한 몇 개의 연구가 진행 중이다. 그러나 전체적으로 보면 CBT 연구 중 휴대전화 앱을 활용한 연구는 상대적으로 적다(Mohr et al., 2013). 문자 메시지를 치료의 보조수단으로 활용한 연구가 더러 있지만, 좀 더 최신 앱에서는 스마트폰의 장점을 활용하고 있다.

정규 면대면 CBT를 위한 인터넷 기반 '지원 시스템' 개발

여전히 많은 CBT 임상가가 내담자를 면대면으로 만날 테지만, 현대 정보공학을 치료에 함께 활용함으로써 혜택을 받을 수도 있을 것이다. Roy-Byrne과 동료들(2010)은 대규모 연구에서 비전문가 매니저도 CBT를 잘 전달할 수 있도록 하는 컴퓨터 보조 프로그램으로서 CALM이라는 시스템을 평가하였다. 이는 일종의 치료자를 위한 지원 시스템이며, 최근에 인터넷 전달 방식에 적용되었다.

스웨덴에서 우리는 또 다른 CBT 인터넷 기반 지원 시스템을 개발했다([그림 10-2] 참조). 이 지원 시스템은 목표 설정이나 과제 할당과 같은 CBT 기본 요소와 기존 ICBT 치료에서 습득한 여러 개입법을 포함하고 있다. 시범연구에는 경도와 중등도의 불안이나 우울증(혹은 둘 다) 환자 15명이 참여하였으며, 8명의 치료자가 치료를 했다(Månsson et al., 2013). 첫 사전-사후 검사 결과에서는 큰 집단내 효과크기($d=1.62 \sim 1.43$)가 나타났다. 지원 시스템을 갖춘 CBT가 표준 CBT보다 우수한지에 대한 대조연구는 거의 없지만, 적어도 Månsson 등의 연구 참여자들은 시스템에 대해 만족하였다.

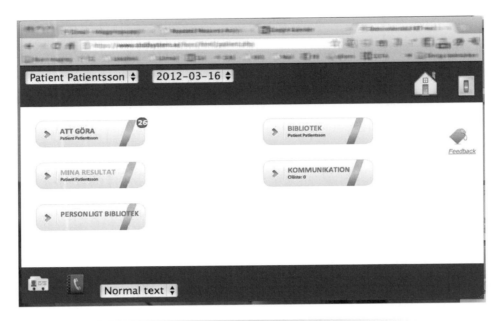

[그림 10-2] CBT 지원 시스템 화면 예시

훈련과 슈퍼비전

인터넷은 심리치료 제공 수단에 있어 세상을 변화시켜 왔고, 교육 시스템에서의 변화는 더욱 막대한 것이었다. 온라인 교육은 CBT 임상가에게 훈련 및 슈퍼비전을 제공하는 데 점점 더 많이 사용되고 있으며, 이 주제에 대한 연구도 등장하고 있다(비록 대조연구는 거의 없지만).

이 분야의 초기 연구에서 Sholomskas 등(2005)은 78명의 임상가를 세 가지 CBT 훈련 형태에 무선 할당하였다. 첫 번째 조건은 CBT 매뉴얼만 검토하고, 두 번째 조건은 매뉴얼을 검토하고 CBT 훈련 웹사이트 접근 권한을 부여하며, 세 번째 조건은 매뉴얼과 세미나 및 사례 슈퍼비전을 모두 제공하는 조건이었다. 연구 결과, CBT 훈련 웹사이트 조건이 효과적인 것으로 나타났다. 예를 들어, 훈련 후에 이행도 점수가 향상되었다(매뉴얼만 있는 집단과 비교했을 때 $d=0.88$).

Weingardt와 동료들(2009)의 대조연구에서 147명의 물질남용 상담자는 화상회의 소프트웨어를 활용한 4주차의 집단 슈퍼비전 회기에 참석하였으며, 여덟 개의 자가 온라인 CBT 훈련 모듈을 끝마쳤다. 이 연구에서 참여자들은 두 가지 버전의 훈련 프로그램 중 하나에 무선 할당되었다(훈련 이행에 대한 격려 수준에서 차이가 있음). 두 조건 모두에서 상담자들은 CBT 지식과 자기효능감에 있어 비슷하게 향상되었다.

세 번째 대조연구에서 Dimeff 등(2009)은 150명의 지역 정신건강 종사자에게 변증법적 행동치료 기술을 훈련시키는 세 가지 방법의 효과에 대해 평가했다. 첫 번째 방법은 문서 치료 매뉴얼이었으며, 두 번째 방법은 양방향 멀티미디어 온라인 훈련이었고, 세 번째 방법은 2일간의 강사 주도 훈련 워크숍이었다. 그 결과, 학습자들은 온라인 훈련과 강사 주도 워크숍 조건에 가장 만족하였으나, 흥미롭게도 온라인 훈련은 강사 주도 수업보다 치료에 대한 지식을 더 많이 증가시켰다.

Westbrook 등(2012)은 OCTC 온라인(OCTC Online)이라는 온라인 CBT 훈련법의 공개 평가 자료를 보고하였다. 이 프로그램은 주요 임상기법에 대한 파워포인트 슬라이드와 비디오 예시를 제공한다. 연구에서 94명의 참여자가 훈련 이전과 이후에 평가를 완료하였으며, 그 결과 만족도와 자신감에 영향을 받은 것으로 나타났다.

또 다른 공개연구에서 Kobak 등(2013)은 불안장애에 대한 인터넷 기반 치료자 CBT 훈련 프로그램을 개발하여 소규모 예비연구에서 효과를 검증하였다. 이 프로그램에는 CBT 개념 교육훈련을 위해서 양방향 멀티미디어 온라인 사용 지침서와 피드백을 위한 화상회의가 포함되어 있다. 그 결과로 CBT 개념에 대한 지식이 의미 있게 향상되었으며, 임상기법에서도 의미 있는 향상이 있었다.

마지막으로, Rakovshik 등(2013)은 CBT에 대한 사전 지식이나 훈련이 부족한 러시아에서 CBT 이론, 평가 및 사례개념화를 훈련시키는 인터넷 기반 훈련 (Internet-based Training: IBT) 효과에 대한 대조연구를 실시하였다. 이는 국경을 넘어 인터넷 기반 교육의 잠재력에 대해 알려 준 흥미로운 연구였다. 63명의 참여자는 즉각적으로 온라인 CBT 훈련을 받거나 대기자 조건에 할당되었다. 연구 결과, CBT 평가 및 사례개념화 측정치에서 훈련의 효과가 나타났다(집단간 효과 크기 $d=0.77\sim1.10$).

저자가 아는 한 온라인 슈퍼비전에 대해 진행된 체계적인 연구는 아직 없지만, 많은 CBT 임상가가 스카이프나 유사한 시스템을 통해 슈퍼비전을 받고 있을 것이다. 회기를 녹화한 영상 자료를 볼 때에도 비밀보장이 지켜지는 한 크게 염려할 바는 없다고 생각한다. 임상가들을 훈련시킬 때 면대면 슈퍼비전 회기가 필요하다는 주장이 있지만(Bennett-Levy & Perry, 2009), 여하튼 현대 정보기술을 활용하는 원격 슈퍼비전이 자리를 잡아 갈 것이다.

CBT 훈련에서 훈련 자원이 부족한 저개발 지역에 훈련을 제공할 뿐 아니라 비용-효과적이고 평가 가능한 훈련(Fairburn & Cooper, 2011)을 만들기 위해 인터넷 기반 훈련법을 개발할 필요가 있다. 이 분야에 대한 연구가 더 이루어져야 할 것이다.

서비스 세팅 방법

ICBT가 정규 임상 진료에서 활용될 수 있음을 보여 주는 자료들이 축적되고 있으며, 그중 몇 가지 예가 이 책에 인용되어 있다. 우리는 최근에 치료자 가이드 ICBT가 정규 임상 장면에서 얼마나 효과적인지에 대해 가능한 증거들을 검토하였다(Andersson & Hedman, 2013). 문헌 검색을 통해 우리는 총 3,888명의 환자가 포함된 네 개의 대조연구와 여덟 개의 공개연구를 검토하였다. 연구에 포함된 것은 공황장애, 사회불안장애, 범불안장애, 외상후스트레스장애, 우울, 이명, 과민성대장증후군 등이다(이 연구의 대부분은 이 책에서 이미 언급하였음). 모든 연구는 지속적인 효과와 중간 내지 큰 효과크기로 ICBT를 임상 실제에 활용할 수 있음을 보여 주었다. 그러나 서비스 제공 시에 어떤 모델을 적용해야 하는지는 분명하지 않다. ICBT 보급은 상황에 따라 달라질 수 있고, 이 주제에 대한 연구는 아직 많지 않다(Andersson et al., 2010).

ICBT가 정규 서비스의 일부가 되는 보급 방식과 인터넷을 통해 모든 서비스가 제공되는 '가상 클리닉' 또는 치료자와의 상호작용이 전혀 없는 공개 웹사이트(예: 무드짐) 방식 간에는 구별이 필요하다. 스웨덴에서 우리는 첫 번째 방식, 즉 ICBT를 정규 임상 서비스에 통합하는 방식에 집중하였다. 확실한 치료 옵션으로 시행된 첫 번째 서비스는 1999년에 시작된 스웨덴 웁살라의 이명 클리닉이었다. 이는 병원에서 정규 전문 서비스의 일환으로 세계 최초로 실시된 서비스일 것이다(당시에 다른 많은 ICBT 치료가 있었지만 병원 서비스의 일부는 아니었음; 예: 네덜란드의 인터라피). 또 우리는 정신질환 치료를 위한 전문가 서비스(스톡홀름 카롤린스카 병원의 인터넷 정신건강의학과)를 시작하였다. 이는 공식적으로 2007년에 시작했지만, 그 이전부터 준비된 것이었다. 전 세계적으로 더 많은 사례가 있겠지만 발표된 자료는 많지 않으며, 저자가 아는 한 서비스 세팅 방법에 대한 매뉴얼은 없다. ICBT를 정규 서비스로 시작하기 위해서는 여러 가지 해결해야 할 일이 있다. 우리는 ICBT를 보급할 때 중요하게 고려해야 할 다음 네 가지 사항을 확인하였다(Andersson et al., 2010).

첫째, 환자들은 임상가와 마찬가지로 ICBT에 대해 알아야 한다. 진행 중인 연구에 대해서 알릴 필요가 있을 뿐만 아니라 인터넷상의 설명도 명확해야 한다. 치료 지침서에 ICBT를 포함시키는 것이 (스웨덴의 경우에서처럼) 보급에 도움이 될 것이다.

둘째, ICBT 서비스를 세팅할 때 동료 치료자가 이를 어떻게 받아들이는지를 고려하는 것이 중요하다. 서로 다른 의견이 있을 수 있으며, ICBT를 정규 서비스의 대체물보다는 옵션으로 제시하는 것이 현명할 것이다. ICBT 훈련을 제공하는 것이 좋은 아이디어일 수 있다(Hadjistavropoulos et al., 2011, 2012).

셋째, 전문의료 서비스 장면에서 ICBT를 보급할 때에는 조직 구조가 중요하다. 장면에 따라 외부 프로그램을 차용하면 치료진의 관리가 어려울 수 있으므로 프로그램을 직접 운용하는 것이 나을 수도 있다. 보안과 책임 소재는 치료가 제공되기 전에 확실하게 확보되어야 한다.

넷째, 서비스 비용 지불은 보급에서 중요한 부분이다. ICBT 프로그램 내부에서 솔루션을
제공하는 것이 가능하지만, 저자의 경험으로는 환자와 적어도 한 번 대면한다면 좀
더 쉬워질 것이다. 또 다른 고려할 점은 가이드 제공에 대한 비용문제이다(예: 환자가
인터넷으로 치료를 받는다면 정규 서비스와 같은 방식으로 계산할 것인가).

이에 더하여 임상적 절차와 환자 관리 모델을 준비해야 한다. 스톡홀름의 인터
넷 정신건강의학과에서는 신중한 정신과적 진단 절차를 포함하며, 환자가 악화
되는 신호를 포함하는 성과 모니터링을 지속한다(예: Andrewes et al., 2013).

정규 임상 진료에 가이드 ICBT를 보급함에 있어서 고려해야 할 다른 측면도
있다. 영국과 스웨덴에서는 세금지원 보건 서비스가 있으며, 시민들은 국민건강
보험에 가입되어 있다. 이는 사실 보험회사가 책임을 지는 많은 국가에서와 다
른 경우이다. 또 다른 중요한 측면은 의료 서비스 인프라와 IT 정책이 ICBT를 허
용하는지 여부이다(예: Andrews et al., 2013).

실천적 함의 및 요점

- 실시간 ICBT에 대해 긍정적인 결과를 보여 주는 연구들이 있다. 이는 치료의
옵션으로 간주될 수 있지만, 가이드 자가치료에 비해 좀 더 많은 임상가의 시
간을 필요로 한다.
- 요즘 휴대전화 중 특히 스마트폰이 CBT에 사용되고 있다. 연구 결과는 놀랄
만하지만 대조연구는 거의 없는 실정이다. 스마트폰 애플리케이션이 면대면
서비스와 결합되거나 가까운 미래에는 인터넷 가이드 자가치료와 결합될 수
도 있을 것이다.
- 면대면 CBT와 현대 정보공학을 결합시키는 새로운 방법은 인터넷 기반 지
원시스템을 이용하면서 시작되었다. 이는 새로운 치료자들을 훈련시키고 치
료 매뉴얼을 이행하며, 치료자와 환자 간 상호작용을 촉진하는 데 유용할 것

이다.

- CBT에서 치료자 교육 기회는 제한적이며, 기회를 증가시키는 한 방법은 인터넷을 통해 훈련과 슈퍼비전을 제공하는 것이다. CBT 웹 기반 훈련이 실현 가능하다는 것을 보여 주는 연구는 있지만, 인터넷을 활용한 슈퍼비전에 대한 자료는 많지 않다.

- 가이드 ICBT 서비스를 세팅하는 것은 상황에 따라 크게 달라질 수 있으며, ICBT에 대한 태도 및 기존 서비스와 얼마나 잘 조화를 이루는지에 따라 영향을 받을 수 있다. 온라인으로만 제공되는 별도의 전문 서비스뿐 아니라 정규 의료 서비스에 보급된 사례도 있다. 효과연구 결과, ICBT는 연구 장면뿐 아니라 임상 장면에서도 효과적임이 입증되었다.

참고문헌

Andersson G, Carlbring P, Kaldo V, Cuijpers P. (2010). Challenges and potential solutions in integrating Internet-based CBT into specialist services. In J Bennett-Levy, H Christensen, P Farrand, K Griffiths, D Kavanagh, B Klein, M Lau, J Proudfoot, D Richards, J White, C Williams, editors. *Oxford guide to low intensity CBT interventions* (pp. 495–501). Oxford: Oxford University Press.

Andersson G, Hedman E. (2013). Effectiveness of guided Internet-delivered cognitive behaviour therapy in regular clinical settings. *Verhaltenstherapie, 23*, 140–148.

Andrewes H, Kenicer D, McClay CA, Williams C. (2013). A national survey of the infrastructure and IT policies required to deliver computerised cognitive behavioural therapy in the English NHS. *BMJ Open, 3*, e002277.

Bennett-Levy J, Perry H. (2009). The promise of online cognitive behavioural therapy training for rural and remote mental health professionals. *Australasian Psychiatry, 17*(Suppl 1), S121-S124.

Boschen MJ, Casey LM. (2008). The use of mobile telephones as adjuncts to cognitive behavioral psychotherapy. *Professional Psychology: Research and Practice, 39*, 546–552.

Dimeff LA, Koerner K, Woodcock EA, Beadnell B, Brown MZ, Skutch JM, Paves AP,

Bazinet A, Harned MS. (2009). Which training method works best? A randomized controlled trial comparing three methods of training clinicians in dialectical behavior therapy skills. *Behaviour Research and Therapy, 47*, 921-930.

Donker T, Petrie K, Proudfoot J, Clarke J, Birch MR, Christensen H. (2013). Smartphones for smarter delivery of mental health programs: A systematic review. *Journal of Medical Internet Research, 15*(11), e247.

Dowling M, Rickwood D. (2013). Online counseling and therapy for mental health problems: A systematic review of individual synchronous interventions using chat. *Journal of Technology in the Human Services, 31*, 1-21.

Fairburn CG, Cooper Z. (2011). Therapist competence, therapy quality, and therapist training. *Behaviour Research and Therapy, 49*, 373-378.

Hadjistavropoulos HD, Thompson M, Ivanov M, Drost C, Butz CJ, Klein B, Austin DW. (2011). Considerations in the development of therapist-assisted Internet cognitive behavior therapy service. *Professional Psychology: Research and Practice, 42*, 463-471.

Hadjistavropoulos HD, Thompson M, Klein B, Austin DW. (2012). Dissemination of therapist-assisted Internet cognitive behaviour therapy: development and open pilot study of a workshop. *Cognitive Behaviour Therapy, 41*, 230-240.

Hedman E, Ljótsson B, Kaldo V, Hesser H, El Alaoui S, Kraepelin M, Andersson E, Rück C, Svanborg C, Andersson G, Lindefors N. (2014). Effectiveness of Internet-based cognitive behaviour therapy for depression in routine psychiatric care. *Journal of Affective Disorders, 155*, 49-58.

Kessler D, Lewis G, Kaur S, Wiles N, King M, Weich S, Sharp DJ, Araya R, Hollinghurst S, Peters TJ. (2009). Therapist-delivered Internet psychotherapy for depression in primary care: A randomised controlled trial. *Lancet, 374*, 628-634.

Kobak KA, Craske MG, Rose RD, Wolitsky-Taylor K. (2013). Web-based therapist training on cognitive behavior therapy for anxiety disorders: A pilot study. *Psychotherapy, 50*, 235-247.

Lange A, van de Ve, J-P, Schrieke, B. (2003). Interapy: Treatment of post-traumatic stress through the Internet. *Cognitive Behaviour Therapy, 32*, 110-124.

Leach LS, Christensen H. (2006). A systematic review of telephone-based interventions for mental disorders. *Journal for Telemedicine and Telecare, 12*, 122-129.

Linehan MM. (1993). *Cognitive-behavioral treatment of borderline personality disorder.* New York: Guilford Press.

Ly KH, Dahl J, Carlbring P, Andersson G. (2012). Development and initial evaluation of a smartphone application based on acceptance and commitment therapy. *SpringerPlus, 1,* 11.

Ly KH, Trüschel A, Jarl L, Magnusson S, Windahl T, Johansson R, Carlbring P, Andersson G. (2014). Behavioral activation vs. Mindfulness-based guided self-help treatment administered through a smartphone application: A randomized controlled trial. *BMJ Open, 4,* e003440.

Månsson KNT, Ruiz E, Gervind E, Dahlin M, Andersson G. (2013). Development and initial evaluation of an Internet-based support system for face to face cognitive behavior therapy: A proof of concept study. *Journal of Medical Internet Research, 15,* e280.

Mohr DC, Burns MN, Schueller SM, Clarke G, Klinkman M. (2013). Behavioral Intervention Technologies: Evidence review and recommendations for future research in mental health. *General Hospital Psychiatry, 35,* 332–338.

Proudfoot J, Clarke J, Birch M-R, Whitton A, Parker G, Manicavasagar V, Harrison V, Christensen H, Hadzi-Pavlovic D. (2013). Impact of a mobile phone and web program on symptom and functional outcomes for people with mild-to-moderate depression, anxiety and stress: A randomised controlled trial. *BMC Psychiatry, 13,* 312.

Rakovshik SG, McManus F, Westbrook D, Kholmogorova AB, Garanian NG, Zvereva NV, Ougrin D. (2013). Randomized trial comparing Internet-based training in cognitive behavioural therapy theory, assessment and formulation to delayed-training control. *Behaviour Research and Therapy, 51,* 231–239.

Richards D, Vigano N. (2013). Online counseling: A narrative and critical review of the literature. *Journal of Clinical Psychology, 69,* 994–1011.

Roy-Byrne P, Craske MG, Sullivan G, Rose RD, Edlund MJ, Lang AJ, Bystritsky A, Welch SS, Chavira DA, Golinelli D, Campbell-Sills L, Sherbourne CD, Stein MB. (2010). Delivery of evidence-based treatment for multiple anxiety disorders in primary care: A randomized controlled trial. *Journal of the American Medical Association, 303,* 1921–1928.

Sholomskas DE, Syracuse-Siewert G, Rounsaville BJ, Ball SA, Nuro KF, Carroll KM. (2005). We don't train in vain: a dissemination trial of three strategies of training clinicians in cognitive-behavioral therapy. *Journal of Consulting and Clinical Psychology, 73,* 106–115.

Storch EA, Caporin, NE, Morgan JR, Lewin AB, Rojas A, Brauer L, Larson MJ, Murphy TK. (2011). Preliminary investigation of web-camera delivered cognitive-behavioral therapy for youth with obsessive-compulsive disorder. *Psychiatry Research, 189,* 407–412.

Vernmark K, Lenndin J, Bjärehed J, Carlsson M, Karlsson J, Öberg J, Carlbring P, Eriksson T, Andersson G. (2010). Internet administered guided self-help versus individualized email therapy: A randomized trial of two versions of CBT for major depression. *Behaviour Research and Therapy, 48,* 368–376.

Warmerdam L, Riper H, Klein M, van den Ven P, Rocha A, Ricardo Henriques M, Tousset E, Silva H, Andersson G, Cuijpers P. (2012). Innovative ICT solutions to improve treatment outcomes for depression: The ICT4 Depression project. *Studies in Health Technology and Informatics, 181,* 339–343.

Watts S, Mackenzie A, Thomas C, Griskaitis A, Mewto, L, Williams A, Andrews G. (2013). CBT for depression: A pilot RCT comparing mobile phone vs. computer. *BMC Psychiatry, 13,* 49.

Weingardt KR, Cucciare MA, Bellotti C, Lai WP. (2009). A randomized trial comparing two models of web-based training in cognitive-behavioral therapy for substance abuse counselors. *Journal of Substance Abuse and Treatment, 37,* 219–227.

Westbrook D, McManus F, Clark G, Bennett-Levy J. (2012). Preliminary evaluation of an online training package in cognitive behaviour therapy: Satisfaction ratings and impact on knowledge and confidence. *Behavioural and Cognitive Psychotherapy, 40,* 481–490.

더 읽을거리

Mohr DC, Burns MN, Schueller SM, Clarke G, Klinkman M. (2013). Behavioral Intervention Technologies: Evidence review and recommendations for future research in mental health. *General Hospital Psychiatry, 35,* 332-338.

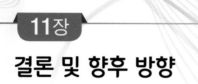

11장

결론 및 향후 방향

이 책에서 저자는 임상가와 연구자가 CBT를 인터넷으로 실시할 때 고려해야 할 내용들을 주로 다루었다. 이 중 어떤 부분들은 지난 15~20년 전부터 인터넷이 우리 사회를 변화시켜 왔기 때문에 의심할 여지없이 이미 잘 알려진 것들이다. 2014년에 CBT 임상가는 내담자나 내담자의 주요 주변 인물이 정보를 인터넷에서 검색하는 것을 당연하다고 여겼다. 아마 그들은 치료자에 대한 정보도 구글에서 검색했을 것이다. 이는 2장에서 다루었다. 물론 모든 환자가 인터넷을 사용하는 것은 아니지만, 대다수가 사용하고 있다.

2장과 3장에서 다루었듯이, 인터넷에는 환자들을 위한 자료도 있다. 이에 대해 더 많은 내용이 있을 것이고, 독자들은 저자가 언급하지 못한 사용(그리고 오용)의 예시에 대해서도 알고 있을 것이다. 평가 절차도 근시일 내로 인터넷을 통해 실시할 수 있을 것이다.

성과 모니터링은 현대 의료 서비스에서 중요하며, 4장에서는 심리측정에 대한 내용 및 질문지 웹 관리를 어떻게 적절하게 할 것인지에 대해 다루었다. 환자와의 직접적인 상호작용 없이 상태에 대한 진단을 내리기는 어렵다. 적어도 일부 환자를 웹 카메라로 볼 수는 있겠지만, 신체적인 건강 관리 장면에서는 (비록 우리가 먼 거리에서 심장박동수 등을 측정하고 있을지라도) 환자를 직접 만나야 할 필요가 있을 것이다.

이명 치료와 우울증 및 불안 치료를 수행한 저자의 경험상, 일반적인 임상 실제에서는 ICBT 시행 전에 환자를 직접 만나 보는 것이 도움이 된다.

치료에서 환자를 직접 만나고 가이드해야만 하는지에 대해서는 자료가 필요하며, 가이드 없는 공개 치료는 치료자 지원이 있는 좀 더 집중적인 ICBT의 보완책이 될 수 있을 것이다. 지금까지는 가이드 없는 치료가 가이드 치료에 비해 중도 탈락률이 높고 효과는 작다는 것이 명백하지만, 무한한 접근성을 고려해 볼 때 입지를 지킬 수 있을 것이다. 이러한 프로그램에 대해서는 5장에서 다루었으며, 이처럼 가이드 없는 프로그램이 면대면 CBT와 아주 잘 어울린다는 점을 다시 강조하고 싶다. 물론 이러한 혼합치료의 효과에 대해서는 별로 알려진 바가 없다.

저자는 여러 문제 영역에서 가이드 ICBT의 활용에 대해 주로 지면을 할애하였다(6~9장). ICBT는 문자를 통해 전달하는 내용이 많고 가이드가 최소한이라는 점에서 독서치료와 유사한 점이 많다. 저자는 이 치료 형식이 얼마나 효과가 있는지에 대해 항상 놀라움을 가지고 있으며, 이 책에 많은 참고문헌이 있지만 가이드 ICBT를 보증하는 모든 연구를 다 언급하지는 못하였다.

저자의 경우 가이드 ICBT가 치료자를 직접 만나는 것만큼 효과적이라고 말하기까지는 오랜 기간 주저함이 있었다. 물론 ICBT로 효과를 얻지 못하고 정규 면대면 CBT가 더 적합한 환자가 있을 수 있겠지만, ICBT와 면대면 CBT를 비교한 13개의 연구를 보면 두 형식 간에 비슷한 결과가 나타나고 있다. 그래서 이를 근거로 저자는 이제 ICBT가 면대면 CBT만큼 효과적이고 어떤 경우에는 더 효과가 있다고 자신 있게 말할 수 있다.

이 마지막 설명은 저자와 마찬가지로 내담자를 몇 해 동안 만나 왔던 CBT 임상가들이나 CBT로 수련받고 자격증을 취득하고자 하는 이들에게는 혼란스럽고 다소 거슬리는 것일 수 있다. 그 이유에 대해서는 좀 더 탐색해 보아야 하겠지만, ICBT가 일부 내담자에게는 치료 내용을 더 잘 기억하게끔 도울 수 있으며, 스스로의 속도에 맞춰 가는 방식 또한 내담자들에게 유익할 수 있을 것 같다.

이는 또 다른 방향으로의 예측을 가능하게 한다. 즉, 저자는 현대의 정보기술과 면대면 CBT가 융합될 것을 예상한다. 저자들은 최근 우울증에 대한 10회기 행동활성화가 스마트폰 앱 기능으로 구현한 행동활성화 요소를 담은 4회기 과정과 효과가 같음을 발견하였다. 즉, 현대 정보기술을 사용하면 이 경우 효과를 유지하면서 여섯 회기를 절감할 수 있다. 10장에서 언급한 또 다른 프로젝트에서 우리는 CBT 웹 기반 지원 시스템을 개발하였다. 이를 통한 온라인 CBT 교육과 슈퍼비전은 느린 속도로 보급되는 가이드 ICBT에 비해 CBT의 미래를 훨씬 더 많이 변화시킬지도 모른다.

이 책을 마무리하면서 저자는 미래에 발전해야 할 영역들을 제시하였다. 아동, 청소년, 노인을 위한 ICBT는 아직 미비한 상태이며, 이러한 연령층에 대한 연구가 아직은 많이 부족한 실정이다.

이 책에서 저자는 기분장애 및 불안장애와 같은 다소 전통적인 치료 대상에 중

점을 두었다. 그러나 범진단적 치료를 시도하는 새로운 경향도 있고, DSM-5와 같은 진단 체계에서 다루지 않은 문제들은 치료하는 방법을 개발할 수도 있다. 완벽주의와 꾸물거림, 불임에 대한 걱정 연구들이 그 예이며, 기타 문제들에 대해서도 치료법을 개발할 수 있을 것이라는 희망이 있다.

저자는 대인 간 폭력과 관련된 문제를 치료하는 연구와 인터넷을 이용한 부부 치료 프로젝트를 막 시작하였다. 이 연구 결과가 아직 발표된 것은 아니지만, 이것이 연구와 임상치료에 있어 새로운 기회를 열어 준다는 것은 매우 흥미로운 일이다.

ICBT의 또 다른 잠재적인 장점은 치료가 특정 집단과 언어에 최적화될 수 있다는 것이다. 저자는 이전에 우리 프로그램을 루마니아어와 독일어로 번역한 경험을 소개하였는데 또 다른 예들도 있을 것이다.

문화적인 민감성은 또 다른 문제이다. 예를 들어, 종교인을 위해서는 그들의 신념 체계를 고려한 맞춤식 프로그램이 제작될 수 있다. ICBT에는 수많은 기회가 있어서 그동안 혜택을 받지 못했던 사람들에게도 파급효과가 있으나, 우리 문화권의 일부 연구자에 의해 개발되었기 때문에 다른 문화에는 적용되지 못할 수도 있다.

독자들은 아마 저자가 ICBT의 기술 부분에 대해서는 별로 다루지 않고 있음을 알아차렸을 것이다. 현대 정보공학을 적용하여 더 저렴하고 접근이 용이한 가상 현실 앱에 대해서도 설명하지 않았으며, '기능성 게임' 앱에 대해서도 다루지 않았다. 아마도 이러한 것들이 미래에 CBT를 보급하는 새롭고 매력적인 방법으로 유용할 수 있겠지만, 가이드 ICBT의 성공 뒤에는 그것이 CBT에서 일반적으로 제공하는 방법과 기술을 다른 방식으로 제시했을 뿐이라는 진실이 있다. 따라서 (노출 과제 지시에 있어) 면대면 CBT의 노출 기법은 ICBT에서 전달되는 것과 전혀 다르지 않다. 즉, 실제 상황 노출이 핵심적인 공유 특징인 것이다. 따라서 (실생활에서가 아니라) 컴퓨터에 있는 사진과 필름에 노출되는 것은 조금 다른 의미이며, 현재까지 ICBT로는 성과를 내지 못하는 주의편향수정훈련 역시 마찬가지 맥락이다(추후 더 나은 프로그램을 활용하여 달라질 가능성은 있음).

저자는 미래에 CBT를 전달하는 방법으로 더 많은 양질의 인터넷 사용을 기대하며 이 책을 끝맺고자 한다. 인터넷 방식은 근거기반 치료에 대한 접근성을 높여 줄 것이며, 심리적으로 고통받는 많은 사람에게는 그것이 치료를 받을 수 있는 유일한 방법인 경우도 있을 것이다. 그리고 면대면 CBT는 계속 존재할 것이지만 미래에는 아마도 ICBT와 좀 더 전통적인 CBT가 결합된 형태로 제공될 가능성도 있다.

찾아보기

내용

저자 소개

Gerhard Andersson

1995년에 스웨덴의 웁살라 대학교에서 임상심리학 박사학위를 받았고, 2000년에는 의학 박사학위(연구주제: 청력 상실, 이명 및 현기증과 같은 청각장애)를 취득하였다. 2004년에 린셰핑 대학교 임상심리학 교수로 부임하였고, 2007년 이후 현재까지 카롤린스카 의과대학교 임상신경과학부에서도 객원 및 겸임 교수로 강의 활동을 하고 있다. 국제인터넷치료연구협회(ISRII)의 창립자이며, 현재는 유럽인터넷치료연구협회(ESRII)의 회장으로 활동하고 있다.

역자 소개

김환(Kim Hwan)

2010년에 서울대학교 심리학과에서 임상심리학 전공으로 박사학위를 받았다. 2003년에 서울아산병원 정신과에서 임상심리 수련을 마쳤다. 임상심리전문가(한국임상심리학회), 정신건강임상심리사 1급(보건복지부), 상담심리사 1급(한국상담심리학회), 가족상담전문가 1급(가족상담협회), 청소년상담사 1급(여성가족부) 자격을 보유하고 있으며, EBS 〈가족이 달라졌어요〉에 전문가로 참여하였다. 서울임상심리연구소장을 역임하였고(심리검사 및 심리상담), 현재는 서울사이버대학교 상담심리학과 교수 및 심리상담센터장을 맡고 있다.

최혜라(Choi Hyera)

2009년에 서울대학교 심리학과에서 임상심리학 전공으로 박사를 수료하였고, 서울대학교병원 신경정신과에서 임상심리 수련을 마쳤다. 임상심리전문가(한국임상심리학회), 정신건강임상심리사 1급(보건복지부) 자격을 보유하고 있다. 백상신경정신과 임상심리전문가, 서울아산병원 정신과 임상심리 수련감독을 역임하였고, 현재는 서울사이버대학교 상담심리학과 교수로 재직 중이다.

한수미(Han Sumi)

2007년에 미국 네바다 주립대학교에서 상담심리학 전공으로 박사학위를 받았고, 가족상담사 수련감독(한국가족상담협회) 자격을 보유하고 있다. 연세유앤김 정신건강의학과 전문상담원, 서울가정법원 전문상담원, 사랑의전화복지재단 상담교수, SBS 청소년상담실 상담원을 역임하였고, 현재는 서울사이버대학교 상담심리학과 교수로 재직 중이다.

인터넷 기반 인지행동치료
The Internet and CBT: A Clinical Guide

2020년 1월 20일 1판 1쇄 인쇄
2020년 2월 1일 1판 1쇄 발행

지은이 • Gerhard Andersson
옮긴이 • 김환 · 최혜라 · 한수미
펴낸이 • 김진환
펴낸곳 • (주) **학지사**

04031 서울특별시 마포구 양화로 15길 20 마인드월드빌딩
대표전화 • 02)330-5114   팩스 • 02)324-2345
등록번호 • 제313-2006-000265호

홈페이지 • http://www.hakjisa.co.kr
페이스북 • https://www.facebook.com/hakjisabook

ISBN 978-89-997-2014-7   93180

정가 17,000원

이 도서의 국립중앙도서관 출판시도서목록(CIP)은 서지정보유통지
원시스템 홈페이지(http://seoji.nl.go.kr)와 국가자료공동목록시스템
(http://www.nl.go.kr/kolisnet)에서 이용하실 수 있습니다.
(CIP 제어번호: CIP2019052224)

출판 · 교육 · 미디어기업 **학지사**

간호보건의학출판 **학지사메디컬** www.hakjisamd.co.kr
심리검사연구소 **인싸이트** www.inpsyt.co.kr
학술논문서비스 **뉴논문** www.newnonmun.com
원격교육연수원 **카운피아** www.counpia.com